※ | TOR

Das erste Programm

Inhalt

Ein paar Worte vorneweg. Von Hannes Riffel	6
FISCHER Tor – die Leitgedanken unserer Programmarbeit	12
Was Sie schon immer über Science Fiction und Fantasy wissen wollten	14
TOR-ONLINE	16
Die Genre-Landkarte	18

ADRIAN J WALKER – AM ENDE ALLER ZEITEN

Der Autor	24
Leseprobe	26

KAI MEYER – DIE KRONE DER STERNE

Der Autor	54
Leseprobe	56

GUY GAVRIEL KAY – IM SCHATTEN DES HIMMELS

Der Autor	83
Interview mit Guy Gavriel Kay	83
Pressestimmen	85
Leseprobe	86

Unsere Fantasy-Lieblingsbücher, bevor es FISCHER Tor gab   106

WESLEY CHU – DIE LEBEN DES TAO

Der Autor	
Interview mit Wesley Chu	109
Leseprobe	112

KATHERINE ADDISON – DER WINTERKAISER

Die Autorin	126
Leseprobe	128
Eine Besprechung von Foz Meadows	144

DIETMAR DATH – VENUS SIEGT
Der Autor	148
Leseprobe	150

CHARLIE HUMAN – APOCALYPSE NOW NOW
Der Autor	171
Charlie Human über sein Buch	171
Leseprobe	174

BERND FRENZ – DER GROLL DER ZWERGE
Der Autor	190
Leseprobe	192

Unsere SF-Lieblingsbücher, bevor es FISCHER Tor gab 204

BECKY CHAMBERS – DER LANGE WEG ZU EINEM KLEINEN ZORNIGEN PLANETEN
Die Autorin	206
Leseprobe	208
Eine Besprechung von Michelle Herbert	234

DARYL GREGORY – AFTERPARTY
Der Autor	236
Interview mit Daryl Gregory	238
Leseprobe	240

URSULA K. LE GUIN – FREIE GEISTER
Die Autorin	262
Rede anlässlich der Verleihung des National Book Award	264
Leseprobe	266

Glossar	288
Unsere Titel im Überblick	296
Bildnachweis/Impressum	298

Ein paar Worte vorneweg

von Hannes Riffel

Im Sommer 2014 war es beschlossene Sache: Der S. Fischer Verlag beauftragte mich ganz offiziell, den größten und erfolgreichsten Science-Fiction- und Fantasy-Verlag der Welt nach Deutschland zu bringen: Tor Books. Mein erster Gedanke war: Was für ein Abenteuer! Mein zweiter: Was für eine Chance!

Ich wusste sehr genau, worauf ich mich da einlassen würde. Science Fiction und Fantasy sind Teil meines Lebens, seit ich lesen kann. Die Lektüre von Jules Verne und Mark Brandis gehört zu meinen prägenden Kindheitserlebnissen. Statt mich ernsthaft auf das Abitur vorzubereiten, habe ich mich durch die von Wolfgang Jeschke herausgegebene *Bibliothek der Science Fiction Literatur* gefressen. (Was sich zu meinem Glück nicht allzu sehr in meinen Zeugnisnoten widerspiegelte.)

Was für ein Abenteuer!
Was für eine Chance!

In den neunziger Jahren war ich Geschäftsführer einer Spezialbuchhandlung für Science Fiction und Fantasy im schönen Freiburg. Von 1998 bis 2013 habe ich in Berlin-Kreuzberg die wundervolle Buchhandlung Otherland betrieben, die es immer noch gibt. Ich habe den Hamburger Argument Verlag bei seiner ambitionierten Reihe Social Fantasies beraten und in Stuttgart Klett-Cotta dabei geholfen, die Hobbit Presse neu durchstarten zu lassen.

Aber was mir hier angeboten wurde, das war noch einmal eine andere Hausnummer: Tor Books ist die bekannteste Traditionsmarke für Science Fiction und Fantasy im englischsprachigen Raum. Bei Tor Books erscheinen Weltbestseller von Autoren wie Terry Goodkind, Robert Jordan und Brandon Sanderson. Tor Books wird von den Genre-Fans seit fast zwanzig Jahren einmütig zum »Besten Verlag« gewählt. Und Tor Books betreibt seit knapp zehn Jahren die Science-Fiction- und Fantasy-Homepage Tor.com, die monatlich von über einer Million Lesern besucht wird.

Hannes Riffel, Programmbereichsleiter von FISCHER Tor

Also: Was für ein Abenteuer! Und: Was für eine Chance! Schon weil ich mir absolut sicher war, dass es keinen besseren Zeitpunkt gibt, ein neues deutschsprachiges Science-Fiction- und Fantasy-Programm aus der Taufe zu heben. Warum das?

Ich bin der festen Überzeugung, dass Science Fiction und Fantasy auf dem besten Weg sind, die Leitgenres des 21. Jahrhunderts zu werden. Ich denke hier gar nicht so sehr an die vielen technischen Erfindungen, die mal Science Fiction waren und heute Alltag geworden sind oder in absehbarer Zeit sein werden: selbstfahrende Autos, Virtual Reality, private Mondreisen. Sondern an all die Kinofilme, Fernsehserien, Computerspiele und Bücher, die uns tagtäglich mit phantastischen Bilderwelten versorgen. Und wenn ich »uns« sage, dann meine ich wirklich *uns alle*.

> Tor Books ist die bekannteste Traditionsmarke für Science Fiction und Fantasy.

Science Fiction und Fantasy kennen keine Altersgrenzen: Die ganz großen Jugendbuch-Erfolge der letzten Jahrzehnte heißen ›Harry Potter‹, ›Twilight‹ und ›Tribute von Panem‹. ›Der Herr der Ringe‹ und ›Game of Thrones‹ begeistern LeserInnen unterschiedlichster Generationen, auf Leinwand und Fernsehbildschirm ebenso wie zwischen zwei Buchdeckeln. Die neuen ›Star Wars‹-Filme machen gerade die dritte Generation von Kinogängern zu leidenschaftlichen Fans, und das Spektakel wird jedes Mal gigantischer – weil es drei Generationen zugleich anspricht. (Und beide Geschlechter, möchte ich hinzufügen.) Science Fiction und Fantasy stehen in der Gunst der LeserInnen, nach den Kategorien Spannung und Frauenunterhaltung, auf Platz 3. Vor diesem Hintergrund erübrigt sich eigentlich die Frage, wer Science Fiction und Fantasy liest. Man sollte sich vielleicht eher fragen: Wer denn nicht? Oder besser: Was wissen wir denn überhaupt über unsere LeserInnen, außer, dass sie sehr verschieden sind?

Zum einen wissen wir, dass unsere LeserInnen zielgerichtet in Buchhandlungen gehen. Meistens suchen sie ein bestimmtes Buch, aber sie stöbern dabei auch ausgiebig, was es sonst noch so gibt. LeserInnen von Science Fiction und Fantasy informieren sich regelmäßig im Internet – und freuen sich, wenn sie ihre Lieblingsgenres vor Ort angemessen

> Science-Fiction- und Fantasy-Fans sind Vielleser, Wiederholungstäter, Serienkonsumenten.

Das legendäre Flatiron Building, Heimstatt von Tor Books in New York

präsentiert finden. Science-Fiction- und Fantasy-Fans sind Vielleser, Wiederholungstäter, Serienkonsumenten, die ihren Alltag ganz selbstverständlich mit großen Bildern und großen Geschichten anreichern. Worauf ich hinausmöchte: Phantastische Stoffe sind für viele Menschen etwas vollkommen Natürliches geworden, sie machen nicht mehr – wie noch in den neunziger Jahren – eine abgefahrene Nische des Buchhandels aus, sondern steuern voll auf den Mainstream zu. Was früher nur ein relativ überschaubares Publikum interessiert hat, zieht heute Millionen an.

Zweitens wissen wir, dass die LeserInnen von Fantasy- und von Science-Fiction-Literatur mehr gemeinsam haben, als man auf den ersten Blick denken würde. Natürlich unterscheiden sich die beiden Genres und damit auch die Erwartungshaltungen. Ein grundsätzlicher Unterschied besteht etwa darin, dass die Science Fiction ihren Ausgangspunkt in der Realität hat und, mal mehr, mal weniger, dem wissenschaftlichen Denken verpflichtet ist. Die Fantasy dagegen lehnt sich meist an eine historische Epoche der Menschheitsgeschichte an und vermischt diese mit Sagen-, Legenden- und Märchenstoffen.

Phantastische Stoffe sind für viele Menschen etwas vollkommen Natürliches geworden.

Um in den Bildern unseres (den Bildern verpflichteten) Zeitalters zu sprechen: Bei Science Fiction denken wir an hochtechnisierte Großstädte oder postatomare Einöden; an riesige Raumschiffe und ferne Planeten; aber auch an die futuristischen Waffen eines James Bond oder den aufgerüsteten Körper eines Robocop.

Bei der Fantasy wiederum haben wir Drachen und Ritterburgen vor Augen; oft schlägt sich eine Gruppe von Gefährten durch endlose Waldlandschaften, die von Elfen, Zwergen und Trollen bevölkert sind. Magie wird gewirkt, Prophezeiungen erfüllen sich – oder auch nicht. Küchenjungen entpuppen sich als verstoßene Königssöhne, und unscheinbare Gestalten schwingen sich zu Helden und Heldinnen auf, die ganze Reiche retten.

Sie merken schon: Die Fantasy ist, jedenfalls oberflächlich betrachtet, deutlich konservativer. Die Science Fiction dagegen gibt sich progressiv, auch wenn ihre erfolgreichsten Spielarten sehr oft an Western im Weltraum erinnern.

Die Lesergenerationen, mit denen wir es heutzutage zu tun haben, sehen sich jedoch ganz selbstverständlich ›Star Wars‹ und ›Der Herr der Ringe‹

Das Team von FISCHER Tor in seinem Berliner Domizil, einen Steinwurf von der Fischerinsel entfernt.

an, lesen ›Die Tribute von Panem‹ und ›Das Lied von Eis und Feuer‹. In der weiten Welt der phantastischen Literatur gibt es einzelne Länder und Kontinente, aber unsere LeserInnen sind Reisende, die je nach Alter, Lebensphase und Tagesform mal in dem einen und mal in dem anderen Land ihr Lager aufschlagen. Deswegen spricht ein Internet-Magazin wie Tor.com – und in der Folge auch unser deutschsprachiges Tor-Online – immer beide Vorlieben an.

Drittens wissen wir, dass unseren LeserInnen der alte und langweilige Streit darüber, was Literatur und was bloße Unterhaltung ist, herzlich egal ist. Denn wenn man von der vermeintlich progressiven Science Fiction und der konservativen Fantasy spricht, ist damit über die literarische Flughöhe noch gar nichts gesagt: Beide können reines, spannendes Abenteuer sein, mit dem brummenden Lichtschwert oder der aus Elfenstahl geschmiedeten Klinge. Oder sie können große Literatur sein, in der unser Wirklichkeitsverständnis auf eine harte Probe gestellt wird und wir, neben dem ästhetischen Genuss, auch noch etwas lernen über uns und unsere Welt.

Früher hat man an dieser Stelle von E-Literatur (= ernste Literatur) und U-Literatur (= Unterhaltungsliteratur) gesprochen, aber das ist eine Unterscheidung, die zunehmend keine Rolle mehr spielt. Genauso übrigens wie der kategorische Unterschied zwischen Genre- und Mainstreamliteratur. Natürlich gibt es entsprechende Regale, Tische und Warengruppen, aber letztendlich geht es uns allen – den Autoren, Übersetzern, Verlagen und Buchhändlern – darum, möglichst viele möglichst gute Bücher zu machen und zu verkaufen.

Und daran arbeiten wir mit allergrößter Begeisterung. Unsere Büroräume befinden sich in Berlin-Mitte, in unmittelbarer Nähe zur Fischerinsel (natürlich) und in direkter Nachbarschaft der S. Fischer Stiftung und des Argon Verlages. Hier haben wir ein äußerst produktives Umfeld gefunden, um mit AutorInnen, ÜbersetzerInnen, GrafikerInnen und vielen anderen ein Programm zu gestalten, das Furore machen wird. Ein Programm, das Spaß macht, das manche Grenzen frech überschreitet und gelegentlich Welten baut, die wir uns gestern in unseren kühnsten Träumen noch nicht haben vorstellen können. Kurz: ein Programm, das seine LeserInnen finden wird.

> Ein Programm, das Spaß macht und das manche Grenzen frech überschreitet.

Ganz herzlich

Hannes Riffel

FISCHER Tor – die Leitgedanken unserer Programmarbeit

1 FISCHER TOR MACHT UNTERHALTUNGSBESTSELLER.

Bücher also, die ein breites Publikum ansprechen, das weit über die Kernleserschaft einzelner Genres hinausgeht. Vor allem werden wir uns bemühen, all die alten Schwellenängste abzubauen, die noch in den Köpfen der Menschen sitzen. Nur weil etwas Science Fiction ist, braucht man kein Diplom in Luft- und Raumfahrttechnik, um daran Gefallen zu finden.

2 FISCHER TOR MACHT GUTE LITERATUR – DIE POPULÄR IST.

Das heißt, wir haben einen gewissen Anspruch, an Originalität, an das Erzählniveau, sind aber auf gar keinen Fall elitär. Die besten Geschichten lassen sich meist auch in einfachen Worten erzählen – oder die Sprache selbst wird zum kreativen Kick.

3 FISCHER TOR MACHT LITERATUR FÜR ERWACHSENE – UND FÜR JUGENDLICHE.

Wobei unsere Herangehensweise sich von FISCHER FJB und Sauerländer unterscheidet: Wir publizieren keine Bücher für Jugendliche, die auch eine ältere Leserschaft finden können, sondern unsere Titel richten sich an Erwachsene und können, in manchen Fällen, auch Jugendliche begeistern.

4 FISCHER TOR BRINGT DIE SHOOTING STARS VON MORGEN.

Das ist wohl am schwierigsten einzulösen. Aber wir trauen uns ein großes Gespür für Potenziale zu, für Autoren, die kurz vor dem großen Durchbruch stehen und es schaffen, alte Hasen und weniger erfahrene Leser gleichermaßen zu begeistern.

Was Sie schon immer Science Fiction

DIE LESER

2015 haben etwa **4,5 Millionen** Deutsche mindestens ein Buch aus den Genres Science Fiction oder Fantasy gekauft – häufig aber auch mehr (im Durchschnitt etwa vier Bücher).

Die LeserInnen von Fantasy und Science Fiction sind zu **55 %** weiblich und zu **45 %** männlich. Gemessen am Gesamtsegment der Belletristik sind das überdurchschnittlich viele männliche Leser.

Zu den LeserInnen von Science-Fiction- und Fantasy-Literatur gehören verhältnismäßig viele Schüler, Studenten und junge Erwachsene. Die Kernzielgruppe liegt zwischen **10 und 49 Jahren.**

LeserInnen von Fantasy- und Science-Fiction-Literatur bleiben ihren Autoren und Serien treu. Sie sind überdurchschnittlich gut informiert und wissen in der Regel, was sie wollen.

Unsere LeserInnen stöbern gerne. Neben dem Buchhandel **(26 %)** ist das Internet (24 %) die wichtigste Informationsquelle für den Kauf eines Science-Fiction- und Fantasy-Titels. Oft führt der Weg vom Internet allerdings wieder in den Buchladen.

über **Fantasy** und wissen wollten

DER MARKT & DIE BÜCHER

Im direkten Vergleich ist die Fantasy als Genre deutlich erfolgreicher als die Science Fiction: Nach Erhebungen der Gesellschaft für Konsumforschung wurden 2015 in Deutschland in der entsprechenden Warengruppe etwa **70 Millionen Euro** umgesetzt. Davon entfielen etwa 50 Millionen auf die Fantasy-Literatur.

Aber: Viele erfolgreiche Science-Fiction- und Fantasy-Bestseller wurden in anderen Warengruppen verkauft, etwa Jugendbücher oder Spannung. Insgesamt lag der Umsatz mit phantastischer Literatur also deutlich höher.

2016 wird alles anders. Mit Knaur Fantasy und **FISCHER Tor** gehen zwei neue Programme an den Start, die die Marktverhältnisse gründlich aufmischen werden.

> Die LeserInnen von Fantasy und Science Fiction sind zu 55 % weiblich und zu 45 % männlich.

> Die Kernzielgruppe liegt zwischen 10 und 49 Jahren.

TOR-ONLINE

DAS ONLINEMAGAZIN FÜR SCIENCE FICTION, FANTASY UND POPKULTUR

Die amerikanische Website Tor.com ist mit monatlich bis zu 1 Million Nutzern die weltweit wichtigste Seite für SF- und Fantasy-Fans. Tor-Online.de bringt das Erfolgsrezept jetzt endlich nach Deutschland.

TOR-ONLINE.DE IST EINE EINZIGARTIGE MISCHUNG AUS ONLINE-MAGAZIN UND COMMUNITY.

Auf Tor-Online.de kommunizieren wir direkt mit unseren Lesern. Wir schaffen eine ganz besondere Plattform, die verlagsübergreifend ist. Das zeichnet uns aus:

➦ **Spannende Inhalte:** Täglich neue Kolumnen, Kurzgeschichten, Reviews und Features über Bücher, Games, Filme, Comics und Serien

➦ **Eine starke Community:** Gewinnspiele, Leser-Aktionen, Quiz, Wettbewerbe, Social-Media-Präsenz, Newsletter und Veranstaltungskalender

➦ **Exklusivität:** Autoren-Interviews, Textproben, Cover-Reveals, Hintergrundberichte und Sonderaktionen

TOR-ONLINE WIRD DIE WEBSITE FÜR ALLE FANTASY- UND SF-FANS IN DEUTSCHLAND. WAS BEDEUTET DAS FÜR DEN BUCHHANDEL?

- Das Internet ist gleich nach dem Buchhandel die wichtigste Informationsquelle für den Kauf eines Science-Fiction- und Fantasy-Titels.
- Tor-Online.de schafft Aufmerksamkeit für die Buchtitel von FISCHER Tor.
- Jeder Titel von FISCHER Tor erhält Marketing-Begleitung mit mehreren Tausend Endkundenkontakten.

WWW.TOR-ONLINE.DE
ab Juli 2016

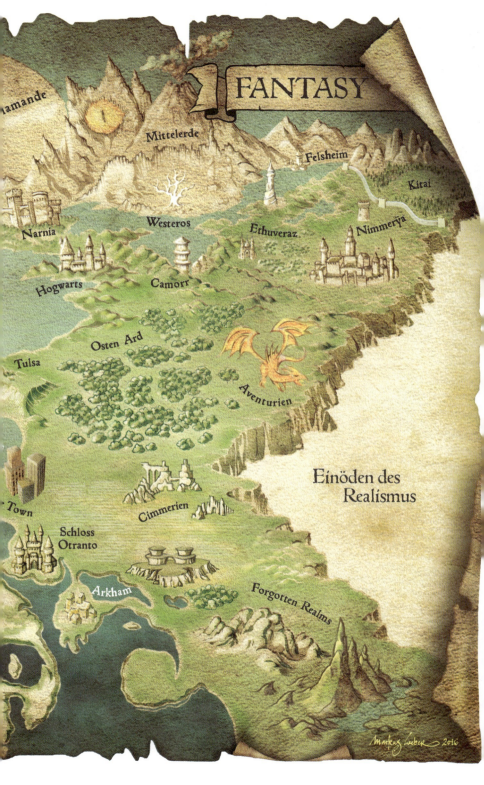

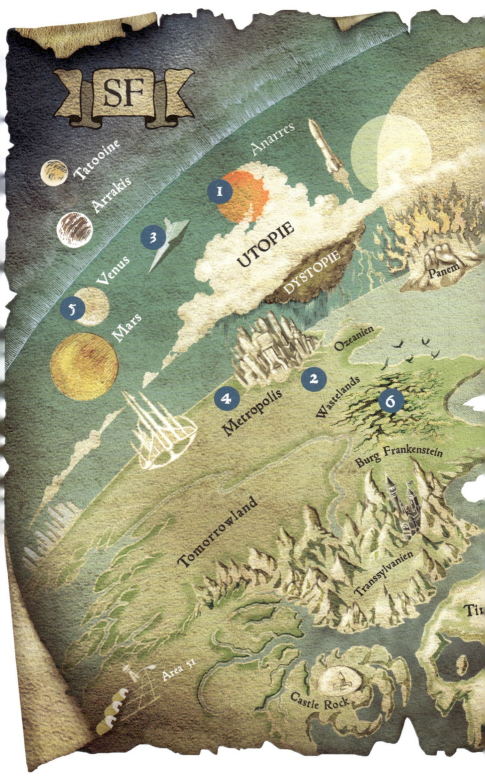

UNSERE SCIENCE-FICTION-ROMANE:

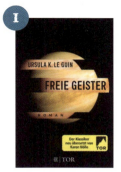

Ursula K. Le Guin
Freie Geister
Für Leser von Aldous Huxley
und Margaret Atwood
Seite 262

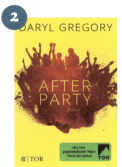

Daryl Gregory
Afterparty
Für Leser von Dave Eggers
und William Gibson
Seite 236

Becky Chambers
Der lange Weg zu einem kleinen zornigen Planeten
Für Leser von James R. Corey und Naomi Novik
Seite 206

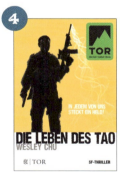

Wesley Chu
Die Leben des Tao
Für Leser von Ernest Cline
und Cory Doctorow
Seite 108

Dietmar Dath
Venus siegt
Für Leser von Georg Klein
und Ann Leckie
Seite 148

Adrian J Walker
Am Ende aller Zeiten
Für Leser von Marc Elsberg
und Andy Weir
Seite 24

UNSERE FANTASY-ROMANE:

Kai Meyer
Die Krone der Sterne
Für Fans von »Star Wars«
und »Der Herr der Ringe«
Seite 54

Bernd Frenz
Der Groll der Zwerge
Für Leser von Markus Heitz
und Bernhard Hennen
Seite 190

Guy Gavriel Kay
Im Schatten des Himmels
Für Leser von George R. R.
Martin und Anthony Ryan
Seite 82

Katherine Addison
Der Winterkaiser
Für Leser von Patrick Rothfuss
und Tad Williams
Seite 126

Charlie Human
Apocalypse Now Now
Für Leser von Neil Gaiman
und Ben Aaronovitch
Seite 170

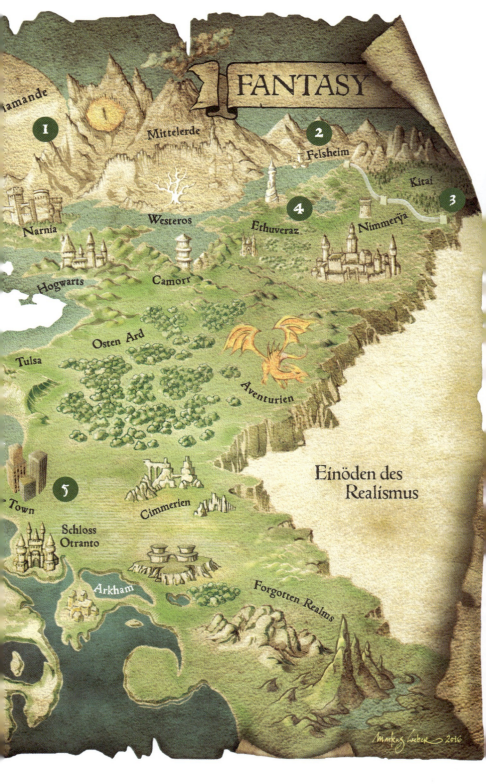

Adrian J

Walker

Adrian J Walker wurde Mitte der siebziger Jahre in einem Vorort von Sydney geboren, verbrachte aber einen guten Teil seiner Jugend in England. Er studierte in Leeds, arbeitete als Informatiker und lebt heute mit seiner Frau und zwei Kindern in London.
Von sich selbst behauptet er, dass ihm immer nur drei Dinge wichtig waren: Worte, Musik und Wissenschaft. Eines Tages nahm er sich eine Auszeit und schrieb seinen ersten Roman.
›Am Ende aller Zeiten‹ erschien zuerst im Selbstverlag. Doch dann wurde Penguin/Del Rey auf den Roman aufmerksam und nahm das Buch als Spitzentitel ins Programm. Seine »postapokalyptische Fabel«, wie er sie selbst bezeichnet, steckt voller Hoffnung, Liebe und Ausdauer.

AM ENDE ALLER ZEITEN

*Wie weit würdest du gehen ...
für die, die du liebst?*

Edgar Hill ist Mitte dreißig, und er hat sein Leben gründlich satt. Unzufrieden mit sich und seinem Alltag als Angestellter, Familienvater und Eigenheimbesitzer, weiß er nur eins: So kann es nicht weitergehen.

Als das Ende kommt, kommt es von oben: Ein Kometenschauer verwüstet die Britischen Inseln. Städte, Straßen, Internet — all das gehört plötzlich der Vergangenheit an. Edgar wird von seiner Familie getrennt und vor die größte Herausforderung seines Lebens gestellt: Will er Frau und Kinder jemals wiedersehen, muss er von Schottland nach Cornwall laufen, 500 Meilen durch ein sterbendes Land. Und er muss zu dem Mann werden, der er schon immer sein wollte.

Was die Leser begeistert

Esther, 6.3.2015
USA

»Meine erste Rezension überhaupt. **Das Buch hat mein Leben verändert.** Ich gehe jetzt nach oben, küsse die Kinder, und morgen vielleicht eine Runde laufen. Großartiges Buch. Danke.«

Adrian, 24.8.2014
Australien

»Hin und wieder stößt man auf ein Buch, das einen tief im Inneren berührt. Ein Buch mit Figuren, die einem gleich vertraut vorkommen und die man am liebsten selbst kennenlernen würde. ›Am Ende aller Zeiten‹ ist genau so ein Buch. Es ist ein Roman, über den man wochenlang nachgrübelt. **Einfach großartig!**«

Eve Miller, 24.9.2015
USA

»**Eine wundervolle, erschütternde, epische, originelle Geschichte** über den Untergang der Welt und den Versuch eines Mannes, der Familienvater zu werden, der er immer sein wollte.«

Crawford, 23.1.2015
USA

»Mit Abstand das beste ›postapokalyptische‹ Buch, das ich je gelesen habe – **eine Klasse für sich**.«

Phil Smith, 24.4.2014
England

»**Das beste Buch, das ich dieses Jahr gelesen habe.** Wenn Sie wirklich wissen wollen, wie sich ein Leben nach der Apokalypse anfühlt: Lesen Sie dieses Buch!«

Julie, 26.3.2015
USA

»Dieser Roman erzählt eine Geschichte, in der es ums nackte Überleben geht. Aber auch um **Liebe und Freundschaft**, um Schwächen und das erlösende Gefühl, wenn man nach langer Reise sein Ziel erreicht und begreift, was im Leben wirklich wichtig ist.«

LESEPROBE

Adrian J Walker • **Am Ende aller Zeiten**

Das Ende

Ich weiß selbst nicht genau, wie es kam. Es dauerte eine Woche. Nur eine Woche, bis die Stimmung aus der seligen Apathie einer sommerlichen Hitzewelle über leichte Besorgnis in nackte Panik kippte und bis alles schlagartig zu Ende war. Eigentlich ist das nicht plausibel. Ich meine, irgendjemand sollte doch, *muss* doch früher davon gewusst haben. Wenn wir Galaxien am anderen Ende des Universums beim Sterben zusehen und einen Roboter auf dem Mars aussetzen können (der sich vermutlich gerade wundert, dass alles so still geworden ist), hätten wir doch wohl auch bemerken können, was da auf uns zukam.

Vielleicht hatten diese deutschen Astrophysikstudenten ja recht. Die »Wächter«, oder wie sie sich nannten. Ich habe mir aus den sozialen Medien nie viel gemacht (die einen ständig zwangen, irgendetwas zu liken und zu sharen, upzudaten und upzugraden), also kenne ich nicht alle Details, aber ungefähr ein Jahr bevor es passierte, verkündeten die Wächter auf Twitter, sie hätten eine seltsame Beobachtung gemacht, etwas wirklich Ungewöhnliches. Sie posteten dieses berühmte Foto, auf dem ein verschwommener Fleck auf den Ringen des Saturn zu erkennen war, und dann noch eins, das ein dunkles Etwas vor einem der Jupitermonde zeigte. Das Netz wurde hellhörig. Die NASA dementierte kurz und knackig, aber man spürte, dass da etwas nicht stimmte. Ein paar Promis nahmen sich der Sache an, doch als die NASA beharrlich schwieg, kriegten sich alle wieder ein. Es gab ein paar Verschwörungstheorien, aber auch die wurden bald wieder vergessen, vermutlich weil eine neue Staffel von *Big Brother* angelaufen war.

Ein Jahr später kam die Hitzewelle. Und dann ging alles sehr schnell. Diese eine Woche werden wir Überlebenden nie vergessen. In Schottland ist jeder Gastauftritt der Sonne eine Schlagzeile wert, also waren an jenem Montag – dem Montag, bevor es passierte – die Titelseiten voller Shorts, Bikinis und freudestrahlender Gesichter. Die einzige halbwegs ernste Nachricht war ein drohendes Rasen-Gießverbot. Erst ab Mittwoch mischten sich andere Meldungen darunter, wirre, zusammenhanglose Andeutungen, dass etwas sehr, sehr Schlimmes bevorstehen könnte. Wir lachten. Keiner glaubte ernsthaft daran. Es war Sommer, es war heiß; das konnte nur ein Witz sein, ein dummer Streich für irgendein Reality-TV-Format. Darauf konnten sich alle einigen: »Es ist ein Witz.« In den Supermärkten tauchten ein paar Hamsterkäufer auf, aber fast niemand kapierte, was wirklich vor sich ging. Wir sind eben Idioten. Meister der Verdrängung, die gelernt haben, sich nicht vor dem Schlafzimmerschrank zu fürchten. Das Monster muss schon vor uns stehen, damit einer schreit.

Erst am Sonntag sprang die Schranktür auf. Da kam diese letzte, lähmende Meldung, diese zwei harten, grauenhaften Wörter, schwarz auf weiß. Erst dann kapierten wir es. Als es zu spät war, sich vorzubereiten.

Ich will nicht sagen, dass es so besser war oder dass ich es nicht tragisch fände. Ich fand nur, wir hatten es verdient. Wir hatten es mehr als verdient.

Ich weiß nicht, wie es ablief. Vielleicht wussten die da oben Bescheid, vielleicht auch nicht. Vielleicht hatten sie nicht die richtigen Teleskope, oder diese Dinger waren zu klein und zu schnell. Oder sie wussten sehr wohl, dass wir geliefert waren. Sie wussten es und wollten, dass wir noch ein paar letzte Monate unseren Alltag genießen. Irgendwie ein tröstlicher Gedanke.

> In Schottland ist jeder Gastauftritt der Sonne eine Schlagzeile wert.

Fakt ist: Ich weiß es nicht. Ich weiß nur, dass ich in einem Moment meiner dreijährigen Tochter beim Spielen zusah und sie im nächsten die Kellertreppe runterwarf und die Falltür hinter mir zuschlug.

Ich weiß nur, dass das Ende am Ende von oben kam.

Am Sonntag erwachte ich aus einem langen, anstrengenden Traum über Kühe. Eine kleine Herde war in einem Stall zusammengepfercht und versuchte, daraus zu entkommen. Um sie herum standen vier, fünf Glatzköpfe in weißen Kitteln, die sie beobachteten, abtasteten und sich auf Klemmbrettern Notizen machten. Die Kühe gerieten immer mehr in Panik, begannen, übereinander hinwegzusteigen, bis eine von ihnen ein ohrenbetäubendes, gutturales MMMMUUUUUUHH von sich gab, das mich fast aus dem Bett befördert hätte. Das Geräusch hallte noch in meinen Ohren wider, als ich mich allmählich wieder beruhigte.

Ich schaute auf den Wecker. Fünf Uhr morgens, und Arthurs schrille Schreie drangen durch die Schlafzimmerwand. Beth stöhnte und stieß mir den Ellbogen in die Rippen. Arthur trank immer noch nachts und wurde morgens früh wach, also war ich jetzt an der Reihe; das war mein Beitrag als Vater. Nachdem seine ältere Schwester Alice geboren war, hatte ich Beth gegenüber ziemlich schnell klargestellt, dass *ich* morgens schließlich zur Arbeit müsse und dass *ich* davor meinen Schönheitsschlaf bräuchte und daher auf keinen Fall *ich* das Kind versorgen könne. Ich bin wohl kaum der erste Vater, der diese Nummer abgezogen hat. Wir verschweigen dabei gerne, was *Arbeit* im Grunde ausmacht: bequeme Sitzgelegenheiten, Tee, Kaffee und Kekse, leckeres Mittagessen, interessante Gespräche, hübsche Kolleginnen, eine schnelle Internetverbindung und schallisolierte Klokabinen, in denen man zur Not unbemerkt ein Nickerchen halten kann. *Arbeit.* Was bedeutet es dagegen schon, ein Baby zu stillen und rund um die Uhr eine Zweijährige zu betreuen?

Was, wenn alles einfach vorbei wäre?, dachte ich. Wenn sich alles in Luft auflösen würde?

Was Arbeit ausgemacht *hat* – damals. Immer Vorsicht mit den Zeitformen.

Jedenfalls bestand ich auf meinem Recht auf Schlaf. Beth gab nach, aber nur unter der Bedingung, dass ich am Wochenende die Frühschicht übernahm. Dagegen konnte ich nichts sagen. Eine frischgebackene Mutter reizt man besser nicht zu sehr.

Ich grummelte ein bisschen, schlug die Decke zurück und stieß dabei ein leeres Wasserglas von meinem Nachttisch. Beth stöhnte wieder. »'tschuldigung«, murmelte ich.

Diese kurzen Nächte plagten uns seit Weihnachten. Dabei hatten wir jeden Ratschlag von Bestsellerautoren, von Freunden und Verwandten durchprobiert. »Lasst ihn sich in den Schlaf weinen«, »Probiert mal ein anderes Einschlafritual«, »Legt ihm eine Wasserflasche in sein Bettchen«, »Haltet ihn tagsüber länger wach«, »Mästet ihn abends mit Weetabix«. Oder, wie die Kinderlosen meinten: »Könnt ihr ihn nicht einfach ignorieren?« Ignorieren, na klar. Ignorier mal ein schrilles Protestgeheul und das Klappern eines Kinderbetts an der Wand, während deine Frau neben dir im Bett vor Wut stocksteif wird, weil sie wieder eine Nacht nur scheibchenweise geschlafen hat.

Im Januar hatten wir die Hebamme gerufen. »Vor allem solltet ihr euch keine Sorgen machen«, hatte sie gesagt und eine Hand behutsam auf Beths Knie gelegt. »Das ist nur eine Phase. Er wächst da raus.«

Beth hatte tapfer dazu genickt und lautlos schluchzend über sich ergehen lassen, dass Arthur zum dritten Mal innerhalb weniger Stunden an ihre wunde, rissige linke Brustwarze andockte. Ich sah von der Küche aus zu und schaufelte kalten Porridge in Alices greinenden Mund. Draußen lag meterhoch Schnee, es war um halb neun noch dunkel, und ich fragte mich zum x-ten Mal, warum zum Teufel wir in Schottland lebten.

Was, wenn alles einfach vorbei wäre?, dachte ich. *Wenn sich alles in Luft auflösen würde?*

Es tut weh, wenn ich daran denke, für wie hart ich das Leben damals hielt. Ohne Sex, ohne Schlaf, ohne Freizeit, ohne Atempausen. Kinder zu haben war für mich die Hölle. Dabei war Beth diejenige, die alles stemmte. Sie war es, die unsere Kinder austrug, die sie auf die Welt brachte, die meistens die dreckigen Windeln wechselte, die sich nie beschwerte, wenn ich mich in den Pub verzog oder vor dem Fernseher versackte und mich mitten in der Nacht mit einer Weinfahne neben ihr ins Bett fallen ließ. Beth blieb nüchtern, weil sie stillte, und ich trank fast jeden Tag. Ich redete mir ein, das sei mein Recht als gestresster Vater, schließlich arbeitete ich hart, um meine Familie zu ernähren, und brauchte auch mal Entspannung. Ich sagte mir, ein, zwei Gläschen unter der Woche und ein paar mehr am Wochenende seien völlig normal und gesund. In Wahrheit waren es fast eine Flasche pro Abend und zwei am Wochenende, das freitägliche Feierabendbier nicht mitgerechnet. Und Sport – welcher Vollzeit arbeitende zweifache Vater hatte bitte Zeit für Sport? Die üblichen Ausreden eben. Von dem leichten Schlafdefizit einmal abgesehen, hatte mein Körper im Grunde gekriegt, was er wollte: seine Ruhe, viele Kohlehydrate und genügend Betäubungsmittel. Ich gewöhnte mich daran, Spiegeln auszuweichen, und ignorierte, so gut es ging, das dumpfe Grauen, das mich befiel, weil meine Wampe, meine Backen, meine Brüste Tag für Tag immer fetter wurden.

Ich machte es mir leicht, sehr leicht. Und das machte Beth das Leben schwer.

Ich muss darauf achten, nicht zu viel zurückzublicken. Ich werde immer bereuen, kein besserer Vater und Ehemann gewesen zu sein, aber ich muss nach vorn schauen, sonst komme ich nie an mein Ziel, und das ist wichtiger als alles andere. Die Vergangenheit ist ein fremdes Land, hat mal jemand gesagt. Dort gelten andere Regeln. Meine Vergangenheit – und die aller anderen – ist jetzt ein fremder Planet. Sie ist so anders, dass es sich kaum lohnt, daran zu denken.

Aber dieser eine Tag hat sich allen eingebrannt.

Während sich Arthurs Milch in der Mikrowelle erwärmte, goss ich mir ein Glas Wasser ein, öffnete die Hintertür und ging mit ihm auf die Terrasse. Es war wieder ein sonniger Tag und wurde schon warm. Arthur zuckte vor dem hellen Licht zurück, schmiegte sich an meine Schulter und hauchte kleine stotternde Atemzüge in mein Ohr, während ich die Augen schloss und die Morgensonne über mein Gesicht fluten ließ. Ich war tatsächlich glücklich. Natürlich war ich wieder verkatert (von Wein und Glotze am Abend davor), aber es machte mir nichts aus, früh auf zu sein. Vielleicht kam das von dem Vitamin D, vielleicht hatte ich genug Restalkohol intus, oder vielleicht lag es daran, dass ich mit meinem Sohn im Arm den Sonnenaufgang genoss, wer weiß das schon. Milde, stille Luft, wärmende Sonne, das ferne Dröhnen irgendeiner Straße ... ich war einfach glücklich. Das ist meine letzte Erinnerung an so etwas wie Normalität.

Als ich dort auf einem Gartenstuhl die Wärme aufsog und dem Gebrabbel meines Sohnes lauschte, fegte plötzlich ein Windstoß über uns hinweg. Die Pflanzen raschelten. Der Baum in der Ecke des Gartens knarrte, und seine Äste wanden und krümmten sich zu seltsamen Formen. Am Haus klirrten alle Fenster. Auch an den Häusern gegenüber. Unsere Küchentür krachte gegen den Schrank. Dem Windstoß folgte ein sehr tiefer, ferner Donner. Nur ganz kurz, dann war es wieder still.

Arthur schnappte nach Luft und sah sich mit großen Augen um.

»Was war das, Artie?«, fragte ich und wackelte mit seiner Hand. »Ja, was war denn das?«

Er kicherte.

Was zur Hölle war das, verdammt?

Drinnen piepste die Mikrowelle.

Arthur krähte irgendetwas, löste seine Hand von meiner und knuffte mir auf die Nase. Er grinste. Ich grinste zurück.

»Dann wollen wir mal, Kleiner«, sagte ich und ging mit ihm rein.

Auf dem Sofa stöpselte ich mit einer Hand die Milchflasche in Arthurs Mund und griff mit der anderen nach der Fernbedienung. Ich hielt inne. Mein Daumen hing über dem roten Knopf in der Schwebe. Irgendetwas ließ mich zögern, bevor ich den Fernseher anschaltete. Eine flackernde, undeutliche Erinnerung, die ich nicht gleich einordnen konnte.

Arthur nuckelte glücklich an seiner Flasche, und ich drückte auf den Knopf.

Nichts.

BBC2.

Nichts.

ITV, Channel 4, Sky. Nichts.

Das war nicht ungewöhnlich; unser Receiver stürzte manchmal ab und brauchte einen Neustart, um sich wieder zu berappeln. Trotzdem hatte ich ein mieses Gefühl. Irgendwo in meinem Hinterkopf begann ein Warnlämpchen zu blinken. Es hatte mit dieser Erinnerung zu tun.

Arthur quengelte, weil ihm der Sauger aus dem Mund gerutscht war. Ich ließ die Flasche auf den Boden rollen, und er quiekte auf, als ich ihn hinter mich aufs Sofa legte. Ich krabbelte zu dem Receiver, zog die Karte raus und hielt den Ausknopf gedrückt. Wartete zehn, zwanzig Sekunden, bis der Kasten wieder hochgefahren war. Arthur gab währenddessen Warnlaute von sich und lief sich schon mal für den großen Tobsuchtsanfall warm, falls ich ihm die Milch nicht wiederbrächte. Endlich kam der Receiver wieder zu sich und spielte sein übliches Begrüßungsvideo ab. Ich setzte mich mit der Fernbedienung zurück aufs Sofa und zappte mich durch, einen Sender nach dem anderen, erst die internationalen Nachrichtenkanäle: BBC World, CNN, Al Jazeera, dann die Shoppingsender, die religiösen, die Musiksender, die Erotiksender ... alle tot.

> Das ist meine letzte Erinnerung an so etwas wie Normalität.

Ich ermahnte mich, ruhig zu bleiben. Das alles hieß bloß, dass Sky nicht funktionierte, wahrscheinlich nur in unserer Gegend oder sogar nur hier im Haus. Wieder überfiel mich diese vage Erinnerung an irgendetwas Wichtiges. Etwas, das ich nicht vergessen durfte ...

Arthurs Warnlaute wurden durchdringender, also nahm ich ihn auf den Schoß und dockte die Flasche wieder an. Während er verärgert weiternuckelte, holte ich mein Handy raus, um die WLAN-Verbindung zu überprüfen. Nichts. Telefonempfang hatte ich im Haus sowieso noch nie gehabt. Ich hörte das Schlürfen, mit dem mein Sohn die Flasche leerte.

»Na komm, Artie«, sagte ich und stemmte mich hoch. »Gehen wir ein Stück spazieren, Kumpel.«

Ich verfrachtete Arthur in seinen Tragerucksack und schwang ihn mir über die Schulter, schlüpfte in meine Flipflops und ging zur Hintertür raus. Wir wohnten in Bonaly, einer verschlafenen Siedlung aus kleinen Neubauten und riesigen Villen, fünf Meilen südlich von Edinburgh, am Fuß der Pentland Hills. Unser Haus war ein Neubau, eins von ungefähr zwanzig Reihenhäusern, die zu beiden Seiten eines kleinen Fußwegs lagen. Es war eine nette Gegend, und die Häuser waren annehmbar, aber billig, also nicht gerade groß. *Das sind mal beengte Verhältnisse*, hatte Beths Vater gebrummelt, als er uns zum ersten Mal besuchen kam.

Ich ging auf der Suche nach Handyempfang die Hauptstraße runter. Sie war steil und von riesigen Häusern mit langen gekiesten Auffahrten gesäumt. Rechts und links zweigten weitere Straßen ab: breite, baumbestandene, ordentlich asphaltierte Sackgassen, an denen noch größere Villen standen. Eine Gegend voller Sicherheitsschranken, Überwachungskameras, Dreifachgaragen, lauschiger Gärten mit Teichen und Trampolinen. Manche Häuser hatten kolonial anmutende Holzverkleidungen, andere pflegten den amerikanischen Wohnbunker-Stil. Bei unserem Umzug nach Bonaly war Beth noch mit Alice schwanger. Wir waren zusammen diese Straßen entlangspaziert und hatten die protzigste »Ambition Drive« getauft. Waren Arm in Arm den Gehweg rauf- und runtergeschlendert und hatten gewettet, wer am lautesten die obszönsten Wörter rufen konnte.

»Muschijoghurt.«
»Tunnelsahne.«
»Scheidenkleister.«
»Eichelzement.«

Als ich den Ambition Drive erreichte, wurde mir klar, dass definitiv etwas nicht stimmte. Ich hörte ein elektrisches Garagentor surren. Es war noch nicht mal sechs Uhr, für die meisten Leute eigentlich zu früh. Dann schrie eine Frau. Es war ein Verzweiflungsschrei. Ein Kind kreischte, ein Mann brüllte. Dann schlug die Tür zu, und es wurde still.

> Irgendetwas stimmte nicht mit dieser Stille.

Ich ging langsam weiter. Aus einem Fenster im Obergeschoss hörte ich etwas zersplittern. Fußgetrappel auf einer hölzernen Treppe. Wieder ein Türknallen, und wieder Stille. Eine Polizeisirene heulte in der Ferne zweimal auf, vielleicht in Edinburgh.

Irgendetwas stimmte nicht mit dieser Stille, aber ich kam nicht gleich darauf. Selbst an einem frühen Sonntagmorgen war es sonst nicht dermaßen leise. Irgendetwas fehlte.

Vogelgezwitscher.

Die Vögel. Die Vögel fehlten.

Ich sah hoch und suchte die Bäume nach Lebenszeichen ab. Ihre Äste waren reglos und leer. In den Büschen, wo es sonst um diese Jahreszeit vor Spatzen und Meisen wimmelte, herrschte Grabesstille.

Hinter mir knirschte der Kies, und ein Hund jaulte auf. Als ich mich umdrehte, lag ein Golden Retriever auf einer Auffahrt ausgestreckt. Er sah sich nach einem Mann um, der wohl sein Besitzer sein musste, ein breitschultriger Kerl in zerknittertem Hemd, barfuß und in Unterhose, der schon ins Haus zurückeilte. Ich hatte ihn kurz nach unserem Einzug bei einer Silvesterfeier kennengelernt. Ein beherrschter, zielstrebiger Typ, der den Raum sofort nach beruflichen Chancen scannte. Manche Gäste, hauptsächlich Männer (vermutlich die mit den dicksten Villen), grüßte er mit einem festen Schulterklopfen seiner stark gebräunten Hand und einem dröhnenden Hallo. Als wir uns im Verlauf der Party plötzlich gegenüberstanden, mischten sich Abscheu und Neugier in seinem Blick. Ich war kein Überflieger und deshalb fremdartig für ihn, ein Alien. Keine Aktien, kein Immobilienportfolio, keine potentiellen Geschäftsabschlüsse. Was sollte er also mit mir?

Seine Gattin stand in einer Ecke, eine kleine, verhuschte Porzellanpuppe von einer Frau, und nippte schweigend an ihrem Bacardi. Beide dünsteten diesen seltsamen, satten Geruch des Reichtums aus.

Als er sich jetzt umdrehte, trafen sich unsere Blicke. Mit gefletschten Zähnen warf er die massive Eichentür hinter sich zu. Der Hund richtete sich winselnd auf und sah sich verwirrt um. Als er mich entdeckte, wedelte er zaghaft mit dem Schwanz und leckte sich die Lefzen. Arthur jauchzte in seinem Rucksack vor Begeisterung. Warum setzte jemand um diese Zeit seinen Hund vor die Tür?

Wieder flackerte diese vage Erinnerung in meinem Hinterkopf auf.

Am Fuß des Hügels bog ich nach rechts auf die Hauptstraße ein. Sie war menschenleer, was mich zu dieser Tageszeit nicht weiter wunderte. Plötzlich schoss wie aus dem Nichts ein Range Rover an mir vorbei. Drinnen waren vier Köpfe zu erkennen, eine Familie. Der Vater hielt das Lenkrad umklammert, und die Mutter neben ihm hatte den Kopf in den Händen vergraben. Eine leere Chipstüte wirbelte auf, als das Auto vorüberraste. Sie tanzte im Fahrtwind und senkte sich dann auf eine Mauer am Straßenrand, wo ihr Silberpapier im Morgenlicht blitzte.

Ich kriegte keinen Empfang. Eine Weile folgte ich noch der Straße, dann machte ich mich auf den Weg nach Hause.

Um kurz nach sechs erreichte ich den kleinen Laden gegenüber unserer Häuserzeile. Es war die einzige Einkaufsgelegenheit im Umkreis von einer Meile. Normalerweise hatte er um diese Zeit geöffnet, aber jetzt waren die Rollgitter noch unten. Ich spähte durch ein Fenster, in der Hoffnung, dass Jabbar, der Besitzer, schon die Zeitungen sortierte oder Milch in den Kühlschrank räumte – ganz nach hinten, damit die Kunden erst die ältere kauften. Jabbar war ein übergewichtiger Pakistani, der den Laden mit seinem Bruder führte. Da er zu keiner Kette gehörte, stapelten sich verstaubte

Dosen und Flaschen in den Regalen, die ihr Haltbarkeitsdatum schon ein Weilchen hinter sich hatten und doppelt so viel kosteten wie im Supermarkt. Die beiden Brüder wohnten mit ihren Frauen und Kindern in dem Haus auf der Rückseite des Ladens. Beengte Verhältnisse, könnte man sagen.

Es war dunkel im Laden, und nichts rührte sich. Die Durchgangstür zum Wohnhaus war geschlossen.

»Jabbar!«, rief ich durchs Gitter. »Hey, Jabbar!«

Ich bildete mir ein, in der Glasscheibe der Tür zum Haus ein Augenpaar entdeckt zu haben, aber als ich noch mal hinsah, war es weg.

»Morgen!«, hörte ich hinter mir jemanden sagen.

Ich drehte mich um, und da war Mark, in Shorts und Sandalen. Er trug seine Tochter Mary in einem ähnlichen Rucksack auf dem Rücken wie ich meinen Sohn. Mary war fast genauso alt wie Arthur. Ich hatte Mark im Geburtsvorbereitungskurs kennengelernt, zu dem Beth mich mitschleifte, als sie mit Alice schwanger war. Sie hatte sich mit drei, vier anderen Müttern angefreundet, ihrer »Selbsthilfegruppe«, wie sie es nannte, die von da an regelmäßig zusammengluckte, um bei einer Tasse Kaffee über Muttermilch, Dammrisse und Brustentzündungen zu plaudern. Die Ehemänner trafen sich nur am Rande des Geschehens. Wir nickten einander bei Geburtstagsfeiern schweigend zu und tranken gelegentlich gemeinsam ein Pint, wobei wir über Sport, die Arbeit oder die Nachrichten sprachen – über alles Mögliche, nur nicht über die Geburten, die uns zusammengeführt hatten. Sicher, gelegentlich erkundigte man sich nach Frau und Kindern, aber eigentlich war uns das schon zu intim. Im Grunde waren wir Fremde, die im Pub zufällig am selben Tisch saßen.

Ich war der einzige Engländer in der Runde. »Macht nichts, du kannst nichts dafür!«, johlte Mark eines Abends beim Bier, klopfte mir auf den Rücken und wiederholte damit den Witz, den ich seit dem Umzug nach Schottland wohl schon tausendmal gehört hatte. Mark und ich verstanden uns ganz gut, obwohl er Rennradfahrer und somit unerträglich war, viel fitter und gesünder als ich. Er hatte mir schon mehrfach angedroht, mich auf eine seiner Touren mitzunehmen. Ich wand mich immer wieder raus – und zog den Bauch ein, wenn wir uns trafen.

»Mark«, sagte ich. »Hallo. Hi, Mary.«

Ich drehte mich zum Laden um und lugte wieder durchs Fenster. Mark stellte sich dazu.

»Was ist denn hier los?«, fragte er.

»Frag mich nicht«, sagte ich. »Jabba the Hutt hat sich da drin verschanzt.«

Mark trommelte mit der Faust aufs Gitter. »Jabbar! Komm raus da, du Fettsack!«

Keine Antwort. Wir traten ein Stück zurück.

»Komisch«, sagte Mark.

»Mh-hm«, sagte ich.

Mark wies mit dem Kopf zu den Bergen jenseits der Siedlung. »Mir sind gerade Rekruten aus der Kaserne entgegengekommen. Die rannten in die Pentlands hoch.«

»Training vielleicht?«

»Sah nicht danach aus. Die liefen alle durcheinander, ohne Anführer. Manche hatten zwei Gewehre dabei.«

»Ist dir das mit den Vögeln aufgefallen?«, fragte ich.

»Aye. Echt seltsam. Hast du Empfang?«

»Nein, du?«

»Nada.«

»Fernseher ist auch tot.«

»Unsrer auch, muss was mit dem Kabel sein.«

»Wir haben Sky.«

> Im Grunde waren wir Fremde, die im Pub zufällig am selben Tisch saßen.

Wir sahen einander an. Es war immer noch still und warm. Manchmal wünsche ich mir, ich hätte dieses Gefühl mehr ausgekostet.

»Gibt's Zeitungen?«, fragte Mark.

»Nein, aber der Lieferwagen kommt vor sechs und lädt sie ab. Um diese Zeit sortiert Jabbar sie normalerweise schon durch.«

Wir sahen uns auf dem Gehweg um. Da war nichts, also gingen wir um die Ecke zur Hintertür des Hauses. Dort lag ein dickes Bündel der *Sunday Times*.

Mark riss den Lieferschein runter – irgendwer hatte allen Ernstes noch die Rechnung beigelegt – und zog die oberste Zeitung raus. Sie war dünn. Nur zwei Bögen statt des Hundert-Seiten-Kloppers, den man sonst am Sonntag bekam. Vorne drauf waren nur das Logo der *Sunday Times* und eine Überschrift, die die gesamte Seite füllte.

Zwei harte, grauenhafte Wörter.

AKUTE EINSCHLAGSGEFAHR

Da erinnerte ich mich. Ich erinnerte mich an alles.

Daran, wie ich mich in der Nacht vom Sofa hochgestemmt und den Bodensatz Shiraz aus der zweiten leeren Flasche auf dem Teppich verschüttet hatte. Wie ich den Fleck mit einem Tuch bearbeitete. Wie das Licht sich plötzlich veränderte, als ein riesiges BBC-Logo den Fernsehbildschirm füllte. Ich erinnerte mich an das Schweigen im Nachrichtenstudio, die Bestürzung auf den Gesichtern der Moderatoren. Dass die Sprecherin kein Make-up trug und ihr Kollege mit hochgekrempelten Ärmeln durch seine DIN-A4-Zettel blätterte. Dass er stammelte, schwitzte, dass er Worte wie »Daten«, »Fehlberechnung« und »Flugbahn« ausstieß und dann »Häuser nicht verlassen« und »wachsam«. Ich erinnerte mich, wie er seinen Kopf in den Händen vergrub, wie seine Kollegin die Hand vor den Mund schlug und wie es dann krachte, das Bild wackelte und man den Kameramann wegrennen hörte. Der Bildschirm flimmerte, und ein hoher Fiepton erklang, wie beim Sendeschluss. Ich erinnerte mich an die Worte, die in Weiß auf Grellrot auf dem Bildschirm erschienen:

AKUTE EINSCHLAGSGEFAHR
NOTSTAND AUSGERUFEN

Ich erinnerte mich, wie ich die Treppe hochgetaumelt war und oben innehielt, um die Übelkeit niederzukämpfen, den Wein, der mir die Kehle hochstieg. Wie ich dann Beths Namen rief. Wie ich in Arthurs Zimmer stürzte und gegen sein Bettchen knallte und wie Beth vorwurfsvoll von dem Sessel aufsah, wo sie ihn gerade stillte. Ich erinnerte mich, wie ich nach Worten rang, wie ich lallte und etwas zu erklären versuchte, das ich selbst nicht richtig begriff. An die Enttäuschung in ihren Augen und die Strenge, mit der sie mich aus dem Zimmer schickte. Daran, dass ich protestierte, mich erklären wollte. Dass Beth den Kopf schüttelte und sagte, ich sei besoffen, und sie wolle mich so nicht in Arthurs Nähe haben. Ich erinnerte mich, wie ich in unser Schlafzimmer wankte und hoffte, dass Beth nachkommen würde, damit ich ihr alles erklären könnte. Ich erinnerte mich, wie mir die Augen zugefallen waren.

Akute Einschlagsgefahr. Ich starrte eine Weile stumpf auf die Wörter, bis sie einen Sinn ergaben.

»Einschlagsgefahr?«, sagte Mark. »Heißt das, was ich denke?«

Ich antwortete nicht. Wir rannten gleichzeitig los und hämmerten vorne wieder auf das Rollgitter ein.

»Jabbar! Jabbar, mach auf! Mach auf, verdammt nochmal!«

Wir hämmerten und schrien weiter, bis wieder die Augen hinter der Tür auftauchten. Es war Jabbar, der sich versteckte. Wir hämmerten lauter.

Jabbar versuchte, uns mit einer Handbewegung zu verscheuchen. Er sah todernst aus, entschlossen, nicht wie der leutselige Ladenbesitzer von nebenan. Wir trommelten weiter gegen das Gitter. Arthur und Mary fingen an zu schreien. Schließlich öffnete sich die Tür hinter dem Tresen, und Jabbar stürzte auf das Gitter zu.

»Geht weg!«, rief er und wedelte mit den Händen. Anscheinend kriegte er es mit der Angst zu tun. »Los jetzt! Haut ab! Ich habe zu!«

»Hier!«, rief ich. Ich hielt die Zeitung hoch und zeigte auf die Schlagzeile auf der ersten Seite. »Was heißt das? Hast du noch mehr Zeitungen?«

Jabbar starrte die Meldung an und dann uns. Sein fettes Gesicht war schweißnass. Hinter ihm bemerkte ich eine Frau, die im Durchgang zum Wohnhaus kauerte und zu uns herübersah. Sie hatte ein weinendes Baby im Arm. Daneben stand Jabbars Bruder und hielt sich ein tragbares Radio ans Ohr, eine Faust vor den Mund gepresst.

Der Bildschirm flimmerte, und ein hoher Fiepton erklang.

Jabbar schüttelte heftig den Kopf. »Nein«, sagte er. »Nichts.«

Ich sah den Bruder an. »Mark«, sagte ich. »Guck mal.«

Der Mann hatte jetzt den Kopf gesenkt, das Radio immer noch fest am Ohr und eine Hand über den Augen.

»Jabbar«, knurrte Mark. »Was weißt du darüber?«

Ich tippte auf die Zeitung. »Was soll ›akut‹ heißen, Jabbar? Wie akut?«

Jabbar sackte in sich zusammen; er zitterte und blickte hastig von mir zu Mark. »Es ist schon losgegangen«, sagte er. »Die sind schon da.«

Ich dachte an den plötzlichen Windstoß auf der Terrasse, die gebogenen Äste und das Donnern. Eine Druckwelle. Von woher? Aus Glasgow? London?

»Jetzt geht weg! Geht ...«

Aber Mark und ich hatten uns gerade abgewandt. Auch Jabbar schielte durchs Gitter nach oben. Von weit weg hörten wir ein leises, nasales Heulen. Es war ein Geräusch aus einem anderen Jahrhundert. Ein Geräusch, das bei uns nichts mehr verloren hatte. Es wurde langsam lauter und höher und steigerte sich zu einem langgezogenen, durchdringenden Jaulen.

Eine Luftschutzsirene. Eine verdammte Luftschutzsirene.

Jabbar zuckte zurück und floh durch den Laden zur Durchgangstür. Mark und ich sahen uns ein letztes Mal an, dann rannten wir in verschiedene Richtungen davon.

Die Sirene begann ihren ersten schrecklichen Abstieg in die unteren Register. Wo zur Hölle gab es in Bonaly überhaupt eine Sirene? In der

Kaserne vermutlich. Sie hallte von den Bergen wider und durch die leeren Straßen; ein krankes, quälendes Geräusch, das schon immer nur eins bedeutet hatte: Geht in Deckung, hier ist gleich die Hölle los, die Lage ist sehr, SEHR ernst.

Als ich die Straße überquerte, hörte ich, wie der verstoßene Hund in das Geheul mit einstimmte. Ein paar Wochen später sollte ich mich mitten in der Nacht an diesen Moment erinnern und weinen, richtig losflennen, was ich aber hinter meinen Händen verbarg, um Beth und die Kinder nicht zu erschrecken.

Eine Luftschutzsirene. Eine verdammte Luftschutzsirene.

»Beth!«, schrie ich. »Beth, steh auf!«

Inzwischen tauchten an den Fenstern Menschen auf, die von der Sirene geweckt worden waren. Ich sah hastig übergeworfene Bademäntel, verquollene, blinzelnde Gesichter. Die Sonne, die bis eben so warm und angenehm gewesen war, wirkte jetzt erschreckend grell.

»Steh auf! Wir ...« Mir blieben tatsächlich die Worte im Hals stecken. Mir war schwindlig, wie einem Kind, das nachts nach seinen Eltern rufen will. »... sind in Gefahr!«

Mir schwirrte der Kopf. *Denk nach. Was musst du tun? Was haben sie in den Nachrichten gesagt? Wie soll man sich beim Notstand noch mal verhalten?*

Mir wurde klar, dass ich mich unbewusst auf diese Situation vorbereitet hatte. Gerade in den letzten seltsamen, unergründlichen Tagen hatte in meinem Kopf eine Checkliste Gestalt angenommen, hatte sich ein Programm aus meiner Jugend abgespult. In den Achtzigern war der Atomkrieg meine zukünftige Todesursache gewesen, absolut, zu hundert Prozent. Keine Asteroiden und ganz sicher nicht dieser langsame Klimawandel-Mist. Sondern das einzig Wahre. Ich würde in einer Atomexplosion verdampfen: Schluss, aus, Ende. Es folgte Aids, und wenn man wie ich zu der Zeit in die Pubertät kam, dann lauerte plötzlich unter jedem Faltenrock, hinter jedem Baumwollslip der kalte Tod. Jetzt war es Sex, der einen umbringen würde.

Mit Aids kam ich klar. Ich wusste, dass ich sowieso nicht so bald Sex haben würde, nicht solange mein Gesicht aussah wie ein Himbeermarmeladenbrötchen. Aber die atomare Gefahr, das war etwas anderes. Das ultimative Grauen. Und damit begann meine erste Mini-Obsession, seit ich damals mit fünf zum ersten Mal vom Tyrannosaurus Rex erfahren hatte. Ich sah mir alle Fernsehserien zum Thema an, las alle Bücher und sammelte Survival-Broschüren mit Konstruktionsplänen für Strahlenschutzräume. Ich war fasziniert und verängstigt. Von der Stelle in *Wenn der Wind weht*, wo das alte Ehepaar das Haus verlässt und bei dem Geruch von versengtem menschlichem Fleisch glaubt, dass die Nachbarn grillen, kriegte ich wochenlang Albträume.

Obwohl diese Apokalypse-Obsession schon lange abgeklungen war, hatte ein Teil meines Gehirns gleich wieder Listen aufgestellt, als die ersten bedrohlichen Nachrichten rumgingen. Das Programm muss all die Jahre im Hintergrund mitgelaufen sein. Jedes größere Unglück, jede Naturkatastrophe, jede politische Krise hatte mir einen kindischen kleinen Kick beschert. *Das ist es*, dachte ich dann mit heimlicher Genugtuung. *Diesmal ist es so weit*. Der Millennium-Bug, der 11. September, die U-Bahn-Rucksackbomber, Irak, Afghanistan, die Londoner Unruhen 2011 ...

Für das hier gab es keinen Namen. Es war einfach das Ende.

Mein Apokalypse-besessener innerer Teenager schob mir seine Liste rüber. *Wasser. Nahrung. Medikamente. Licht. Schutzraum.*

Schutzraum. Unser Keller.

Die Reihenhäuser gegenüber hatten einen anderen Grundriss als unseres. Sie waren breiter und hatten nicht wie wir nur drei, sondern sechs geräumige Zimmer mit höheren Decken und größeren Fenstern. Drüben hatten sie Dachböden, in denen man aufrecht stehen konnte und die manche der Besitzer zu einem siebten Zimmer ausgebaut hatten: In der ganzen Häuserzeile ragten jetzt Erkerfenster aus den Dachschrägen heraus. Unser Dachboden war klein und dunkel und nur als Abstellraum zu gebrauchen. Drüben hatten sie die schicken Häuser. Wir saßen auf den billigen Plätzen.

Aber was die nicht hatten – und wir schon –, war ein Keller.

Neben der Küche gab es eine kleine begehbare Speisekammer. Aus unerfindlichen Gründen – vielleicht wegen ihres verstärkten Nestbautriebs – war Beth davon damals total begeistert. Mir ging es da natürlich anders, aber im Boden dieser Speisekammer gab es eine Falltür, die über ein paar rohe Kiefernholzstufen in einen Raum hinunterführte, der ungefähr so groß war wie die Küche. Viel machte er nicht her. Aber er befand sich unter der Erde.

»Uh-oh«, hatte Beth gesagt, als die Maklerin die Luke öffnete. »Männerhöhlen-Alarm.«

Männerhöhlen. Schuppen, Garagen, Arbeitszimmer, Dachböden, Hobbykeller. Orte, wo »Männer« – oder ihre Entsprechungen im 21. Jahrhundert – noch unter sich sein können. Wo sie basteln, töpfern, kreativ sein können, bauen, hämmern und Musik hören, die ihre Familie nicht leiden kann.

Oder trinken, rauchen, Pornos gucken, masturbieren.

Männer haben Männerhöhlen, um so wenig Zeit wie möglich mit ihren Familien verbringen zu müssen – was aus irgendwelchen Gründen als völlig akzeptabel gilt. Man gönnt ihnen ihre kleinen Fluchten.

Mein Recht als gestresster Vater.

Ich bin fast sicher, dass diese beiden sehr verschiedenen Symbole der Häuslichkeit – heiteres feminines Glück für Beth und dunkle männliche Abgeschiedenheit für mich – den eigentlichen Ausschlag gaben, das Haus zu kaufen. Aber letztendlich verstauten wir in der Vorratskammer nur das Essen, das niemand wollte, und im Keller wurde außer dem Staubsauger nur Altglas abgestellt. Ich war fast nie da unten.

Ich rannte die Stufen zur Terrasse hoch und stürzte durch die Hintertür, wobei ich mir fast Arthur vom Rücken gerissen hätte.

»Beth!«, brüllte ich die Treppe hoch. »Steh auf! Weck Alice!«

Arthur heulte; das Spiel machte ihm keinen Spaß mehr. Ich nahm ihn von den Schultern und lehnte ihn samt Rucksack an die Küchenspüle.

Schritte polterten die Treppe runter.

»Beth! Gott sei Dank bist du wach.«

Ich war so stolz auf sie wie noch nie. Sie stand in der Küchentür, verschreckt und blass, mit einer angezogenen, schlaftrunkenen Alice auf dem Arm.

»Was ist los?«, fragte sie.

Ich fing an, die Schränke aufzureißen.

Schutzraum. Wasser. Nahrung. Medizin.

»Papa«, sagte Alice und rieb sich die Augen. »Papa, guck mal, Arthur weint.«

»Ich weiß, Schatz«, sagte ich. Ich schnappte mir eine der Recyclingkisten neben der Tür und warf Konserven und Packungen aus den Regalen hinein. Wir hatten wenig im Haus; sonntags machten wir immer den Wocheneinkauf.

Eine Flasche Balsamicoessig landete auf einer Dose Tomaten. Ich starrte sie an. Irgendwie machte es mich fertig, diesen Fetisch der Mittelschicht zur nutzlosen dunklen Brühe reduziert zu sehen: nicht trinkbar, Nährwert praktisch null. Ich ließ die Flasche, wo sie war, und packte weitere Sachen oben drauf.

»Was soll diese Sirene?«, fragte Beth.

»Pappiiiiiii, Arthur weiiiint!«

Reis, Nudeln, Bohnen, Obstkonserven, Schokolade.

»Ed«, drängte Beth. »Bitte. Ich habe Angst.«

Ich schob die Kiste Richtung Speisekammer und begann, die nächste zu füllen.

»Wir müssen runter in den Keller«, sagte ich. »Jetzt gleich. Hol Decken und Laken und Klamotten für die Kinder.«

»Was? Aber was ...?«

Ich drehte mich zu ihr um. »JETZT GLEICH, Beth!«

Arthur hörte auf zu weinen. Es war alles still, bis auf das Jaulen der Sirene. Dann knallte eine Tür, ein Mann brüllte, eine Frau heulte; Reifen kreischten auf dem Asphalt, und ein Auto raste davon.

»Wie ... wie lange ...?«, fragte Beth. Sie begann schon zu rechnen. Genau wie wenn sie den passenden Berg Kinderausrüstung für einen Wochenendausflug zusammenstellte.

Ich schüttelte den Kopf. *Keine Ahnung.*

Beth setzte Alice behutsam ab und rannte die Treppe hoch.

Ich zog die unterste Schublade heraus und leerte sie ganz in die zweite Kiste. Ein paar Schnüre, zerknickte Fotos, Papierklemmen, Schraubenzieher, leere Batterien, Kerzen, Lieferdienst-Speisekarten, Ersatzschlüssel, Zigaretten, Feuerzeuge – das ganze Treibgut des Küchenlebens purzelte in die Kiste.

Alice ließ ihre Hände durch die Luft tanzen und sang.

»Pass auf deinen Bruder auf, Schatz«, sagte ich.

Alice seufzte und ließ die Schultern hängen – ihr ›Teenager-Seufzen‹, wie Beth und ich es nannten, dabei war sie gerade mal drei. Sie trottete zu Arthur rüber, als hätte ich ihr befohlen, ihre Hausaufgaben zu machen.

»Papa, ich will meine Milch«, maulte sie.

Ich entdeckte einen Erste-Hilfe-Kasten und warf ihn zusammen mit ein paar Pflastern in die Kiste. Oben hörte ich Beth hin und her laufen und Dinge aus Schubladen und Schränken holen. Zwei große Packungen Windeln trafen dumpf am Fuß der Treppe auf.

»Papiiiii ...«

Wie viel Zeit bleibt uns? Stunden? Minuten?

Ich tippte auf Minuten.

»Paappiiiiii ...«

Denk nach. Was noch?

Wasser.
Ich hatte einmal einen Film gesehen, in dem ein Mädchen die Apokalypse überlebte. Irgendeine namenlose weltweite Katastrophe; man erfuhr keine Details. Sie lebte auf einer Farm mitten in den USA, und als es losging, drehte ihr Vater erst mal alle Wasserhähne auf. Sie fragte: »Was ist los, Papa?«, und er antwortete: »Ich weiß nicht, Liebes, ich weiß es nicht«, und lief durchs Haus, um überall die Becken und Wannen zu füllen.
Ich brüllte die Treppe hoch. »Beth! Füll die Badewanne!«
»Ich willaba nich baden!«, krähte Alice und wirbelte durch einen Sonnenstrahl, der zum Küchenfenster hereinschien.
Oben polterte es wieder. Beth schrie etwas Unverständliches.
»Lass die Wasserhähne an!«
Plötzlich sah ich wie in einer Vision unser zerstörtes Haus vor mir: schmutzige Luft, dichte Wolken, nichts als Staub, Ziegel und verbogene Rohre. Und ganz oben auf den Trümmern thront die Badewanne – eine trockene, versengte Hülse. Mit Wasserhähnen, die als langgezogene schwarze Lakritzstangen daran herunterhängen wie auf einem Gemälde von Salvador Dalí.
Wasser.
Wollt ihr wissen, wie lange das soziale Gefüge einer Gesellschaft hält? Ich kann es euch sagen. So lange, wie es dauert, eine Tür einzutreten. Ich habe mal ein Buch über die Kriegserinnerungen japanischer Veteranen gelesen. Sie wirkten wie nette alte Männer mit glücklichen Familien, die mit sich und der Welt ihren Frieden geschlossen hatten. Aber sie wussten noch, wie der Hunger sie dazu getrieben hatte, chinesische Frauen zu essen. Meistens hatten sie sie davor noch vergewaltigt. Ihr könnt jeden fragen, der mal in eine Massenpanik geraten ist. Ist es unser erster Impuls, anderen aufzuhelfen oder über sie hinwegzutrampeln? Das Tier in dir, von dem du glaubst, du hättest es fest an den Pfosten gebunden und es mit Kultur, mit Liebe, Gebeten oder Meditation bezähmt – das leckt sich schon die Lefzen. Der Knoten ist lose, der Pfosten morsch. Es braucht nur zwei Wörter und eine Sirene, um es freizulassen.
»Bleib du hier bei Mama«, sagte ich.
»Wo gehst du hin, Papa?«
Ich rannte zu Jabbars Laden zurück. Es waren schon Leute davor versammelt, die am Gitter rüttelten und schrien, er solle aufmachen. Andere standen um das Zeitungsbündel herum.
Ich stoppte und lief hinten herum zum Haus. Ein paar der anderen Leute folgten mir.

»Jabbar«, schrie ich durch den Postschlitz in der Hintertür. »Ich brauche nur Wasser und ein paar Batterien! Du hast mehr als genug davon!«

»Haut ab!«, schrie Jabbar zurück.

Wieder fegte ein Windstoß über uns hinweg. Die hohen Bäume unten an der Straße knarrten schmerzlich, als ihre Äste brachen. Dann wieder das kurze, tiefe Donnern. Alle erstarrten. Es folgte Geschrei und noch lauteres Rütteln am Rollgitter des Ladens. Drei Autos rasten vorbei, den Hang hinunter. *Wo zur Hölle wollen die hin?*

Ich merkte, dass sich hinter mir eine Gruppe gebildet hatte. »Jabbar!«, schrie ich zum letzten Mal. Als nichts kam, trat ich ein Stück zurück.

Atmete tief durch.

Trat gegen die Tür.

Ein Schmerz durchfuhr meinen Fußknöchel, dass ich aufjaulte. Die Tür war unversehrt. Ich versuchte es noch einmal, näher am Schloss. Beim dritten Tritt sprang sie auf, und ich hechtete in die Diele, wo ich Jabbars Bruder in einen Haufen Kisten schubste.

Ich konnte mich nicht mal mehr erinnern, wann ich zuletzt jemanden geschubst oder geschlagen hatte. In der Grundschule vielleicht?

»Raus hier! Geh weg!«, schrie Jabbar, als ich um die Ecke in einen Flur mit rotgeblümtem Teppich und billig gerahmten Fotos einbog. Es war heiß da drin und dunkel und stank nach altem Curry und Wickelkindern. Jabbars Frau versteckte sich im Türrahmen hinter ihrem Mann, der immer noch stark schwitzte.

»Ich will nur Wasser und Batterien, Jabbar«, sagte ich und lief zu der Durchgangstür zum Laden. »Nicht alles, nur genug für meine Familie.«

»Nein!«, schrie Jabbar, stürzte auf mich zu und drückte mich mit der Schulter gegen die Wand des Flurs. »Raus aus meinem Haus! Raus hier!«

Sein dicker, schweißnasser Bauch presste sich an mich, als er versuchte, mich zur Haustür zurückzudrängen. Sein Atem roch nach Angst, sein Blick flackerte panisch. Jabbars Bruder hatte sich inzwischen aufgerappelt und versuchte hinter mir, den wachsenden Pulk an der kaputten Tür aufzuhalten.

> **Sein Atem roch nach Angst, sein Blick flackerte panisch.**

Jabbar drückte mir die flache Hand ins Gesicht; ich schmeckte das Salz auf seiner rauen Haut. Mit einer jähen Kraftanstrengung schaffte ich es, ein Bein zurückzuziehen, und trat ihm mit voller Wucht gegen das Knie. Er schrie auf, fiel wie ein nasser Sack auf den geblümten Teppich und hielt sich das Bein.

»Arschloch!«, jaulte er. »Du Arschloch! Geh weg! Hau ab!«

Ich rannte an ihm vorbei in den Laden, raffte ein paar Packungen Batterien zusammen und nahm drei Kisten Highland Spring von einem Stapel auf dem Boden.

Jabbar lag immer noch zusammengekrümmt im Flur, und sein Bruder wurde von der Menge zurückgedrängt. Calum aus unserem Nachbarhaus war der Erste, der sich vorbeizwängte. Er sah einfach durch mich hindurch und schob mich aus dem Weg. Hinter ihm kam ein älteres Ehepaar, das ich nicht kannte. Die Frau lächelte mir unsicher zu, als seien wir uns beim Spaziergang begegnet.

Jabbars Bruder lag jetzt am Boden. Zwei Leute aus der Menge traten ihn und schoben ihn in eins der Zimmer. Ich legte die Batterien oben auf die Wasserkisten und marschierte durch den Flur zurück.

»Du Arschloch!«, kreischte Jabbar noch einmal, als ich über ihn hinwegstieg. »Du verdammtes Arschloch!«

Seine Frau kniete neben ihm, hielt seinen Kopf und weinte.

Am Ende des Flurs vermied ich jeden Augenkontakt mit den Mitgliedern des frisch formierten Mobs. Die meisten ignorierten mich ebenfalls, aber kurz vor der Tür nahm mich ein Mann aus der Häuserreihe gegenüber ins Visier, den ich vom Sehen kannte.

»He!«, sagte er und trat mir in den Weg.

Er war Anfang sechzig, schätzte ich. Seine Tochter hatte vor kurzem ein Kind bekommen, und wir sahen öfter die ganze Familie im Garten grillen. Beth und ich winkten dann und hatten sogar schon überlegt, ihren Kleinen mit Arthur spielen zu lassen. Frank. Ich glaube, der Mann hieß Frank.

Er deutete auf das Wasser. »Gib mir das.«

»Im Laden ist noch mehr«, sagte ich. Ich wollte weiter, aber er packte mich an den Schultern und hielt mich zurück. Er versuchte, sich eine der Wasserkisten zu greifen, aber ich warf mich gegen ihn und rammte ihn gegen den Türrahmen. Er machte ein Geräusch, das ich noch nie gehört hatte. Es begann mit *Hööchh-chh-höhhh…*, als die Luft aus der Lunge gepresst wurde, aber als ich mich vorbeischob, verwandelte es sich in ein seltsames kindliches Quieken, und sein Gesicht war grotesk verzerrt. Unter anderen Umständen hätte es vielleicht komisch sein können. Aber das war ein Mann, dem ich fast täglich begegnete. Ich hatte ihm noch nie die Hand gegeben. Bei unserer ersten und letzten Kontaktaufnahme überhaupt presste ich ihm die Luft aus den Lungen, bis er klang wie ein Kleinkind, das seine Schokolade nicht kriegt.

Frank sank zu Boden und schlang die Arme um sich. Ich rannte über die Straße, achtete darauf, dass die Batterien nicht runterfielen, und wich zwei weiteren Autos aus, die mit heulenden Motoren wer weiß wohin preschten.

Fast hatte ich den Fußweg zum Haus erreicht, als ich Mike an der Ecke stehen sah. Mike war ein älterer Witwer, der in der Nähe eine kleine Wohnung hatte. Er war dreiundsiebzig, kahl mit einem weißen Bart und trug eine billige blaue Jacke. Er hob lächelnd eine Hand zum Gruß.

»Hallo, Edgar«, sagte er.

»Mike«, sagte ich. »Du solltest schnell rein.«

Er lehnte sich auf seinem Gehstock ein Stück nach vorn und spähte über meine Schulter zu den chaotischen Szenen rund um den Laden.

»Hörst du nicht die Sirene, Mike? Es geht los, du musst schnell ins Haus!«

Mike schnaubte, und seine Mundwinkel zuckten kurz, als hätte ich einen Witz erzählt, den er nicht verstand oder der ihm nicht gefiel. Er schüttelte den Kopf.

»Dass du mir schön auf dich achtgibst, Edgar«, sagte er. »Kümmere dich um deine Familie.«

Dann holte er einmal tief und zitternd Luft, legte den Kopf in den Nacken und sah in den blauen Himmel.

Dieser Atemzug, Franks Quieken, das Jaulen des Hundes, die Luftschutzsirene – das sind Geräusche, die sich mir eingebrannt haben, die ich bis heute nicht vergessen kann.

Mir begannen die Kisten aus der Hand zu rutschen. Ein Ruf schreckte mich auf.

»Hey!«

Ich sah mich um. Frank hatte sich vom Boden hochgekämpft, war nach vorn zur Straße gelaufen und starrte mich an.

»Hey!«, rief er. »Der Keller! Ihr habt doch einen Keller!«

Shit.

Ein paar andere Bademantelträger, die versuchten, in Jabbars Laden einzudringen, drehten sich jetzt ebenfalls um. Alle Augen richteten sich auf mich. Frank kam über die Straße auf mich zu. Er war gerade halb drüben, als der nächste SUV den Hügel runter jagte, ihn frontal erfasste und wie eine Stoffpuppe durch die Luft schleuderte. Sein zerschmetterter Körper wirbelte über eine Hecke und landete auf einer Mülltonne, während das Auto weiterraste. Kurz darauf war ein metallisches Krachen zu hören, und ein Chor aus Auto-Alarmanlagen stimmte in das Konzert der Sirene und des Hundes ein.

Die anderen, die Frank hatten folgen wollen, zuckten im ersten Moment zurück. Dann wagten sie sich auf die Straße und blickten nervös zwischen mir, ihren Nachbarn und der Straßenbiegung hin und her.

Ich sprintete den Fußweg hoch in unseren Garten und schleuderte die Wasserkisten quer über die Terrasse durch die Hintertür. Dann schob ich den Riegel am Gartentor vor, klaubte die Batterien von der Terrasse und rannte in die Küche. Als ich die Tür zuzog, hatten die Ersten schon das Gartentor erreicht. Sie rüttelten daran und schrien. Immer mehr Menschen kamen nach, öffneten andere Tore in der Häuserreihe, strömten in die Gärten und trommelten an die Hintertüren.

> Alices Jammern schraubte sich hoch wie der Ton der Luftschutzsirene.

Unsere schloss ich ab.

Beth stand in der offenen Luke. Sie hatte die Lebensmittelkisten und was sie sonst noch zusammengerafft hatte in den Keller runtergeworfen, und jetzt stand sie mit Arthur im Arm auf den Stufen und streckte die freie Hand nach Alice aus. Alice hatte im Durchgang zur Speisekammer die Fäuste unters Kinn gestemmt und schüttelte den Kopf.

»Komm, Schatz«, flüsterte Beth. »Komm, wir gehen zusammen!«

»Neiiiin«, quengelte Alice.

Alice konnte den Keller nicht leiden.

Beth versuchte, sich ein Lächeln abzuringen. »Komm schon!«, sagte sie. »Das wird ein Abenteuer!«

»Neiiiin, Maammmiiiii!«

Ich hörte draußen den Bambuszaun splittern, und als ich mich umsah, kletterte ein Mann darüber hinweg. Seine Schlafanzughose blieb im Zaun hängen, und er stürzte kopfüber in den Himbeerstrauch. Er kreischte, weil die Dornen ihm das Gesicht, die nackten Beine und den Schritt aufrissen, während er versuchte, auf die Füße zu kommen. Ihm folgte eine Frau, die mit den Füßen voran auf seinem Kopf landete und auf die Hintertür zuhinkte.

»Alice!«, rief ich. »Geh *SOFORT* in den Keller!«

Alice gab ein leises, langgezogenes Protestgeheul von sich.

»*Ed!*«, rief Beth. »Hör auf, du machst ihr Angst! Komm her, Schatz, Papa hat es nicht so gemeint.«

»Dafür ist keine Zeit, verdammt! Keine Zeit! Geh jetzt runter, *SOFORT*!«

Alices Jammern schraubte sich hoch wie der Ton der Luftschutzsirene. Um mich herum verwandelte sich alles in einen einzigen Albtraum aus

Gejaul und Geheule in verschiedenen Tonhöhen und Stärken. An der Tür sah ich das vor Angst und Wut verzerrte Gesicht der fremden Frau. Hinter ihr hatten andere das Tor aufgebrochen und kamen ebenfalls zur Tür gerannt. Ich lief zur Kellerluke und warf die Wasserkisten an Beth vorbei hinab. Entdeckte die Taschenlampe, nahm sie aus dem Regal und steckte sie mir hinten in die Shorts. Dann schob ich Alice Richtung Falltür. Sie kreischte und versuchte, sich loszureißen.

»Alice, du musst ...«

»NeeiiIIIIN! PAAPIIIIIII!«

Ein Gewirr aus Leibern presste sich gegen die Hintertür und hämmerte und trat gegen die Glasscheiben.

Mir blieb keine Wahl.

»Alice«, sagte ich. »Schatz, es tut mir leid.«

Beth lief instinktiv mit Arthur die Stufen runter.

Ich schnappte mir Alice und ließ sie durch die Öffnung fallen. Sie schlug hart auf dem Steinboden auf, und mit einem *Hehhh* wich ihr die Luft aus der winzigen Lunge.

Benommen versuchte sie, sich aufzurappeln, rutschte aus und fiel vornüber aufs Gesicht. Als Beth ihr hochhalf und ihr den Staub abklopfte, winselte Alice vor Entsetzen über meinen Verrat.

Ich vermied jeden weiteren Blick zur Tür, folgte Alice nach unten und griff nach der Falltürklappe.

»Ich will meine Hasis«, sagte Alice leise.

O verdammt. Die Hasis. Die verdammten, verdammten Hasis.

»Sag, dass du ihre Hasis hier hast«, sagte ich zu Beth.

»O nein, o verdammt«, sagte Beth. »O Scheiße, die sind noch in ihrem Bett.«

Ihre Stoffkaninchen, die Hasis, hatte Alice überall dabei. Im Bett, im Auto, auf dem Sofa, am Esstisch, im Kinderladen. Überall. Wenn sie hinfiel oder müde wurde oder wenn sie Angst bekam, konnten nur die Hasis sie trösten.

Wenn sie Angst bekam. Ich sah hinunter in den finsteren Keller.

Wie lange ...?

»Meine Hasis«, sagte Alice noch einmal, trocken, emotionslos, eine Hand geschäftsmäßig ausgestreckt.

Ich versuchte, die Alternativen abzuwägen. Eine unbestimmt lange Zeit im Keller. Eine unbekannte Frist, bis wer weiß was mit Edinburgh passierte. Die Gesichter an der Tür, die reinwollten, die zu uns wollten. Glas splitterte, eine Faust drang durch eine der Scheiben.

Plötzlich verstummte die Luftschutzsirene. In der Stille schien die Welt einen Satz zu vollführen, als hätten wir uns alle miteinander über den Rand einer Klippe gestürzt. Wir waren im freien Fall, im freien Fall ins Unbekannte.

Ich sprang die Stufen wieder hoch, durch die Küche, die Treppe hoch in Alices Zimmer. Das Herz schlug mir bis zum Hals. Nach dem ganzen Lärm war die Stille unerträglich. Der Hund war verstummt. Alice war verstummt. Selbst der Mob vor der Tür hielt einen Moment verwirrt inne.

Die Hasis lagen auf Alices Kissen. Ich schnappte sie mir und machte kehrt, aber plötzlich blieb ich stehen. Vor dem Fenster, auf einem Ast unseres Baumes, saß ein einziger kleiner Vogel. Eine Blaumeise vielleicht, die fröhlich zwitschernd mit dem Kopf ruckelte, wie kleine Piepmätze es eben tun. Dahinter, weit hinten am tiefblauen Himmel, entdeckte ich noch etwas. Etwas Kleines, Helles, das da nicht hingehörte. Kein Flugzeug, aber so ähnlich. Einen kleinen Fleck, der einen Schweif hinter sich herzog und rasch immer größer wurde. Und dahinter weitere Flecken.

> Das Herz schlug mir bis zum Hals. Nach dem ganzen Lärm war die Stille unerträglich.

Ich stürzte die Treppe runter und warf Alice die Hasis zu. Sie drückte sie an sich, begann inbrünstig am Daumen zu nuckeln und schmiegte ihre Wange an das weiche Fell. Bevor ich im Keller verschwand, riskierte ich noch einen letzten Blick zur Hintertür. Der Mob warf sich jetzt wieder wütend dagegen. Die Frau ganz vorn wurde mit Gesicht und Händen schmerzhaft gegen das Glas gepresst. Neben ihr bemerkte ich ein Mädchen im Nachthemd, nicht viel älter als Alice wahrscheinlich. Sie klammerte sich an das Bein der Frau, die ihre Mutter sein musste. Durch eine der unteren Glasscheiben erwiderte sie meinen Blick, seltsam ruhig in all der Panik, die über ihr tobte. Ein Rinnsal aus Urin lief am Bein der Frau hinab und dem Mädchen über die Hand.

Wieder Stille, aller Lärm wie ausgelöscht. Ein gleißendes Licht zerriss den Himmel hinter den schreienden Gesichtern.

Ich knallte die Falltür zu.

Meyer

Kai Meyer (*1969) arbeitete als Journalist, bevor er sich ganz auf das Schreiben von Büchern verlegte – mit großem Erfolg. Seine Romane sind in über 30 Sprachen übersetzt worden. Zuletzt erhielt er für seinen Roman ›Die Seiten der Welt‹ den wichtigsten Preis für deutsche Phantastik, den Seraph.
Sein neuer großer Roman führt in den Weltraum und brennt ein Feuerwerk origineller Ideen ab. Ein Buch voller exotischer Schauplätze und Figuren!

PRESSESTIMMEN ZU KAI MEYER

»Kai Meyer gehört zu den spannendsten Erzählern der jungen deutschen Gegenwartsliteratur.« – ddp

»Deutschlands Aushängeschild für fantastische Abenteuerliteratur.« – Buchreport

»Kai Meyer und seine Figuren verweigern sich dem Schubladendenken. Erfrischend und sehr europäisch.« – New York Times

»Nachdenklich und aufregend.« – Times

»Der Meister der Mythen!« – Buchjournal

»Andere schreiben in Schwarz-Weiß, Kai Meyer schreibt in Farbe.« – Bücher Magazin

DIE KRONE DER STERNE

Ein dramatisches Weltraumabenteuer im Breitwandformat voller Action und Magie

Das galaktische Reich Tiamande wird von der allmächtigen Gottkaiserin und ihrem Hexenorden beherrscht. Regelmäßig werden ihr Mädchen von fernen Planeten als Bräute zugeführt. Niemand weiß, was mit ihnen geschieht.

Als die Wahl auf die junge Adelige Iniza fällt, soll sie an Bord einer Raumkathedrale nach Tiamande gebracht werden. Ihr heimlicher Geliebter Glanis, der desillusionierte Kopfgeldjäger Kranit und die Alleshändlerin Shara Bitterstern müssen zusammenarbeiten, um den Plan der Hexen zu vereiteln.

Im Laserfeuer gewaltiger Schiffe kämpfen sie um ihre Zukunft – und gegen eine kosmische Bedrohung, die selbst die Sternenmagie der Gottkaiserin in den Schatten stellt.

Illustriert von Jens Maria Weber

KAI MEYER

DIE KRONE DER STERNE

»Der Meister der Mythen!«
Buchjournal

ROMAN

LESEPROBE

Kai Meyer • **Die Krone der Sterne**

1.

Sie trage die Sterne in den Augen, hatte einmal jemand gesagt. Iniza spürte den Sog des Universums, seit sie zum ersten Mal hinauf in die Nacht geblickt hatte. Für sie war der Himmel keine Grenze, sondern ein Tor. Sie hatte den Tag kaum erwarten können, an dem es ihr endlich offen stand.

Doch dann war nichts so gekommen, wie sie es sich vorgestellt hatte. Paladine in blutroten Rüstungen hatten sie die Rampe einer Raumbarke hinaufgeführt. Lange bevor ihre Heimatwelt im Plasmastrom der Triebwerke verblasst war, hatte Iniza gewusst, dass sie an Bord kein Gast, sondern eine Gefangene war.

Man behandelte sie wie eine kostbare Fracht, las ihr die Wünsche von den Lippen ab – Baroness hier, Baroness da –, aber keine Stunde nach dem Start wünschte sie sich zurück in den Palast von Koryantum, von dessen Türmen aus sie schon als Kind das All in seiner ganzen Pracht bewundert hatte. Hier im Schiff sah sie keine Sterne, nur graue Wände aus Stahl, und so bat sie am zweiten Tag der Reise, dass man sie zu einem Fenster brächte, zu einer der gewölbten Panoramascheiben auf dem Oberdeck der Barke.

Die Hexe Setembra sandte ihr zwei Paladine, bewaffnet mit Blastern und Klingen, die sie aus ihrer Kabine führten und dorthin begleiteten, wo die Gestirne hundertmal heller strahlten als in den klarsten Nächten daheim auf Koryantum.

Stumm vor Ehrfurcht blickte Iniza ins All hinaus und vergaß beinahe, warum sie wirklich darum gebeten hatte, das Oberdeck aufzusuchen. Dass dies alles Teil des Plans war.

Dort draußen loderten die Feuerschwärme der Galaxis, der breite Sternenstrom des äußeren Spiralarms, quarzweiß und rot wie Rubine, smaragdgrün und aquamarin. Sie erkannte den Kerkes-Nebel, wabernd jenseits der Aschenen Welten, und er erinnerte sie an Erzählungen von

Schlachtfeldern auf fernen Monden und an halb verglühte Wracks auf vergessenen Umlaufbahnen. Sie sah das Sternbild der Eisenfaust und die gefallenen Königreiche der Taragantum-Drift, wo die Flotten des Ordens allen Widerstand aus dem All gebrannt hatten. Und dann, als die Barke ihren Kurs korrigierte, rückten die Minenwelten der Marken in ihr Blickfeld, die äußere Grenzregion des Reiches, ein Gürtel aus Gewalt und Gesetzlosigkeit, in dem einzig das Geschäft regierte – mit Schürfrechten, Sklaven und dem Schicksal ganzer Kolonien.

Und doch war es die Schönheit des Universums, die Iniza den Atem verschlug, nicht seine Schrecken, ganz gleich, was die Menschen im Schein all dieser Sonnen getan und erlitten hatten. Sie kannte die Geschichte des Reiches und seine Fundamente in der frühen Hegemonie, und sie wusste alles über die Tyrannei des Maschinenherrschers und seinen Sturz durch die Hexen des Kamastraka-Ordens. Aber wenn sie durch diese Scheibe blickte, hinaus auf ein Firmament aus Millionen Sternen, dann sah sie nichts als die maßlose Pracht des Kosmos.

»Schon mal davon geträumt, etwas völlig Verrücktes zu tun?«, fragte sie den Paladin zu ihrer Rechten.

Der Soldat rührte sich nicht, und falls sich sein Gesichtsausdruck unter der roten Helmmaske änderte, blieb das sein Geheimnis. Seine Augen lagen hinter Facettenlinsen, die seinen Blickwinkel um viele Grad erweiterten. Iniza war nicht einmal sicher, ob ihr Bewacher ein Mann war, denn der rote Brustpanzer gab keinen Hinweis auf sein Geschlecht.

»Ich meine«, fuhr sie fort, »etwas, das keiner für möglich hält. Etwas vollkommen Irrwitziges. Auf Kentras Sonnenwinden segeln, zum Beispiel. Oder nachts am Strand der Lavameere von Xusia tanzen.« Sie wandte sich wieder dem Fenster zu, betrachtete das Spiegelbild des Paladins in der Scheibe. »Nicht gerade barfuß.«

Der zweite Soldat, der links von ihr stand, drehte kaum merklich den Kopf in ihre Richtung.

»Du kennst das, oder?«, fragte sie ihn. »Einfach mal anders sein zu wollen als alle anderen.« Ihr war bewusst, dass sie mit jemandem sprach, der jeden Anspruch auf Individualität aufgegeben hatte, als er ein Leben als Paladin gewählt hatte. Er war einer von Millionen, die die rote Rüstung aus Panzerplast trugen, und mit ihren Helmmasken sah einer aus wie der andere. »Mehr sein zu wollen als der ganze Rest«, sagte sie unbeirrt. »Nur weil man Dinge tut, auf die sonst niemand kommt. Und wenn doch, dann traut sie einem keiner zu.«

Er wandte den Kopf noch einen Fingerbreit weiter in ihre Richtung. Mit den Facettenlinsen hatte er sie vermutlich längst vollständig im Blick.

Bevor die Paladine sie abgeholt hatten, hatte sie ihr langes dunkles Haar gebürstet und ein schwarzes Kleid ausgewählt, tailliert, aber nicht eng genug, um zu verraten, dass sie darunter eine Hose trug.

Da draußen sind Milliarden Sonnensysteme, so viele Möglichkeiten, so viele Träume.

Sie hoffte, dass die beiden nichts über die Mode der Baronien wussten. Ansonsten hätten sie wohl erkannt, dass die Stiefel unter dem Saum ein schlimmer Fauxpas waren.

»Da draußen sind Milliarden Sonnensysteme, so viele Möglichkeiten, so viele Träume.« Sie senkte ihre Stimme ein wenig, als spräche sie nur zu dem linken Soldaten. »Träumt ihr denn niemals unter euren Helmen?«

Der andere sagte: »Wenn Sie hier fertig sind, Baroness, dann begleiten wir Sie zurück zu Ihrer Kabine.«

Sie seufzte. »Du warst bestimmt schon als Kind ein Spielverderber, oder?«

»Baroness«, entgegnete er ruhig, »wir haben Befehl, auf Sie achtzugeben. Provokationen werden daran nichts ändern.«

Es fiel ihr nicht leicht, sich vom Panorama der Galaxis zu lösen, während sie in gespielter Empörung zwei Schritte zurücktrat. Die Panzerplastschalen der Rüstungen scharrten aneinander, als sich die Soldaten zu ihr umwandten. Beide entdeckten den Stunner zu spät, den sie unter dem Kleid hervorgezogen hatte. Die Waffe war winzig, aber äußerst wirkungsvoll. Glanis hatte sie ihr nach dem Start zugesteckt, kurz bevor man sie von ihm und dem Rest ihrer Leibgarde getrennt hatte. Seitdem hatte sie Angst um ihn.

Ihr neuer Lieblingspaladin, der linke, war flinker als sein Kamerad, aber ein Energiestrahl war noch schneller. Sie feuerte zweimal. Das sollte ausreichen, um die Soldaten für ein paar Minuten auszuschalten – dachte sie. Doch dann stöhnte der linke Paladin am Boden und griff mit stockenden Bewegungen nach seinem Blaster. Er hatte die schwere Waffe verloren, als er zusammengebrochen war, und er würde sie erst auf Betäubung umstellen müssen, ehe er sie auf die kostbare Gefangene richtete. Ebenso gut hätte er sie bitten können, ein wenig abzuwarten, bis er mit allem so weit war.

Glanis hatte sie gewarnt, dass die Rüstungen einen Großteil des Stunnerstrahls abfangen würden. Iniza machte einen Schritt auf den Paladin zu und trat ihm mit aller Kraft gegen den Helm. Dann noch einmal, um kein Risiko einzugehen. Als er sich nicht mehr rührte, bückte sie sich und schob die Mündung unter den Rand seines Helms. Sie schoss aus nächster Nähe an seinem Hals hinauf zum Ohr, was ihn womöglich sein Trommelfell kostete. Dann tat sie dasselbe bei dem reglosen zweiten Mann, nur um sicherzugehen. Ihn hatte sie ohnehin nicht leiden können.

Ganz kurz hielt sie inne und atmete tief durch. Glanis und sie hatten das hier hundertmal durchgesprochen und waren gemeinsam die Gänge eines uralten Wracks im Trümmermoor abgelaufen, um sich jeden Korridor, jeden Lüftungsschacht einer Raumbarke einzuprägen. Diesen Schiffstyp kannte sie in- und auswendig.

Sie hoffte, dass der Zeitplan noch galt. Und dass Glanis und seinen sechs Männern nichts zugestoßen war. Er war mehr als nur der Hauptmann ihrer Leibgarde, und sie fragte sich, ob die Hexe Setembra davon wusste. Zu Hause auf Koryantum hatte niemand etwas geahnt, deshalb standen die Chancen gut, dass auch die Informanten des Ordens keine Kenntnis davon besaßen.

Als Iniza sich aufrichtete, schob sich draußen im All ein gigantischer Umriss vor das Sternenmeer der Marken. Eine Lähmung befiel sie, die nichts mit der Waffe in ihrer Hand zu tun hatte.

»Schwanz der Krone!«, flüsterte Iniza mit zusammengepressten Zähnen. Ein alberner Fluch, zu altmodisch für eine junge Frau, aber sie hing daran wie an einem abgeliebten Stofftier. Zu Hause im Palast gab es ein Replikat der Krone der Gottkaiserin – jede Baronie hatte vor vielen Generationen eines als Geschenk erhalten –, und Iniza hatte sie früher oft bestaunt. Die Krone besaß tatsächlich einen Schwanz, denn sie war aus der stählernen Wirbelsäule des Maschinenherrschers geschmiedet worden. Auf der Thronwelt Tiamande lag sie wie gewickelt um Hals und Schultern der Gottkaiserin.

Jenseits des Panoramafensters verdunkelte ein zerklüfteter Umriss die Glutnebel und Sternbilder: Die Raumkathedrale des Hexenordens glich auf den ersten Blick einem Berg, dreißig Kilometer hoch und sechzig breit. Die Raumbarke drehte langsam bei, um Kurs auf einen der Hangars der Kathedrale zu nehmen, und so geriet allmählich ein schlammfarbener Planet ins Sichtfeld des Fensters, in kosmischen Maßstäben kaum einen Steinwurf entfernt. Die Kathedrale hing darüber wie eine Spinne auf dem Kokon ihres Geleges.

Das gigantische Flaggschiff des Ordens war annähernd pyramidenförmig, an der Basis breit, nach oben hin schmaler. Hoch über dem Labyrinth aus Aufbauten thronte ein majestätisches Mädchengesicht – jenes der Gottkaiserin. Vom Kinn bis zur Stirn maß es drei Kilometer. Die Augen starrten pupillenlos ins All hinaus, ihr Ausdruck war ernst und verschlossen. Wann genau diese Antlitze auf den Kathedralen angebracht worden waren, wusste in den Baronien niemand mehr, aber es musste viele Jahrhunderte her sein. Falls die Gottkaiserin noch heute so anmutig aussah, war sie wohl wirklich alterslos und unsterblich, ganz so wie es der Orden behauptete.

Die aufsteigenden Flanken der Kathedrale waren mit einem Wald aus stählernen Statuen bedeckt, manche mehrere Kilometer hoch. Muskulöse Leiber in Heldenposen, die meisten nackt oder in Rüstungen, stehend, sitzend, liegend, Gestalten aus den Myriaden Mythen des Reiches. Es gab keine freien Flächen auf der Oberseite der Kathedrale, überall thronten die Kolosse, der Rumpf war darunter verschwunden.

Die Schiffe, die als Basen der Kathedralen dienten, waren uralt. Vor tausend Jahren hatte der Orden der Kamastraka-Hexen den Maschinenherrscher bezwungen, und seither schmückten sie die erbeuteten Raumfestungen mit diesen Kunstwerken, prunkvollen Zeugnissen ihres Größenwahns. Da die Kathedralen nur außerhalb der Atmosphäre operierten, konnte die Schwerkraft den Standbildern nichts anhaben. Hundertschaften von Stahlkünstlern, Statikern und Zwangsarbeitern waren allzeit mit der Instandhaltung beschäftigt. Selbst wenn die Kathedralen in den Hyperraum wechselten, um die unvorstellbaren Entfernungen des Ordensreiches zu bewältigen, schwärmten die Reparaturkolonnen im Irrgarten der eisernen Canyons umher, besserten aus, korrigierten oder errichteten neue Werke auf den alten. So standen kleinere Figuren auf den Schultern der großen, und weitere befanden sich auf den ihren.

Weder zu Zeiten der Hegemonie noch unter der Herrschaft der Maschinen hatte es vergleichbare Maßlosigkeit gegeben. Niemand außerhalb des Ordens wusste, wie viele dieser Kathedralen existierten – die Schätzungen schwankten zwischen zwanzig und zweihundert –, doch da nur sie aus eigener Kraft den Hyperraum durchqueren konnten, schienen sie überall zugleich zu sein. Allein in den Marken war ein halbes Dutzend stationiert, damit die mächtige Minengilde niemals vergaß, dass sie ihre Geschäfte einzig der Duldung der Hexen verdankte.

Jene Kathedrale aber, die vor Inizas Augen über der Schürferwelt Nurdenmark schwebte, gehörte nicht zur Militärpräsenz des Ordens in dieser Region. Sie stammte von Tiamande selbst, der Thronwelt der Gottkaiserin. Das monströse Schiff hatte das gesamte Reich durchquert und verharrte nun zwischen den äußeren Welten.

Jenseits davon, vor dem Abgrund des intergalaktischen Leerraumes, hing das kümmerliche Häuflein abgelegener Sonnen, das sich großspurig die Freien Baronien nannte. Koryantum war eine der einsamen Welten, die diese Gestirne umkreisten, weit abseits des Ordensreiches, seit Menschengedenken beherrscht von Inizas Familie, dem Haus Talantis. Dabei war die Unabhängigkeit der Baronien nur eine Illusion. Die Kathedrale mochte respektvollen Abstand halten, während sie auf Inizas Ankunft wartete, doch das änderte nichts an ihrer Drohgebärde.

> Sie stammte von Tiamande selbst, der Thronwelt der Gottkaiserin.

Alle fünf Standardjahre wurden junge Frauen aus den Baronien zu Bräuten der Gottkaiserin erkoren und nach Tiamande gebracht. Niemand wusste, was mit ihnen geschah, denn keiner in ihrer Heimat sah sie jemals wieder. Manchmal waren es drei oder vier, selten nur eine wie in diesem Jahr. Iniza war die einzige, die diesmal die Prüfung der Hexen bestanden hatte, ob sie gewollt hatte oder nicht. Und nun brachte die Raumbarke sie zur Kathedrale, in der sie die Weiterreise an den fernen Hof der Gottkaiserin antreten sollte.

Falls Iniza an Bord der Kathedrale ging, war ihr Schicksal besiegelt. Deshalb hatten Glanis und sie ihre Flucht so gründlich geplant, wie es aus der Ferne eben möglich gewesen war. Beiden war schmerzlich bewusst gewesen, dass es mehr Glück als Verstand erforderte, den Plan in die Tat umzusetzen.

Endlich löste Iniza sich aus der Starre, die sie beim Anblick der bizarren Raumfestung befallen hatte. Mit einer einzigen Bewegung riss sie das Kleid an der präparierten Naht auf und schleuderte es beiseite. Darunter trug sie eine hautenge Hose aus schwarzem Wabenelast, darüber einen dunklen Pullover, dessen Rollkragen sie nun bis zum Kinn heraufzog. Die Nächte auf Nurdenmark seien kalt, hieß es in den Archiven. Falls sie und Glanis' Garde es in einem der Beiboote hinunter auf den Planeten schafften, wäre es eine bittere Ironie des Schicksals, würden sie dort erfrieren.

Sie nahm das Schwert eines Paladins an sich und ließ die beiden Männer vor der Panoramascheibe liegen. Keine Zeit, sie in ein Versteck zu zerren. Jemand mochte die Schüsse des Stunners gehört haben, und womöglich war bereits ein ganzer Trupp auf dem Weg hierher.

Sie benötigte kaum einen Augenblick, um sich auf dem Oberdeck zu orientieren. Das Wrack im Trümmermoor war nur eine leere Hülle gewesen, längst ausgeschlachtet bis aufs letzte Kabel, doch der Grundriss der Gänge und Decks war identisch mit dem dieses Schiffes.

Gerade bog sie nach links in einen Korridor, als sie den harten Stiefelschlag weiterer Paladine hörte. Nach wenigen Schritten tauchte in der rechten Wand ein Lüftungsgitter auf. Dahinter führte ein enger Schacht auf die höchste Technikebene, eine Art Dachboden der Barke, auf dem weite Teile ihrer antiken Steuerungsmechanismen saßen. Wie nahezu alle Schiffe im Reich war auch dieses hier über tausend Jahre alt, ein rostiges Relikt der Hegemonie. Die Hexen untersagten den Bau neuer Maschinen unter Androhung drakonischer Strafen bis hin zum Weltenbrand. Die Unterdrückung technischen Fortschritts war eines ihrer höchsten Prinzipien. Deshalb waren Barken wie diese so veraltet wie die Gesetze des Ordens, in deren Dienst sie standen.

Iniza setzte das Schwert unter dem Rand des Gitters an, und bald gaben die morschen Nieten nach. Behände zog sie sich in die Öffnung, ließ die Klinge liegen und ächzte erleichtert beim Anblick der Kabelbäume, die rundum nach oben verliefen. Im Wrack war der senkrechte Schacht völlig leer gewesen, geplündert bis auf das letzte Stück Kupfer, aber hier konnte sie ohne große Mühe an den Kabeln nach oben klettern. Sie musste nur darauf achten, keine Bruchstellen und blank liegenden Drähte zu berühren.

Bald ereichte sie die obere Ebene und zwängte sich zwischen zwei Rohren hindurch. Das Technikdeck war niedriger als die übrigen, Kabelschlaufen hingen von der Decke. Iniza erspähte eine Spezies schillernder Asseln, die sich nur voneinander und von den Isolierungen ernährten. Und gerne auch von mir, ging es ihr durch den Kopf, als einige der wuselnden Tiere sie entdeckten und neugierig verharrten.

Eigentlich hatte Glanis ihr hier bereits entgegenkommen wollen, aber sie entdeckte ihn nirgends zwischen den Rohren und Leitungen.

Lautes Scharren alarmierte sie. Als sie zurück in den Schacht blickte, fand sie ihre Befürchtungen bestätigt. Ein Paladin hangelte sich geschickt herauf, er musste ihr durch das offene Gitter gefolgt sein. Iniza legte den Stunner an, drückte ab und sah zu, wie der Soldat mit betäubten Gliedern abstürzte. Scheppernd streifte er die Schachtwand, riss funkensprühende Kabel aus ihren Verankerungen und verschwand hinter dem rauchverschmorten Kunststoff. Die Paladine hatten Befehl, sie zu schonen – sie war jetzt Eigentum der Gottkaiserin –, aber auch Inizas Immunität hatte Grenzen.

Hastig glitt sie zurück und huschte in die Dunkelheit. Glanis hatte sie hier erwarten wollen, während seine Männer eines der Beiboote besetzten.

Bei den Soldaten handelte es sich um ihre persönliche Leibgarde; ihr Vater, Baron Hadrath, hatte den Trupp für sie zusammengestellt. Bis auf Glanis waren sie alle Rekruten, denn niemand hatte Zweifel daran gehabt, dass die Hexen sie auf dem Weg nach Tiamande beseitigen würden. Eine Braut der Gottkaiserin benötigte am Ziel ihrer Reise keine eigene Garde, und doch hätte es ein schlechtes Licht auf den Baron geworfen, wenn er seiner einzigen Tochter keine Leibwächter zur Seite gestellt hätte.

Die Unterdrückung technischen Fortschritts war eines ihrer höchsten Prinzipien.

Insgeheim wusste nicht nur Iniza, dass er die Männer nach nur einem Kriterium ausgewählt hatte: Sie waren jung und gehörten zu den schwächsten ihres Jahrgangs, waren allesamt entbehrlich. Glanis bildete die Ausnahme – er war der einzige Feiwillige und ein erfahrener Hauptmann. Vor einer Weile war er beim Baron in Ungnade gefallen. Das hatte ihn zum idealen Anführer des todgeweihten Trupps gemacht.

»Glanis?«

Instinktiv berührte sie den einzigen Ring an ihrer rechten Hand. Die Oberfläche war grob behauen, als hätte der Kunstschmied seine Arbeit nicht vollenden können. Glanis hatte ihn ihr kurz vor dem Start angesteckt. Er selbst trug ein nahezu identisches Exemplar.

Man hatte Iniza und ihre Garde früher voneinander getrennt, als sie alle erwartet hatten. Das war ein Affront, aber wer hätte ihn ahnden sollen? Glanis und sie hatten diese Möglichkeit in Erwägung gezogen. »Ich werde tun, was ich kann, um dich zu befreien«, hatte er gesagt. »Aber wenn mich töten, dann musst du dich allein durchschlagen.« Sie hatten beide gewusst, dass Inizas Chancen in diesem Fall gegen null gingen, denn an Bord der Raumbarke befand sich eine Hundertschaft Paladine.

Vor ihr bewegte sich etwas in der Finsternis.

»Glanis?«

Keine Antwort, nur ein kurzes Rascheln. Das klang nicht nach dem Panzerplast der Rüstungen. Ein Asselnest, durchzuckte es sie angewidert.

Kurz erwog sie, mit dem Stunner blind einen Schuss abzufeuern, aber sie war nicht sicher, ob sich die Entladungen orten ließen. Ohne konkrete Gefahr wie eben im Schacht war das Risiko zu groß.

Da war ein menschlicher Umriss, eine Silhouette zwischen den Kabelsträngen und Rohrleitungen. Das Rascheln wiederholte sich, und diesmal klang es nach geschmeidiger Kleidung. Das Gewand einer Hexe? Iniza rechnete damit, Setembras einäugiges Antlitz aus dem Dunkel auftauchen zu sehen. Die Hexe war verantwortlich für ihre unversehrte Ankunft auf Tiamande.

> Falls Iniza an Bord der Kathedrale ging, war ihr Schicksal besiegelt.

»Baroness«, flüsterte eine Männerstimme. Zugleich leuchtete eine winzige Lampe auf und strahlte ihr direkt ins Gesicht.

Sie zielte mit dem Stunner, doch der Mann schlug ihr die Waffe aus der Hand, packte sie grob am Unterarm und zog sie heran. Sie rammte ihm die andere Faust entgegen und bekam an seinem Kinn etwas zu fassen, das sich wie eine Vielzahl von Zöpfen anfühlte. Wer immer er war, er trug einen geflochtenen Bart so lang wie ihre Hand.

»Baroness«, sagte er noch einmal, diesmal schärfer. Und dann, fast wütend: »Iniza Talantis! Halt jetzt still!«

»Wer, verdammt, sind Sie?«

Er ließ die Lampe fallen und packte ihren anderen Arm. Sie trat nach ihm, bog ihren Oberkörper durch und wollte sich ihm mit aller Kraft entwinden, doch es war aussichtslos. Er war stark und augenscheinlich erfahren darin, Frauen zu überwältigen. Sie verabscheute ihn auf Anhieb.

»Ich will dir nicht wehtun müssen.« Selbst ohne harte Silben klang es wie ein Knurren, wenn er sprach. Angst mischte sich in ihre Wut, und das machte sie nur noch zorniger.

»Wo ist Glanis?«

»Nicht hier. Und er wird auch nicht kommen.«

Sie presste kurz die Lippen aufeinander, doch als sie sich abermals wehrte, gerieten seine vernarbten Pranken ins Licht, und sie sah das Blut an seinen Händen.

2.

»Was haben Sie ihm angetan?«
Eine Alarmsirene heulte auf, das Wimmern drang durch den stählernen Boden herauf zum Technikdeck.
»Wo ist er? Was, beim –«
Er hielt ihr kurzerhand den Mund zu. »Später.«
Sie wehrte sich nur noch verbissener, doch da warf er sie unsanft auf den Bauch und bog ihr die Arme auf den Rücken. Mit einem Knie drückte er sie nach unten.
»Ich werde dich fesseln und knebeln, wenn du nicht still bist.«
Sie hätte ihn gern mit dem Stunner bearbeitet, aber die Waffe war irgendwo in der Dunkelheit verlorengegangen. Stattdessen entdeckte sie seine eigene Waffe vor sich auf dem Boden. Nie zuvor hatte sie einen so kunstvoll gearbeiteten Blaster gesehen. Am hinteren Ende saß, wie bei den meisten Waffen dieser Art, ein kugelförmiges Magazin, gefüllt mit Energiekristallen. Der Mittelteil bestand aus einer verkleideten Spule, die auf den ersten Blick einer runden Ziehharmonika glich. Der Lauf war kein Rohr wie bei einer Projektilwaffe, sondern aus zwei langen Schienen zusammengesetzt, die zur Mündung hin spitz zuliefen. Betätigte man den Abzug, baute sich in dem Spalt dazwischen innerhalb eines Sekundenbruchteils Energie auf, die als Lichtbolzen abgefeuert wurde. So weit ähnelte der Aufbau seines Blasters allen herkömmlichen Strahlenwaffen, wie sie auch Paladine und die Gardisten Koryantums trugen. Doch die feinen Verzierungen machten diesen Blaster zu einem Kunstwerk. Er war vollständig in Schwarz und Gold gehalten, seine Oberflächen waren voller Embleme, und Muster glänzten poliert im Schein der Lampe.
»Ich weiß, was das ist«, flüsterte sie. Sie hatte eine ähnliche Waffe in der Sammlung im Schloss gesehen, weniger prachtvoll und trotzdem ein Schmuckstück.
Der Mann gab keine Antwort, packte den schweren Blaster mit rechts und zog Iniza mit der Linken auf die Beine. Wieder bemerkte sie seine vernarbte Hand, doch diesmal erhaschte sie auch einen Blick auf sein Gesicht.
»*Sie* sind das!«
»Wer auch immer«, brummte er in seinen grauen Bart, der in der Tat zu einer Vielzahl von Zöpfen geflochten war.
Sie schätzte, dass er ungefähr doppelt so alt war wie sie, an die fünfzig Standardjahre. Er hatte hohe, ungewöhnlich stark vorstehende Wangen-

knochen und tiefliegende Augen, darüber eine fliehende Stirn, die ihm etwas Vorzeitliches, fast Urmenschliches verlieh. Sie lag im Schatten einer groben Wollkapuze, die Teil einer langen Jacke aus Leder und Stoff war, besetzt mit zahlreichen Taschen. Über seiner Schulter ragte der Griff eines Schwertes empor, das in einer Rückenscheide steckte; in die Parierstange waren Hieroglyphen eingelassen, die Iniza nicht erkannte. Er trug schwere Militärstiefel mit gezackten Stahlkappen, aber weit bedrohlicher war sein finsterer Blick. Einen Moment lang ließ er Iniza nicht aus den Augen, so als machte er sich tatsächlich die Mühe, sie erst einmal einzuschätzen, ehe er sie weiter wie ein störrisches Stück Vieh durch die Dunkelheit zog.

»Sie sind Kranit«, sagte sie tonlos. »*Der* Kranit.«

Er gab keine Antwort.

»Der letzte Waffenmeister von Amun.« Der Planet war seit Jahrzehnten nur noch lebensfeindliches Brandland, die Waffenschmiede existierte nicht mehr. Nur einer, so die Legenden, zog noch heute durch den Raum. Kranit war Söldner, Kopfgeldjäger, eine Ein-Mann-Armee – doch das war nur die Oberfläche seines Mythos.

»Nie von ihm gehört«, sagte er. Sein Atem roch nach panadischem Kautabak. »Und jetzt halt den Mund. Die werden uns früh genug aufspüren, und dann wäre ich gern ein gutes Stück näher an unserem Ziel.«

Seine narbigen Finger hatten sich hart um ihren Oberarm geschlossen.

Damit setzte er sich wieder in Bewegung. Seine narbigen Finger hatten sich hart um ihren Oberarm geschlossen.

Während sie Kabeln und Stahlträgern auswichen, blickte sie ihn immer wieder an, doch meist wurde sein Gesicht von der Kapuze verdeckt. In den Gardequartieren und Tavernen erzählte man sich, dass jeder Zopf seines Bartes für ein System stand, in dem ihm die Todesstrafe drohte. Dreizehn, hatte es geheißen, vielleicht weil das eine klangvolle Zahl war. In Wirklichkeit waren es wohl weit mehr.

»Das Blut«, flüsterte sie, »stammt das von –«

»Nicht von deinem hübschen Hauptmann«, fiel er ihr ins Wort. Sie hasste es, dass er Glanis so nannte. »Ich hab ihm kein Haar gekrümmt. Oder zumindest keine Knochen gebrochen.«

Abrupt blieb sie stehen. »Ich will wissen, was aus ihm und den anderen geworden ist.«

»Die sechs jungen Kerle sind tot«, sagte er ohne eine Spur von Mitgefühl. »Die Hexe hat sie exekutieren lassen, kaum dass Koryantum hinter uns im Raum verschwunden war. Dein Vater muss das gewusst haben. Es war eine Torheit, sie mitzuschicken.«

Iniza wurde übel. »Und Glanis?«

»Er erwartet uns.« Eine halbherzige Lüge, damit sie ihren Widerstand aufgab. »Wo?«

»Hör auf, mir Fragen zu stellen. Ich bin hier, um dich zu befreien. Das sollte dir reichen.«

»Ich will Ihre Hilfe nicht.«

Er zuckte die Achseln. »Ich hab nur einen Auftrag zu erfüllen. Der Rest interessiert mich nicht.«

»Auftrag von wem?«

»Vom Baron.«

»Meinem *Vater*?« Sie glaubte ihm kein Wort, obwohl er durch nichts verriet, dass er die Unwahrheit sagte.

Ein guter Mörder war vermutlich auch ein passabler Lügner.

Ein guter Mörder war vermutlich auch ein passabler Lügner.

»Genug jetzt!«, fuhr er sie an. »Wir müssen weiter.«

Wieder berührte sie flüchtig den Ring an ihrem Finger. »Geben Sie mir Ihr Wort, dass Glanis noch lebt?«

»Jedenfalls, als ich ihn zum letzten Mal gesehen habe.« Damit zerrte er wieder an ihr, und diesmal tat es so weh, dass sie fast aufschrie. »Ich schleif dich auch an den Haaren mit, wenn es sein muss.«

Sie gab nach und lief neben ihm her. Keine zwanzig Schritte später hielt er inne, ließ sie endlich los und klappte eine runde Luke im Boden auf. Das Jaulen der Alarmsirene wurde schlagartig lauter. »Für das letzte Stück müssen wir wieder runter. Das dürfte jetzt ungemütlich werden.«

Sie wollte ihn darauf hinweisen, dass sie noch lange nicht auf Höhe der Beiboote sein konnten. Aber gerade als sie den Mund öffnete, riss er den Blaster hoch und schoss mehrere Laserbolzen an ihr vorbei in die Finsternis. Blitzartig wurde die Umgebung in feuriges Rot getaucht. Männer schrien auf, als die Einschläge ihre Panzerplastrüstungen zerfetzten. Jemand erwiderte das Feuer. Iniza spürte Hitze und knisternde Energie, als ein Laserschuss unweit von ihr an einem Versorgungsrohr durchschlug. Stinkender Dampf schoss aus dem Loch. Kranit drückte wieder ab, dreimal, viermal hintereinander. Seine Strahlbolzen brannten mehrere Gegner nieder wie Zielscheiben aus Papier.

»Runter da!«, schrie er sie an und gestikulierte zur Öffnung im Boden.

Sie nickte und sprang. Es war viel tiefer, als sie erwartet hatte. Sie fing den Aufprall mit federnden Knien ab, trotzdem tat es höllisch weh, und einen Augenblick lang glaubte sie, keinen Schritt weiterlaufen zu können. Ihre Augen brannten von dem ausgetretenen Dampf, während Kranits Laserfeuer über ihr Hitzebahnen in die künstliche Atmosphäre des Schiffes stanzte.

Sie war drauf und dran, ohne ihn loszurennen, aber sie musste sich eingestehen, dass sie vorerst auf ihn angewiesen war. Sie hatte keine Ahnung, was für einen Plan er verfolgte. Falls auch nur ein Bruchteil seines Mythos der Wahrheit entsprach, dann wusste er, was er tat. Allerdings war darin nie von panadischem Kautabak die Rede gewesen, einem der berüchtigtsten Rauschmittel diesseits der Marken. Der würzige Geruch drang ihm aus allen Poren, und sie wusste, dass Unvernunft und erhöhte Risikobereitschaft die harmlosesten Nebenwirkungen waren. Kranit, der letzte Waffenmeister von Amun, hatte sicher schon bessere Zeiten erlebt. Was in gewisser Weise erklärte, weshalb er auf diesem Schiff gelandet war und sein Leben aufs Spiel setzte, um die Tochter eines unbedeutenden Barons aus den Fängen des Hexenordens zu befreien.

»Weg da!«, brüllte er von oben und krachte im nächsten Moment neben ihr auf den Boden, nicht so elegant wie sie, aber mit stoischem Überlebenswillen. Während er sich aufrichtete, feuerte er erneut durch die Luke. Gleich darauf regnete brennende Flüssigkeit aus einem gesprengten Rohr. Fluchend wich Iniza den lodernden Tropfen aus.

Sie befanden sich in einem schmalen Korridor. Aus dem Loch in der Decke drangen die verzerrten Stimmen von Paladinen, und nun hörte Iniza auch auf dieser Ebene der Barke das Scharren von Stiefeln. Ein Trupp Soldaten näherte sich hinter der nächsten Ecke.

Kranit zog eine faustgroße Granate aus einer tiefen Jackentasche, aktivierte den Zünder und schleuderte sie den Gang hinunter. »Deckung!«

»*Welche* Deckung?«

Die Explosion erschütterte die gesamte Sektion der Barke. Iniza prallte gegen die Wand und war sekundenlang taub. Da packte Kranit sie schon wieder, stieß sie durch ein Schott, dann durch ein weiteres, und als sie wieder klar denken konnte, erkannte sie, dass sie sich im Vorraum einer Luftschleuse befanden. Kranit schloss gerade die schwere Tür hinter ihnen und feuerte mit dem Blaster auf die Steuerungseinheit. In einem Funkenregen verkochten die Schalter zu Plastikschlacke.

»Das wird sie exakt drei Minuten aufhalten«, sagte er und drückte auf seine altmodische Armbandeinheit.

»*Exakt* drei Minuten?«

»Erfahrungswert.« Er deutete auf mehrere Raumanzüge, die aufrecht in Nischen an der Wand standen. »Schon mal so was angezogen?«

»Sie wollen doch nicht ernsthaft da rausgehen?« Sie blickte zur Schleusenkammer hinüber und hatte das Gefühl, dass nur ein einziger Schritt sie davon trennte, den kurzen Rest ihres Lebens in einem Raumanzug durchs All zu treiben.

Er drückte auf einen Knopf, woraufhin zwei der Anzüge aufrecht aus ihren Nischen glitten.

»Willst du frei sein?«, fragte er.

»Nicht ohne Glanis.«

Er brummte einen Fluch, und dabei wehte eine solche Woge des Kautabakgeruchs herüber, dass Iniza vom Einatmen schwindelig wurde.

»Wie lange nehmen Sie das Zeug schon?«

»Länger, als du lebst.« Er packte sie kurzerhand mit beiden Händen um die Taille und hob sie wie ein Kind durch eine Brustöffnung in den Anzug, so schnell, dass sie erst strampelte, als ihre Füße schon in den klobigen Stiefeln steckten. »Jetzt sei still und vertrau mir!«

»Ihnen vertrauen?«

Er schob ihr den Helm über den Kopf, den Rest erledigten die vollautomatischen Siegelfugen.

»Ich hab das noch nie gemacht!«

»Du wirst es lernen.«

»Von einem tabaksüchtigen Söldner?«

»Ich seh hier keinen besseren.« Damit stieg er in den zweiten Anzug, nahm fluchend das Schwert vom Rücken, als es sich verkantete, und ließ es auf dem Boden zurück. Den wertvollen Blaster schob er sich vor den Bauch, auch wenn der Raumanzug sich jetzt bedenklich spannte. Laserschüsse krachten von außen gegen das Schott. Kranit gestikulierte, bis Iniza den Schalter für die Funkeinheit fand. Durch atmosphärisches Knistern hörte sie seine Stimme.

»– vierzig Sekunden«, beendete er gerade einen Satz.

»Wir können nicht in den verdammten Raumanzügen bis nach Nurdenmark fliegen!«, protestierte sie.

»Das verlangt auch keiner.« Kranit legte einen Hebel um und drängte Iniza in dem klobigen Anzug durch die Tür zur Schleusenkammer.

»Was ist mit –«

»Dein Hauptmann erwartet uns schon.«

»Sie lügen!«

Das Schott schloss sich hinter ihnen. Kranit schlug einen Karabinerhaken in eine Öse an Inizas Hüfte – jetzt verband ein stabiles Kabel die beiden Anzüge miteinander. »Tu einfach, was ich sage. Es sei denn, dir fällt was Besseres ein. Und besser ist es nur, wenn es dein Leben rettet.«

»Ich geh nicht ohne Glanis!«

»Wer redet von gehen?«, fragte er und öffnete das Außenschott.

Der Sog riss sie von den Füßen hinaus ins All, schneller als ein Gedanke. Einen Herzschlag später hing sie mit rudernden Armen am Kabel, während Kranit einen Handlauf packte und sich an der Außenseite der Raumbarke festhielt. Panik löschte alles andere aus, ihre Sorge um Glanis und die Wut auf ihren selbsternannten Retter. Nur von dem dünnen Kabel gehalten, schwebte sie frei im All. Für endlose Sekunden glaubte sie, ihr Schädel müsste platzen und ihr Körper für alle Ewigkeit durchs Universum trudeln, hinter einem Visier voller Blut und Hirnmasse. Der Schmerz hatte keine körperliche Ursache, aber etwas in ihr schien zu glauben, dass physisches Leiden

> Laserschüsse krachten von außen gegen das Schott.

am ehesten ihren Überlebenswillen anstachelte. Mit einem unterdrückten Schrei kämpfte sie gegen ihre Furcht an.

Der Metalllauf, an dem Kranit sich festklammerte, war so rostig wie alles an diesem Schiff, und da waren Löcher entlang der Stange, wo Nieten fehlten, mit denen sie einst befestigt worden war. Iniza hatte ein Leben lang vom All geträumt, nicht aber von Raumflügen; jeder wusste, wie es um die Barken, Fregatten und Kreuzer im Ordensreich stand.

Doch der Albtraum einer Himmelfahrtsreise in einem klapprigen Raumer war nichts gegen das, was sie jetzt durchmachte. Frei schwebend im Nichts, fehlte ihr jedes Gefühl für oben und unten. Kranit brüllte immer wieder »Halt still!« durch den Helmfunk, aber sie musste erst ihre Panik niederkämpfen, unbedingt ruhiger werden, ehe sie ihren Körper unter Kontrolle bekommen konnte. Als es ihr endlich gelang, hangelte Kranit sich bereits am Handlauf entlang und zog sie am anderen Ende des Kabels mit sich.

Die leeren Augen schienen auf sie herabzublicken.

Hinter dem zerfurchten Rand der Barke tauchte Nurdenmark auf, eine schäbige Morastkugel mit einem Ring aus Gesteinstrümmern, der sich so eng um den Planeten zusammengezogen hatte, dass seine Innenseite die Oberfläche zu berühren schien. Der Gedanke, mit Glanis auf einer rauen Schürferwelt unterzutauchen, war ihr am Hof von Koryantum verwegen und romantisch erschienen. Nun aber, da sie vom All aus auf die Oberfläche blickte, verging ihr die Lust auf Abenteuer und Entdeckungsreisen gründlich. Sie würde sich glücklich schätzen, falls sie es jemals lebend an Bord eines Schiffes schaffte. *Irgendeines* Schiffes – einschließlich der Barke, aus der sie gerade erst geflohen war.

Und dann sah sie wieder die Kathedrale des Ordens, ein Gebirge aus Statuen, über dem das Gesicht der Gottkaiserin thronte wie ein stählerner Mond. Die leeren Augen schienen auf sie herabzublicken. Iniza erkannte, dass die Raumbarke Kurs auf ein offenes Hangartor nahm, ein kreisrundes Loch inmitten der Monumente, mindestens einen Kilometer im Durchmesser. In ein paar Minuten würde die Kathedrale das Schiff verschlingen.

»Iniza!« Kranits Stimme drang zu ihr durch, aber sie benötigte einen Moment, um zu antworten.

»Die haben uns gleich.« Sie konnte ihren Blick nicht von der Raumkathedrale lösen, diesem zerklüfteten Ungetüm, das so gar keine Ähnlichkeit mit einem herkömmlichen Schiff besaß.

»Und deshalb brauche ich jetzt deine volle Konzentration!«

»Das hat keinen Zweck. Wir werden –«

»Iniza«, unterbrach er sie, »du hast es bis hierher geschafft. Der Rest ist ein Kinderspiel.« Menschen zu beruhigen gehörte eindeutig nicht zu seinen Talenten.

»Bis *hierher*? Ja, das ist toll. Echt ein Triumph.«

Sie durfte nicht daran denken, dass einzig seine Hand sie davon abhielt, hilflos ins All zu driften. Das Panorama der funkelnden Sterne, dessen Schönheit sie am Fenster überwältigt hatte, entpuppte sich jetzt als Abgrund, über dem sie an einem seidenen Faden baumelte.

»Schau nach rechts«, sagte er. »Am Schiff entlang.«

Mühsam löste sie sich aus dem Bann der Kathedrale. Keine fünfzig Meter entfernt hafteten die drei tränenförmigen Beiboote in Vertiefungen der Außenhülle. Normalerweise betrat man sie durch Schleusen im Inneren des Schiffes.

»Nicht Ihr Ernst, oder?«

»Die Notluke der linken ist präpariert«, erklärte er. »Wir können von außen rein. Damit sparen wir uns die Mühe, uns einen Weg durch all die Paladine zu brennen, die mit Sicherheit gerade vor den Booten postiert werden.«

Inizas Visier begann von ihrem Schweiß zu beschlagen. Sie kam nicht umhin, dem Irrwitz seines Vorhabens Respekt zu zollen. Schon hangelte Kranit sich weiter am Rumpf entlang. Handläufe überzogen die meisten Schiffe dieser Größe wie ein Netz, weil Reparaturen während des Fluges aufgrund der überalterten Technik ein notwendiges Übel waren.

»Sie machen das nicht zum ersten Mal«, stellte sie fest, während sie sich am Kabel langsam zu ihm hinüberzog. Es waren nur wenige Meter, aber die Schwerelosigkeit verlangsamte ihre Bewegungen zu träger Zeitlupe.

»Was glaubst du, wie ich die Luke des Beiboots vorbereitet habe? Das ging nur während des Fluges nach Koryantum. Auf dem Raumhafen wimmelte es rund um das Schiff nur so von Paladinen. Die hätten mich am Rumpf sofort entdeckt.«

»Dann waren Sie schon beim *Hinflug* an Bord?«

»Es hat Vorteile, wenn man sich als blinder Passagier durchschlägt. Man hinterlässt keine Spuren. Keiner erwartet einen. Und man hat viel Zeit, um Vorkehrungen zu treffen.«

Tatsächlich konnte sie sich nicht erinnern, dass in all den Geschichten über ihn je von einem eigenen Schiff die Rede gewesen war. Vermutlich vereinfachte er die Angelegenheit beträchtlich, doch im Augenblick hatte sie andere Prioritäten. Nicht zu sterben. Nicht wahnsinnig zu werden vor Angst um Glanis. Sich nicht in ihren Helm zu erbrechen.

»Können die nicht sehen, was wir hier treiben?«

»Nicht, wenn jemand die zentrale Steuerung der Außenkameras sabotiert hat.«

»Die werden sich ausrechnen, wohin man hier draußen fliehen kann.«

In diesem Moment erreichte Kranits Hand einen faustgroßen Schaltkasten, der offenbar erst kürzlich auf der Außenhaut der Barke angebracht worden war. Sein breiter Handschuhfinger senkte sich auf den einzigen Knopf.

»Was –«

Sie erhielt ihre Antwort, als ein Ruck durch die rechte der drei Beibootkapseln lief. Schubdüsen erwachten zum Leben und spien Partikelströme aus. Eine Verankerung klemmte und zerbrach, Nieten und Schrauben trieben ins All. Dann löste sich das Beiboot aus seiner Nische, beschleunigte und flog in Richtung Nurdenmark davon.

Erneut feuerte die Laserkanone aus beiden Rohren.

»Hoffentlich glauben die, dass wir da drinsitzen«, sagte Kranit. »Das gibt uns ein paar zusätzliche Minuten für das, was wir tatsächlich vorhaben.«

Eines der hausgroßen Geschütze am Rumpf der Barke erwachte aus seiner Starre und schwenkte seine Doppelkanone auf das davonfliegende Beiboot. Zwei gleißende Energiebolzen zuckten aus den Mündungen, als der Kapitän der Barke dem winzigen Schiff einen Warnschuss vor den Bug feuerte. Unbeirrt blieb es auf seinem schnurgeraden Kurs.

»Ich konnte die Startautomatik manipulieren, aber ich kann es nicht fernsteuern.« Kranit überwand die letzten Meter bis zu einem der verbliebenen Beiboote. »Die glauben hoffentlich, es mit einem ziemlich lebensmüden Piloten zu tun zu haben.«

»Gut, dass uns so was völlig fremd ist.« Iniza hangelte sich neben ihm zum Rumpf und packte den Handlauf.

Erneut feuerte die Laserkanone aus beiden Rohren. Diesmal streifte einer der mannsbreiten Lichtbolzen den Antrieb des Beiboots. Es geriet ins Trudeln und kehrte wieder auf seinen stoischen Kurs Richtung Nurdenmark zurück.

»Die haben einen verdammt guten Schützen«, sagte Iniza. In ein paar Minuten würde sie wohl herausfinden, wie es war, selbst in einer solchen Zielscheibe zu sitzen.

»Nicht unser Problem«, sagte Kranit, während er sich an der Notluke zu schaffen machte.

»Sie wollen in ein Beiboot, aber nicht damit fliegen?«

Er klappte die runde Luke nach außen. In die enge Schleuse dahinter würden sie mit Müh und Not zu zweit passen.

Derweil kam das Hangartor der Kathedrale näher. Iniza erkannte Details der riesenhaften Statuen, die die kreisrunde Öffnung flankierten.

Als Kranit in die Schleuse kletterte, packte Iniza den Karabinerhaken, mit dem das Ende des Kabels an seinem Raumanzug befestigt war. Sie löste ihn mit einem heftigen Ruck. Jetzt hielt nur noch ihre eigene Hand sie am Rumpf.

Kranit drehte sich schwerfällig um. »Was soll das?« Sie hörte die Ungeduld in seiner Stimme, konnte aber sein Gesicht im Helm kaum ausmachen.

»Ich gehe nicht ohne Glanis. Sagen Sie mir, was mit ihm passiert ist.«

Er machte eine Bewegung in ihre Richtung, doch da ließ Iniza die Stange los, trieb mit rasendem Herzschlag einen Meter rückwärts am Rumpf entlang und hielt sich dann wieder fest. »Hier draußen können Sie mir nicht die Arme auf den Rücken drehen. An den Haaren ziehen wird auch schwierig. Wo ist er?«

»Er wartet im Beiboot auf uns.«

»Sie wollen mich nur in dieses Ding locken. Jemand hat Ihnen eine Belohnung für meine Befreiung versprochen. Glanis ist Ihnen scheißegal.«

»Ich würde ihn bitten, uns zuzuwinken, wenn da nicht das lästige Vakuum wäre.«

»Sie lügen!«

»Ich hätte dir eins überziehen sollen, als ich die Gelegenheit dazu hatte.«

»Weinen Sie der Chance ein andermal hinterher. Und was machen wir jetzt?«

Er bewegte sich erneut auf sie zu, war keine Armlänge mehr entfernt. Doch alles in ihr sträubte sich, den Handlauf abermals loszulassen. Er war kein Mann, dem man mit so etwas zweimal einen Schrecken einjagte.

Hinter ihr feuerte das Geschütz eine weitere Salve ab. Im grellen Schein des Lasers sah sie das zornige Gesicht des Waffenmeisters.

»Die werden darauf nicht mehr lange reinfallen«, sagte er mit eisigem Unterton. »Dann werden sie uns da drinnen erwarten, mich erschießen und dich nach Tiamande verschleppen.«

»Klingt, als hätte ich die besseren Karten.«

»Du hast keine Ahnung, was sie mit dir vorhaben, nicht wahr?«

»Besser als sofort zu sterben.«

»Nein«, sagte er, »ist es nicht.«

Ein Schauder raste ihr über den Rücken. Sie wusste so gut wie er, dass ihnen die Zeit davonlief.

»Glanis«, sagte sie noch einmal.

Kranit ließ einen Augenblick verstreichen, dann antwortete er: »Tot. Genau wie die anderen.«

Die Kälte des Alls schien in ihren Anzug zu kriechen. »Haben Sie ihn umgebracht?«

»Nein.«

Diesmal glaubte sie ihm. Vielleicht, weil ihr Überlebensinstinkt ihr einhämmerte, dass dieses Scheusal tatsächlich ihre einzige Chance war.

»Schau dich um, dann kannst du sehen, dass ich die Wahrheit sage.« Sein Zorn schien verflogen, oder er war sehr gut darin, seinen Tonfall in den Griff zu bekommen. »Sie haben die Leichen gerade aus einer der Schleusen geworfen.«

Der älteste und durchschaubarste aller Tricks. Sie wusste, dass er sie übertölpeln wollte. Trotzdem vollzog sie eine Vierteldrehung, um einen Blick in die Richtung zu werfen, in die er gedeutet hatte.

Mehrere Körper trieben um die Wölbung des Schiffsrumpfes wie ein grotesker Fischschwarm, junge Männer in den blau-schwarzen Uniformen der koryantischen Garde. Ihre steifgefrorenen Gesichter waren verzerrt. Iniza hatte die Angst in ihren Augen gesehen, als sie an Bord gegangen waren, die Gewissheit, dass sie von diesem Flug nicht heimkehren würden. Und dennoch hatte keiner widersprochen, als ihr Vater sie ausgewählt hatte. Sie alle waren aufrecht und stolz für sie in den Tod gegangen.

Sie wusste so gut wie er, dass ihnen die Zeit davonlief.

Schlagartig schien alle Kraft aus ihren Gliedern zu weichen, ihre Sicht verschleierte sich – und dann ließ sie den Handlauf los, um Glanis und den anderen zu folgen.

Kranit packte sie. Mit einer Kraft, die in der Schwerelosigkeit an ein Wunder grenzte, zerrte er sie zur Luke des Beibootes.

Tränen schossen ihr in die Augen, die Enge im Inneren des Anzuges wurde unerträglich. Iniza begann zu hyperventilieren, und ein letzter Rest von Verstand sagte ihr, dass das hier draußen ihr Todesurteil war.

Kranit schob sie mit dem Kopf zuerst in die Schleuse, stopfte grob ihre Beine hinterher und zog sich dann selbst hinein. Die Luke schlug hinter ihnen zu. Im nächsten Augenblick rotierte eine Warnleuchte, und der Druckausgleich rauschte in ihren Ohren.

Kurz darauf stürzte sie vorwärts, geradewegs ins Innere des Beibootes. Ihr Visier war jetzt restlos beschlagen, und ihre Finger suchten panisch die Verschlüsse der Helmversiegelung. Ein Zischen ertönte, sie bekam wieder Luft und blickte mit brennenden Augen ins Halblicht blinkender Armaturen.

Jemand wartete auf sie.

Jens Maria Weber, von dem die Werkstattskizzen stammen, ist Designer und Zeichner. In den siebziger Jahren im Ruhrgebiet aufgewachsen, beschäftigt er sich hauptberuflich mit Mythen, Abenteuern und dem Phantastischen. Als freier Gestalter illustriert und entwirft er Bücher, Kampagnen und Filme für Agenturen und Verlage.

Guy Gavriel

Kay

Guy Gavriel Kay (*1957) ist der erfolgreichste Fantasy-Autor Kanadas. Zusammen mit Christopher Tolkien überarbeitete er Mitte der 1970er Jahre Tolkiens ›Silmarillion‹. Neben der Trilogie ›Die Herren von Fionavar‹ und der ›Reise nach Sarantium‹ schrieb er zahlreiche weitere Fantasy-Romane.
Kays Bücher wurden in über 25 Sprachen übersetzt, und er hat drei Mal den »World Fantasy Award« verliehen bekommen. Zuletzt wurde ›Under Heaven‹, wie der Originaltitel von ›Im Schatten des Himmels‹ lautet, mit dem »Sunburst Award« als ›Bester Roman des Jahres‹ ausgezeichnet.

INTERVIEW MIT DEM AUTOR

Verraten Sie uns bitte etwas über sich, das noch nirgendwo veröffentlicht wurde.
Als ich 18 Jahre alt war — also jung und unschuldig —, machte ich meine erste Rucksacktour durch Europa. Nach Einbruch der Dunkelheit schlich ich mich in den Tempel des Saturn auf dem Forum Romanum und versteckte mich dort mehrere Stunden vor den Wachleuten.

Wo können Sie am besten arbeiten?
Das hat sich ein wenig gewandelt. Wenn ich früher in ein Flugzeug gestiegen bin, löste das ein Pflichtgefühl bei mir aus, das die Konzentration schärfte. Ich habe viel mehr geschafft als zu Hause. Mittlerweile arbeite ich am besten in meinem Arbeitszimmer mit dem mir vertrauten Blick durch das Fenster, vor dem sich die Bäume mit den Jahreszeiten wandeln.

Wie prokrastinieren Sie am liebsten?
Das ist einfach, mit Baseball. Ich schau's mir an, lese die Tabellen, spreche mit Freunden darüber, spiele mit meinem Sohn oder — und das über sieben Monate pro Jahr — coache mein aktuelles Fantasieteam (und brülle dabei meine Spieler auch gern mal an).

Was ist Ihr Lieblingsmonster aus Literatur, Film oder Fernsehen?
Walter White aus ›Breaking Bad‹. Großartig gespielt und geschrieben, wird er irgendwann wirklich zum Monster.

Welcher Künstler oder welche Band sollte den offiziellen Soundtrack zu Ihrem neuesten Buch einspielen?
Auch da fällt mir die Antwort leicht. Liu Fang ist eine wahrlich begabte, weltberühmte Pipa- und Guzheng-Spielerin, beides klassische chinesische Saiteninstrumente.

In einem gelben Wald, da läuft die Straße auseinander: Der eine Weg führt zu einem mysteriösen Labor mit einem verrückten Wissenschaftler. Der andere schlängelt sich zu einem Turm hinauf, in dem ein mächtiger Zauberer wohnt. Sie haben Hunger und brauchen eine Unterkunft für die Nacht – welchen Weg schlagen Sie ein?
Den zum Zauberer natürlich. Verrückte Wissenschaftler verstehen nichts von gutem Essen.

An welchem fiktiven Ort würden Sie am liebsten Urlaub machen: Narnia, Mittelerde – oder woanders?
In Arbonne aus ›Ein Lied für Arbonne‹. Es ist an die Provence angelehnt, wo ich schon vier Mal zum Schreiben war.

Mit welchen Autoren haben Sie die Science Fiction und Fantasy für sich entdeckt?
Die wohl typische Antwort für meine Generation: Heinlein, Clarke, Asimov. Andre Norton. Außerdem Tolkien, Eddison, Peake, Dunsany, Cabell ...

Wie würde Ihr Patronus aussehen?
Hier werde ich pfuschen. Meine Leser werden es verstehen. Es wäre ein weiblicher Vogel, der mit einer Menschenseele wiederbelebt wurde. Ich würde sie Linon nennen.

Besetzen Sie doch mal die Hauptrollen in der Verfilmung Ihres neuesten Romans.
Das kann ich nicht, so gern ich auch würde. Natürlich liebäugelt man immer mit der Verfilmung eines Romans, aber es wäre falsch,

wenn ich hier konkrete Namen der potenziellen Besetzung nennen würde. Damit würde ich nur meinen Agenten in L. A. unglücklich machen. Und es gibt schon so vieles, das ihn unglücklich macht, dem füge ich lieber nichts hinzu.

Stellen Sie sich vor, Sie schreiben Fan-Fiction und dürften zwei Personen oder Figuren miteinander verkuppeln: Wer wäre es?
William Shatner und William Shakespeare. Oder ist mir da schon wer zuvorgekommen?

Quelle: *Pop Quiz at the End of the Universe with Guy Gavriel Kay*, zuerst erschienen auf www.tor.com am 27.3.2013; aus dem Amerikanischen von Ulrike Brauns

PRESSESTIMMEN

»Ein beeindruckendes, fesselndes Buch von einem der größten Fantasyautoren überhaupt.« — Daily Mail

»Ein schillernder Roman, eine phantastische Reise in das China der Tang-Dynastie, das so vertraut und zugleich fremd ist wie die Ringe des Saturn. Ein Lesegenuss, den man nicht verpassen sollte.« — Locus

»Guy Gavriel Kays Roman ›Im Schatten des Himmels‹ lässt sich weder eindeutig dem historischen Roman noch dem Fantasy-Genre zuordnen. Aber es ist genau der Roman, den man im Sommerurlaub lesen möchte.« — Washington Post

»›Im Schatten des Himmels‹ vereint nahezu alles, was man sich nur wünschen kann: Es ist ein mitreißendes Abenteuer, eine Liebesgeschichte, eine Coming-of-Age-Erzählung, eine militärische Chronik, ein höfisches Intrigendrama, eine Tragödie und vieles, vieles mehr. Ein opulentes Festmahl des Storytellings.« — The Globe & Mail

»Mit seiner unvergleichlichen Charakterentwicklung und der großartigen Handlung wird Kays neustes Werk Liebhaber von historischen Romanen ebenso begeistern wie Fantasy-Fans und Leser, die sonst eigentlich nie zu Fantasy greifen.« — Bookmarks Magazine

IM SCHATTEN DES HIMMELS

»Game of Thrones in China« — Salon.com

Auf einem einsamen Schlachtfeld in den Bergen steht der junge Kriegermönch Shen Tai und blickt in die Ferne. Er hört den Ruf des Schicksals: Die Jadeprinzessin von Taguran hat ihm, als Belohnung für heldenhafte Taten, zweihundertfünfzig sardianische Pferde zum Geschenk gemacht, Geschöpfe von unvergleichlicher Schönheit und Seltenheit.

Damit wird er auf einen Schlag zu einem der mächtigsten Männer seiner Heimat Kitai, dem legendären Reich der Mitte. Und er muss sich schon bald nicht nur der tödlichen Intrigen am Hof des Kaisers erwehren, sondern auch einer Gefahr von außen, die ganz Kitai in den Untergang zu reißen droht …

GUY GAVRIEL KAY

IM SCHATTEN DES HIMMELS

ROMAN

»Game of Thrones in China.«
Salon.com

ISBN 978-3-596-03570-0

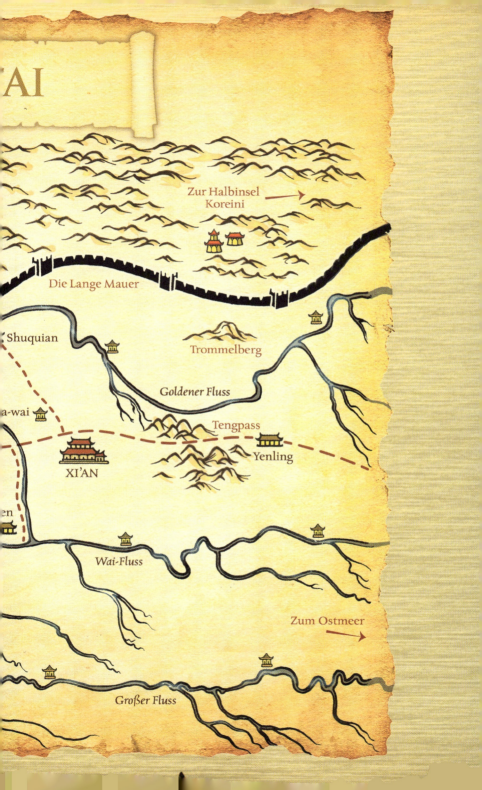

LESEPROBE

Guy Gavriel Kay • **Im Schatten des Himmels**

Erstes Kapitel

Inmitten der unzähligen Geräusche, der jadegoldenen Pracht und dem wirbelnden Staub von Xi'an hatte er oft die ganze Nacht unter Freunden im Norddistrikt verbracht und mit den Kurtisanen Gewürzwein getrunken.

Für gewöhnlich lauschten sie dann der Flöte oder der *Pipa*, trugen Gedichte vor und forderten einander mit spöttischen Bemerkungen und Zitaten heraus. Manchmal zogen sie sich auch mit einer duftenden, zärtlichen Frau auf ein Zimmer zurück, ehe sie nach dem Ertönen der Morgentrommeln, die das Ende der Ausgangssperre verkündeten, auf unsicheren Beinen nach Hause schwankten, wo sie, anstatt zu lernen, den Tag verschliefen.

Doch hier in den Bergen, allein, in der harten, klaren Luft am Ufer des Kuala Nor, weit im Westen der kaiserlichen Hauptstadt, sogar noch jenseits der Grenzen des Kaiserreiches, lag Tai bereits bei Einbruch der Dunkelheit, beim Leuchten der ersten Sterne in seinem schmalen Bett und war bei Sonnenaufgang wieder wach.

Im Frühling und Sommer wurde er von den Vögeln geweckt. In dieser Gegend nisteten sie lautstark und zu Tausenden: Fischadler und Kormorane, Wildgänse und Kraniche. Die Gänse ließen ihn an seine Freunde in der Ferne denken. Wildgänse symbolisierten Abwesenheit: in der Dichtung wie auch im Leben. Kraniche hingegen standen für Treue, etwas ganz anderes.

Im Winter war es so eisig, dass ihm die Kälte bisweilen den Atem raubte. Wenn der Nordwind blies, kam er einem Überfall gleich. Draußen vor der Hütte und selbst noch durch die Wände hindurch. Nachts schlief Tai unter mehreren Schichten aus Pelz und Schafsfell, und am Morgen weckten ihn keine Vögel von den nunmehr gefrorenen Nistplätzen am anderen Ufer.

Die Geister waren zu jeder Jahreszeit dort draußen, in mondbeschienenen Nächten ebenso wie in lichtlosen. Kamen hervor, kaum dass die Sonne untergegangen war.

Inzwischen erkannte Tai ihre Stimmen: die wütenden und die verlorenen und die, aus deren dünnen, langgezogenen Klagelauten nichts als Schmerz sprach.

Sie jagten ihm keine Angst ein – nicht mehr. Anfangs hatte er noch geglaubt, er müsse vor Furcht umkommen, in jenen ersten Nächten, die er allein mit den Toten verbracht hatte.

Im Frühling, Sommer und Herbst blickte er manchmal durch die geöffneten Fensterläden in die Nacht, hinaus trat er jedoch nie. Unter dem Mond und den Sternen gehörte die Welt am See den Geistern. Zumindest war er im Laufe der Zeit zu diesem Verständnis gelangt.

Von Anfang an hatte er einen festen Tagesablauf eingehalten, um nicht von Einsamkeit oder Angst überwältigt zu werden. Oder von der Ungeheuerlichkeit dieses Ortes. Manch Heiliger oder Einsiedler mochte sich bewusst wie ein Blatt im Wind durch den Tag treiben lassen, sich über das Fehlen von Willen und Verlangen definieren, doch entsprach dies nicht Tais Natur. Er war kein Heiliger.

> Erst ohne, dann mit einem und schließlich mit beiden Schwertern.

Nach dem Aufstehen sprach er zunächst die Gebete für seinen Vater. Tai befand sich noch in der traditionellen Trauerzeit, und die Aufgabe, die er sich auferlegt und die ihn an diesen abgelegenen See geführt hatte, galt allein dem Gedenken an den Verstorbenen.

Nach der Anrufung der Götter, die – wie Tai annahm – in gleicher Weise von seinen Brüdern daheim durchgeführt wurde, ging er hinaus auf die Bergwiese (verschiedene Grüntöne, die mit Wildblumen gespickt waren, oder Eis und Schnee, die bei jedem Schritt knirschten), und sofern es nicht stürmte, machte er dort seine Kanlin-Übungen. Erst ohne, dann mit einem und schließlich mit beiden Schwertern.

Er blickte auf das kalte Wasser des Sees, zu der kleinen Insel in der Mitte und hinauf zu den umliegenden Bergen, die sich schneebedeckt und ehrfurchtgebietend übereinander erhoben. Jenseits der nördlichen Gipfel fiel das Land Hunderte *Li* ab, ging über in die langen Dünen der Todeswüsten, links und rechts flankiert von den Seidenstraßen, denen der Hof, das Kaiserreich und die Einwohner Kitais ihren Reichtum verdankten. Sein Volk.

Im Winter fütterte und tränkte Tai sein kleines, zotteliges Pferd in dem Schuppen, der an seine Hütte anschloss. Wenn das Wetter sich wandelte und das Gras zurückkehrte, ließ er das Tier tagsüber draußen weiden. Es war ausgesprochen friedfertig und machte keine Anstalten davonzulaufen. Wohin auch?

Nach seinen Übungen bemühte Tai sich, Stille einkehren zu lassen. Sich von den Wirren des Lebens, von Ehrgeiz und dem Streben nach mehr zu lösen, um der Aufgabe, die er gewählt hatte, würdig zu sein.

Und dann machte er sich daran, die Toten zu begraben.

Seit seiner Ankunft hier hatte er nie versucht, kitanische von tagurischen Soldaten zu unterscheiden. Sie lagen durcheinander, verstreut oder aufgetürmt, nur mehr Schädel und weiße Knochen. Ihr Fleisch war längst oder – wenn es sich um Streiter des letzten Feldzugs handelte – erst unlängst zu Staub geworden, wilden Tieren oder Aasvögeln zum Opfer gefallen.

> Dieser letzte Kampf war zu einem Triumph geworden, wenn auch zu einem teuer bezahlten.

Dieser letzte Kampf war zu einem Triumph geworden, wenn auch zu einem teuer bezahlten: In einer einzigen Schlacht waren vierzigtausend Mann umgekommen, beinahe so viele Kitaner wie Taguren.

Tais Vater hatte als General in diesem Krieg gedient und war anschließend mit einem stolzen Titel geehrt worden: linker Kommandant des befriedeten Westens. Der Sohn des Himmels hatte ihn großzügig für den Sieg belohnt. Nach seiner Rückkehr in den Osten war Shen Gao zu einer Privataudienz in die Halle des Glanzes im Ta-Ming-Palast geladen worden, hatte die purpurne Schärpe erhalten, anerkennenden Worten aus dem Mund des Kaisers gelauscht und aus seiner Hand ein Jadegeschenk entgegengenommen – nur von einem einzigen Mittelsmann überreicht.

Die Familie des Generals profitierte ohne Zweifel von dem, was sich an diesem See zugetragen hatte. Tais Mutter und seine Zweite Mutter hatten gemeinsam Weihrauch verbrannt und Kerzen entzündet, um den Ahnen und Göttern für ihre Gnade zu danken.

Bis zu General Shen Gaos Tod vor zwei Jahren war die Erinnerung an diese Schlacht jedoch nicht nur ein Quell des Stolzes, sondern auch des Leides gewesen und hatte ihn gezeichnet.

Zu viele Männer hatten im Kampf um einen See an der Grenze zum Nirgendwo ihr Leben gelassen, und letzten Endes fiel er keinem der beiden Reiche zu.

So wurde es anschließend in einem Vertrag geregelt, mittels komplizierter Abläufe und Rituale. Zum ersten Mal seit Menschengedenken erhielt der König der Taguren eine kitanische Prinzessin zur Frau.

Als Tai noch ein Knabe war, hatte er sich von der Zahl der Toten dieser Schlacht – *vierzigtausend* – keine Vorstellung machen können. Heute war das anders.

Der See und die Wiese lagen zwischen einsamen Zitadellen, wurden von beiden Reichen aus mehrere Tagesreisen währender Entfernung bewacht – im Süden von Tagur, im Osten von Kitai. Jetzt herrschte hier stets Stille. Abgesehen vom Pfeifen des Windes, den Schreien der Vögel und den Geistern.

General Shen hatte nur seinen jüngeren Söhnen – nicht aber dem ältesten – von seinem Leid und der Schuld erzählt. Derlei Gefühle ziemten sich nicht für einen Mann seines Standes und konnten ihm als Verrat ausgelegt werden, als Leugnen der Weisheit des Kaisers, welcher im Auftrag des Himmels regierte, unfehlbar war, nicht fehlen konnte, denn sonst wären sein Thron und das Kaiserreich in Gefahr.

Und doch *waren* diese Gedanken geäußert worden – und nicht nur einmal –, nachdem Shen Gao sich auf das Familienanwesen am südlichen Wasserlauf nahe dem Wai zurückgezogen hatte. Üblicherweise nach einem ruhigen Tag und etwas Wein, während Blätter oder Lotusblüten von den Bäumen fielen und flussabwärts trieben. Und die Erinnerung an die Worte seines Vaters war der Hauptgrund dafür, dass sein zweitältester Sohn die Trauerzeit hier verbrachte anstatt zu Hause.

Gewiss könnte man behaupten, die stille Trauer des Generals sei falsch und unangebracht, diese Schlacht für die Verteidigung des Reiches notwendig gewesen. Man musste bedenken, dass die Kitaner nicht immer über die Taguren triumphiert hatten. Die Könige von Tagur, auf ihrem fernen, uneinnehmbaren Plateau, waren überaus ehrgeizig. Kuala Nor jenseits des Eisentorpasses – die einsamste Festung des gesamten Kaiserreichs – war hundertfünfzig Jahre lang immer wieder umkämpft worden, und in dieser Zeit hatte es auf beiden Seiten Siege und Schandtaten gegeben.

»*Tausend Meilen fällt das Mondlicht, östlich von Eisentor*«, hatte Sima Zian, der verbannte Unsterbliche, geschrieben. Das entsprach zwar nicht ganz der Wahrheit, doch jeder, der die Festung Eisentor einmal besucht hatte, wusste, was der Dichter meinte.

Und Tai befand sich mehrere Tagesritte westlich des Forts, jenseits dieses letzten Außenpostens des Kaiserreiches, bei den Toten: bei den

Verlorenen, die des Nachts weinten, und den Knochen von mehr als hunderttausend Soldaten, die im fallenden Mondlicht oder unter der Sonne weiß schimmerten. Manchmal, wenn er in seinem Bett lag und die Berge im Dunkeln, stellte Tai fest, dass eine Stimme, die er kannte, schon seit einiger Zeit verstummt war. Dann wusste er, dass er die zugehörigen Knochen zur Ruhe gebettet hatte.

Aber es waren einfach zu viele. Es bestand keinerlei Hoffnung, je fertig zu werden: Das war eine Aufgabe für Götter, herabgestiegen aus den neun Himmeln, nicht für einen einzelnen Menschen. Aber wenn man nicht alles schaffen konnte, bedeutete das, dass man nichts geschafft hatte?

Seit zwei Jahren beantwortete Tai diese Frage nun schon auf seine eigene Weise, im Andenken an seinen Vater, der ihn mit leiser Stimme um ein weiteres Glas Wein bat, während er dabei zusah, wie die großen, trägen Goldfische im Teich und die Blüten auf dem Wasser trieben.

Die Toten waren überall – selbst auf der Insel. Dort hatte es ein Fort gegeben, ein kleines, das jetzt in Trümmern lag. Tai hatte sich vorgestellt, wie sich die Kampfhandlungen dorthin verlagert hatten. Wie in Windeseile Boote auf dem kiesigen Ufergrund gezimmert wurden und die verzweifelten Verteidiger der einen oder anderen Armee – je nachdem um welches Jahr es sich handelte – in der Falle saßen und letzte Pfeile auf ihre unerbittlichen Gegner abfeuerten, die ihnen über den See den Tod brachten.

Bei seiner Ankunft vor zwei Jahren hatte Tai beschlossen, dort anzufangen, und war mit dem kleinen Boot, das er gefunden und repariert hatte, hinübergerudert. Das war im Frühling gewesen, und der See hatte den blauen Himmel und die Berge gespiegelt. Die Insel war ein fest umrissenes Gebiet, klar begrenzt, die Aufgabe nicht ganz so überwältigend. Am Festland lagen die Toten von der Wiese bis tief hinein in die Kiefernwälder, so weit, wie Tai an einem langen Tag laufen konnte.

Etwas mehr als die Hälfte des Jahres konnte er unter diesem hohen, unerbittlichen Himmel graben und zerbrochene, verrostete Waffen zusammen mit den Knochen verscharren. Die Arbeit war furchtbar anstrengend. Tais Haut wurde ledrig, er bekam Muskeln und Schwielen und fiel abends, nachdem er Wasser über dem Feuer erhitzt und sich gewaschen hatte, erschöpft und mit Schmerzen ins Bett.

Von Spätherbst bis Anfang Frühling war der Boden gefroren, Tais Aufgabe unmöglich. Es konnte einem das Herz brechen, wenn man versuchte, ein Grab zu schaufeln.

Im ersten Jahr fror der See zu, und für ein paar Wochen konnte Tai über das Eis auf die Insel laufen. Der zweite Winter war milder, ließ den

See nicht gefrieren. Und so ruderte Tai, wann immer die Wellen und das Wetter es erlaubten, in Pelze gehüllt, mit Kapuze und Handschuhen, hinaus in die weiße, leere Stille, betrachtete die Wolken seines Atems – Zeichen seiner Sterblichkeit – und fühlte sich winzig inmitten der gewaltigen, feindseligen Weite, die ihn umgab. Mit einem Gebet überantwortete er die Toten dem dunklen Wasser, damit sie nicht länger verloren und verdammt auf dem windgepeitschen, kalten Ufer von Kuala Nor liegen mussten, zwischen wilden Tieren und fern der Heimat.

Der Krieg war nicht ohne Unterbrechungen gewesen. Das war er nie, nirgends, und vor allem nicht in einem so abgelegenen Talkessel, der den Bestrebungen und der Kriegslust von Königen und Kaisern zum Trotz für die Versorgungslinien beider Länder so schwer zugänglich war.

> Das Leben konnte mit Gift in einem juwelenbesetzten Kelch aufwarten oder mit überraschenden Geschenken.

Aus diesem Grund gab es mehrere Hütten, errichtet von Fischern oder Hirten, die ihre Schafe und Ziegen auf den Wiesen weiden ließen, wenn hier nicht gerade Soldaten den Tod fanden. Die meisten dieser Hütten waren zerstört, ein paar jedoch hatten überdauert, und in einer davon lebte Tai. Sie war rund hundert Jahre alt und grenzte im Norden an einen mit Kiefern bewachsenen Hang, der sie vor den schlimmsten Stürmen schützte. Bei seiner Ankunft hatte Tai sie so gut wie möglich instandgesetzt: das Dach, die Tür- und Fensterrahmen, die Läden sowie den steinernen Kamin.

Und dann hatte er Hilfe bekommen, unerwartet und ungefragt. Das Leben konnte mit Gift in einem juwelenbesetzten Kelch aufwarten oder mit überraschenden Geschenken. Manchmal ließ sich unmöglich sagen, um welches von beiden es sich handelte. Ein Bekannter von Tai hatte ein Gedicht geschrieben, das sich mit dieser Frage beschäftigte.

Jetzt lag Tai wach, in einer Frühlingsnacht. Draußen schien der Vollmond, was bedeutete, dass morgen am späten Vormittag die Taguren eintreffen würden, ein halbes Dutzend von ihnen mit einem Ochsenkarren voller Vorräte. Sie kamen über einen Hang im Süden und folgten dem flachen Seeufer zu Tais Hütte. Seine eigenen Leute trafen jeden Morgen nach Neumond ein – aus dem Osten, durch die Schlucht, die von Eisentor hierherführte.

Nach Tais Auftauchen in Kuala Nor hatte es eine Weile gedauert, bis man sich auf eine Vorgehensweise geeinigt hatte, die es beiden Völkern ermöglichte, Tai aufzusuchen, ohne den anderen zu begegnen. Tai wollte nicht, dass aufgrund seiner Anwesenheit Männer starben. Zwar herrschte Frieden, besiegelt mit Gaben und einer Prinzessin, doch erinnerten sich junge, streitbare Soldaten nicht immer an derlei Tatsachen, wenn sie an entlegenen Orten aufeinandertrafen – und junge Männer konnten Kriege auslösen.

Die Besatzungen beider Festungen behandelten Tai wie einen heiligen Einsiedler oder einen Narren, der freiwillig unter Geistern lebte. Sie führten einen stillen, fast schon komischen Krieg gegeneinander, indem sie versuchten, sich gegenseitig mit ihren Geschenken und ihrer Hilfe zu übertrumpfen.

Tais eigene Leute hatten seine Hütte im ersten Sommer mit einem Fußboden ausgestattet und eigens dafür zurechtgeschnittene und abgeschliffene Bretter angekarrt. Die Taguren hatten die Reparatur des Kamins übernommen. Aus Eisentor kamen (auf Tais Bitte hin) Tinte, Schreibfedern und Papier, Wein traf zunächst aus dem Süden ein. Die Kommandanten beider Festungen hießen ihre Männer bei jedem Besuch Holz hacken. Als Bettzeug und Kleidung hatte man Tai Winterpelze und Schafsfelle gebracht. Im ersten Herbst kam eine Ziege zum Melken dazu, es folgte eine weitere von der gegnerischen Seite, außerdem eine exzentrische, aber ausgesprochen warme tagurische Mütze mit Ohrenklappen und Schnüren zum Zusammenbinden. Die Eisentor-Soldaten hatten einen kleinen Schuppen für sein kleines Pferd gebaut.

Tai hatte versucht, dem Einhalt zu gebieten, war jedoch nur auf taube Ohren gestoßen, bis er schließlich begriffen hatte: Es ging weder darum, einem Verrückten einen Gefallen zu tun, noch darum, der gegnerischen Seite den Rang abzulaufen. Je weniger Zeit Tai aufwenden musste, um Essen zu beschaffen, Feuerholz zu machen und seine Hütte instandzuhalten, desto länger konnte er sich seiner Aufgabe widmen. Einer Aufgabe, die vor ihm noch niemand auf sich genommen hatte und die – sobald sie den Grund für seine Anwesenheit akzeptiert hatten – den Taguren ebenso am Herzen zu liegen schien wie Tais eigenen Leuten.

Es hat etwas Ironisches, dachte Tai oft. Selbst jetzt würden sie einander aufwiegeln und sich die Köpfe einschlagen, wenn sie zufällig hier aufeinanderträfen. Wer glaubte, der Friede im Westen sei von Dauer, musste ein ausgesprochener Narr sein. Und doch würdigten beide Reiche, dass Tai die Toten hier zur letzten Ruhe bettete – bis es neue gab.

Es war eine milde Nacht, und Tai lauschte von seinem Bett aus dem Wind und den Geistern. Weder das eine noch das andere hatte ihn geweckt (das tat es schon lange nicht mehr), sondern das weiße Leuchten des Mondes. Der Stern der Weberin, durch den Himmelsfluss von ihrem sterblichen Geliebten getrennt, war nicht mehr zu sehen. Dabei hatte er noch vor einer Weile so hell geleuchtet, dass er trotz des Vollmonds gut durchs Fenster zu erkennen gewesen war. Tai musste an ein Gedicht denken, das er als Junge gemocht hatte. Es handelte davon, dass der Mond die Botschaften der beiden Liebenden über den Fluss brachte.

Rückblickend erschien es ihm künstlich, eine selbstgefällige Täuschung. Viele gefeierte Verse der frühen Neunten Dynastie waren so, wenn man ihre verschnörkelten Formulierungen näher betrachtete. Eigentlich war es traurig, dass das passieren konnte, dachte Tai. Dass man einfach aufhören konnte, etwas zu lieben, das einen geprägt hatte. Oder jemanden. Aber wie sollte man sich weiterentwickeln, wenn man sich nicht wenigstens ein bisschen veränderte? Und war es nicht so, dass man sich manchmal von einer vermeintlichen Wahrheit verabschieden musste, um zu lernen und sich zu verändern?

Es war sehr hell im Zimmer. So hell, dass Tai fast versucht war, aufzustehen und ans Fenster zu gehen, auf das lange Gras zu blicken und nachzusehen, wie das silberne Licht sich auf dem Grün ausnahm. Doch er war zu müde. Am Ende des Tages war er immer müde, und nach Einbruch der Dunkelheit verließ er nie die Hütte. Zwar fürchtete er die Geister jetzt nicht mehr – er hatte beschlossen, dass sie ihn nicht länger als Eindringling betrachteten, sondern als Abgesandten der Lebenden –, doch überließ er ihnen nach Sonnenuntergang die Welt.

> Es handelte davon, dass der Mond die Botschaften der beiden Liebenden über den Fluss brachte.

Im Winter musste Tai die ausgebesserten Fensterläden schließen und sämtliche Ritzen in den Wänden so gut es ging mit Lumpen und Schaffell stopfen, um den Wind und die Kälte abzuhalten. Die Hütte füllte sich mit dem Rauch des Feuers und der Kerzen oder – wenn Tai versuchte, Gedichte zu schreiben – einer seiner beiden Lampen. Er erhitzte Wein in einer Feuerschale (ebenfalls ein Geschenk der Taguren).

Wenn der Frühling kam, öffnete Tai die Fensterläden und ließ die Sonne herein, oder das Licht der Sterne und des Monds, und bei Morgengrauen das Vogelgezwitscher.

Als er in dieser Nacht aufgewacht war, hatte er sich zunächst desorientiert gefühlt, war verwirrt und noch in seinen letzten Traum verstrickt gewesen. Er dachte, es sei Winter und das silberne Leuchten stamme von Eis oder Reif. Doch als er wieder klar denken konnte, musste er über sich selbst lächeln. Er hatte einen Freund in Xi'an, der diesen Moment zu schätzen gewusst hätte. Sich in einer Situation wiederzufinden, die man aus einem berühmten Gedicht kannte, geschah nicht oft.

Vor meinem Bett das Licht so hell,
es gleicht einer Decke aus Reif.
Den Kopf erhoben betracht' ich den Mond,
den Kopf gesenkt denk ich an Zuhaus'.

Aber vielleicht täuschte Tai sich auch. Vielleicht musste ein Gedicht nur genug Wahrheit enthalten, damit sich früher oder später jemand darin wiederfand, so wie er jetzt. Oder war es nicht vielmehr so, dass jemand eine Situation bereits erlebt hatte und dann auf das passende Gedicht stieß, es wartend vorfand – als eine Art Bestätigung? Fasste der Dichter nicht einfach nur in Worte, was ein anderer bereits gedacht hatte?

Manchmal konnten einem Gedichte auch neue, gefährliche Ideen in den Kopf setzen. Manchmal wurden Männer für etwas, das sie geschrieben hatten, ins Exil verbannt oder hingerichtet. Man konnte eine gefährliche Bemerkung verstecken, indem man ein Gedicht in der Ersten oder Dritten Dynastie, vor Hunderten von Jahren, ansiedelte. Manchmal kam man mit dieser Taktik durch, aber nicht immer. Die hohen Beamten waren nicht dumm.

Den Kopf gesenkt denk ich an Zuhaus'. Tais Zuhause war das Anwesen in der Nähe des Wai-Flusses, wo sein Vater im Obstgarten begraben lag, Seite an Seite mit seinen Eltern und den drei Kindern, die das Erwachsenenalter nicht erreicht hatten. Wo Tais Mutter und Shen Gaos Konkubine – die Frau, die sie Zweite Mutter nannten – noch lebten und sich für Tais beiden Brüder ebenfalls das Ende der Trauerzeit näherte, was bedeutete, dass der Ältere schon bald in die Hauptstadt zurückkehren würde.

Den Aufenthaltsort seiner Schwester kannte Tai nicht. Für Frauen betrug die Trauerzeit nur neunzig Tage. Wahrscheinlich war Li-Mei wieder bei der Kaiserin, wo auch immer diese sich aufhielt. Es war gut möglich, dass die Kaiserin nicht bei Hofe war. Bereits vor zwei Jahren hatte es Gerüchte gegeben, dass ihre Zeit im Ta-Ming-Palast sich dem Ende zuneigte. Eine andere leistete Kaiser Taizu jetzt Gesellschaft. Eine, die funkelte wie ein Edelstein.

Es gab viele, die das missbilligten. Doch hatte sich – soweit Tai wusste – niemand offen dazu geäußert, bevor er von zuhause aufgebrochen und hierhergekommen war.

Seine Gedanken schweiften zurück nach Xi'an, fort von den Erinnerungen an das Familienanwesen am Wasserlauf, wo die Blauglockenbäume, die den Weg vom Haupttor säumten, jedes Jahr all ihre Blätter in einer einzigen Herbstnacht verloren. Wo im Obstgarten Pfirsiche, Pflaumen und Aprikosen wuchsen (und im Frühling rote Blumen), wo vom Waldrand der Geruch nach brennender Kohle herüberdrang und über den Kastanien- und Maulbeerbäumen der Rauch aus den Kaminen des Dorfs aufstieg.

Zwei Millionen Menschen. Das Zentrum der Welt, im Schatten des Himmels.

Stattdessen dachte er jetzt an die Hauptstadt – in all ihrem Glanz, ihrer Farbenpracht und ihrem Lärm –, wo sich das ungestüme Leben im Schmutz und Trubel der Welt entfaltete, *sich entlud*, und selbst jetzt, mitten in der Nacht, in jedem Augenblick einen Angriff auf die Sinne darstellte. Zwei Millionen Menschen. Das Zentrum der Welt, im Schatten des Himmels.

Dort war es jetzt nicht dunkel. Nicht in Xi'an. Die Lichter der Menschen konnten das Licht des Mondes beinahe zum Verschwinden bringen. In Xi'an brannten jetzt überall Fackeln und Laternen – gleich, ob sie irgendwo befestigt waren, in Bambusvorrichtungen getragen wurden oder an den Sänften schaukelten, in denen die Hochgeborenen und Mächtigen saßen und durch die Straßen geschleppt wurden. Im Norddistrikt flackerten in den Fenstern der oberen Stockwerke rote Kerzen, und Lampen hingen von den blumengeschmückten Balkonen. Die Lichter im Palast leuchteten weiß, und auf den Säulen im Hof, die einen Menschen um das Doppelte überragten, standen Öllichter in bauchigen, niederen Gefäßen und brannten die ganze Nacht hindurch.

Es gab Musik und Herrlichkeit, Liebesglück und Liebesleid, und manchmal wurden in den Straßen und Gassen Messer und Schwerter gezückt. Und am nächsten Morgen wiederum aufs Neue Macht und Leidenschaft und Tod, dicht an dicht auf den beiden großen, lärmenden Märkten, in Weinläden und Lernsälen, auf verwinkelten Straßen (wie gemacht für heimliche Stelldicheins oder Morde) oder breiten Boulevards. In Schlafzimmern und Gerichtssälen, kunstvoll gestalteten Privatgärten und blühenden öffentlichen Parks, wo Trauerweiden sich über Flüsse und künstliche Seen neigten.

Tai musste an den Langer-See-Park südlich der lehmernen Stadtmauern denken und daran, mit wem er zuletzt dort gewesen war. Zur Zeit der Pfirsichblüte, vor dem Tod seines Vaters, an einem der drei Tage im Monat, an denen sie die Erlaubnis hatte, den Norddistrikt zu verlassen. Am achten, achtzehnten und achtundzwanzigsten. Sie war weit fort. Wildgänse waren das Symbol für Trennung.

Er dachte an Ta-Ming, den Palastkomplex im Norden der Stadtmauer, an den Sohn des Himmels, der nicht mehr jung war, und all jene, die ihn dort umgaben: Eunuchen und neun Ränge von Mandarinen – darunter Tais älterer Bruder –, Prinzen und Alchemisten und Heerführer und diejenige, die mit größter Wahrscheinlichkeit heute Nacht beim Kaiser lag und im Gegensatz zu diesem jung war und von beinahe unerträglicher Schönheit, und die das Kaiserreich verändert hatte.

Tai hatte ebenfalls einer dieser Beamten mit Zugang zum Palast und zum Hof werden wollen, war »mit dem Strom« geschwommen, wie man so schön sagte. Er hatte ein Jahr lang in der Hauptstadt studiert (wenn er nicht gerade Kurtisanen traf oder Trinkkumpane) und kurz vor dem dreitägigen Examen für den kaiserlichen Dienst gestanden – der Prüfung, die über die Zukunft eines Mannes entschied.

Dann war sein Vater auf ihrem Anwesen am Wasserlauf gestorben, und zweieinhalb Jahre offizielle Trauerzeit waren gekommen und gegangen wie ein Regensturm, der flussabwärts zieht.

Wer sich nicht aus der Gesellschaft zurückzog und die Rituale befolgte, die der Tod eines Elternteils erforderte, wurde ausgepeitscht – zwanzig Schläge mit der Rute.

Man konnte sagen (und manch einer würde es), dass Tai den Bräuchen nicht Genüge tat, weil er hier in den Bergen war anstatt zu Hause. Jedoch hatte er sich die Erlaubnis des Unterpräfekten eingeholt, ehe er sich auf den langen Ritt nach Westen begeben hatte. Und außerdem befand er sich hier – über die Maßen – fern der Gesellschaft, fernab aller Ambitionen und alles Weltlichen.

Natürlich war ein gewisses Risiko damit verbunden. Man wusste nie, was im Ministerium der Riten, das die Prüfungen beaufsichtigte, geflüstert wurde. Einen Rivalen auszuschalten – auf welche Art auch immer –, war gang und gäbe, doch Tai vertraute darauf, dass er sich abgesichert hatte.

Völlige Gewissheit gab es jedoch nie. Nicht in Xi'an. Minister wurden berufen und ins Exil geschickt, Generäle und Militärgouverneure befördert und später degradiert oder zum Selbstmord gezwungen. Und vor Tais

Abreise hatte es am Hof innerhalb kurzer Zeit zahlreiche Veränderungen gegeben. Allerdings hatte Tai keine Position innegehabt. Somit riskierte er weder Amt noch Rang. Und die Auspeitschung würde er schon überleben, falls es so weit kommen sollte.

Als er jetzt in seiner vom Mondlicht erhellten Hütte lag, in Einsamkeit gehüllt wie eine Seidenraupe in ihren Kokon, versuchte er sich darüber klarzuwerden, wie sehr ihm die Hauptstadt wirklich fehlte. Ob er bereit war, dorthin zurückzukehren und weiterzumachen, wo er aufgehört hatte. Oder ob es wieder Zeit für eine Veränderung war.

Er wusste, was die Leute sagen würden, wenn er sich für die Veränderung entschied, was ohnehin schon über General Shens zweiten Sohn gesagt wurde. Den

Mit dem Vollmond des siebten Monats würde seine Trauerzeit enden.

Erstgeborenen, Liu, kannte und verstand man, sein Streben und seine Errungenschaften waren musterhaft. Der dritte Sohn war noch jung, kaum mehr als ein Kind. Doch Tai, der Zweitgeborene, warf vor allem Fragen auf.

Mit dem Vollmond des siebten Monats würde seine Trauerzeit enden. Dann hätte er den Ritualen Genüge getan – auf seine Art. Er konnte zurückgehen, sein Studium fortsetzen und sich auf die bevorstehenden Prüfungen vorbereiten. So war es üblich. Manche Studenten legten die Beamtenprüfung fünfmal, zehnmal und noch öfter ab. Manche starben, ohne je zu bestehen. Erfolgreich waren jedes Jahr nur vierzig bis sechzig Männer – von den Tausenden, die in den einzelnen Präfekturen an den Vorprüfungen teilgenommen hatten. Zu Beginn der letzten Prüfung war der Kaiser persönlich anwesend, in seiner weißen Robe, dem schwarzen Hut und dem gelben Gürtel, die den höchsten Zeremonien vorbehalten waren: ein aufwändiger Initiationsprozess – begleitet von Bestechung und Korruption. Wie alles in Xi'an. Wie sollte es auch anders sein?

Es war, als hätte die Hauptstadt Einzug in Tais silberne Hütte gehalten, und die Erinnerung an das Gedränge und Geschrei, das zu keiner Stunde ganz erstarb, vertrieb den Schlaf noch weiter. Schreiende Händler und Kunden auf den Märkten, Bettler und Akrobaten und Wahrsager, bezahlte Trauergäste, die mit offenem Haar einen Trauerzug begleiteten, Pferde und Fuhrwerke, die bei Tag und Nacht durch die Straßen rumpelten, muskelbepackte Sänftenträger, die Fußgänger aus dem Weg schrien oder sie mit Bambusstäben vertrieben. Die Goldvogelwachen, die, selbst mit Schlagstöcken bewaffnet, an jeder größeren Kreuzung standen und bei Einbruch der Dunkelheit dafür sorgten, dass die Straßen sich leerten.

In jedem Viertel kleine Läden, die die ganze Nacht hindurch geöffnet hatten. Fäkaliensammler mit ihren klagenden Warnschreien. Baumstämme, die polternd durch die Tore der äußeren Stadtmauer in den großen Teich beim Ostmarkt gewälzt und dort bei Sonnenaufgang zum Verkauf feilgeboten wurden. Morgendliche Auspeitschungen und Hinrichtungen auf beiden Marktplätzen.

Anschließend, solange noch ein großes Publikum versammelt war, mehr Straßenkünstler als sonst. Glocken, die tagsüber wie nachts zur vollen Stunde schlugen, und die langen Trommelwirbel, die das Schließen der Stadttore bei Sonnenuntergang und ihr Öffnen bei Sonnenaufgang verkündeten. Frühlingsblumen in den Parks, Sommerfrüchte, Herbstblätter, überall gelber Staub, der aus der Steppe herangeweht wurde. Der Staub der Welt. Jadegoldene Pracht. Xi'an.

Tai konnte sie hören und sehen und beinahe riechen, die Erinnerungen an das Chaos und die Kakophonie der Seele. Dann schob er sie von sich, fort in den Mondschein, und lauschte erneut den Geistern, den Klagelauten, an die er sich hatte gewöhnen müssen, um nicht verrückt zu werden.

> **Überall gelber Staub, der aus der Steppe herangeweht wurde. Der Staub der Welt.**

Im silbernen Licht sah er seinen niedrigen Schreibtisch, die Stangentusche, das Papier und die gewebte Matte davor. Der Nachtwind trug den Geruch der Kiefern durch das offene Fenster. Zikaden zirpten, ein Duett mit den Toten.

Tai war einem Impuls folgend nach Kuala Nor gekommen, eingedenk der Vorwürfe, die sein Vater sich gemacht hatte. Er war so gut es ging für sich geblieben, hatte jeden Tag gearbeitet, um wenigstens einer kleinen Anzahl derer, die unbegraben hier lagen, Erlösung zu bringen. Die Arbeit eines Mannes. Keines Unsterblichen. Keines Heiligen.

Zwei Jahre waren seitdem vergangen, die Jahreszeiten hatten ihren Kreis zweimal geschlossen, und die Sterne ebenfalls. Tai wusste nicht, wie es ihm ergehen würde, sollte er in den Lärm und Tumult der Hauptstadt zurückkehren. Wenn er ehrlich zu sich war.

Aber er wusste, welche Menschen ihm gefehlt hatten. Eine Frau tauchte jetzt vor seinem geistigen Auge auf. Beinahe konnte er ihre Stimme hören, so lebhaft war die Erinnerung an das letzte Mal, als er bei ihr gelegen hatte. An Schlaf war nicht zu denken.

»Und wenn mich jemand von hier fortholt, während du weg bist? Wenn mich jemand fragt ... mir das Angebot macht, seine persönliche Kurtisane zu werden oder gar eine Konkubine?«

Natürlich hatte Tai genau gewusst, wer dieser *Jemand* war.

Er hatte ihre Hand mit den langen, golden lackierten Fingernägeln und den edelsteinbesetzten Ringen genommen und auf seine nackte Brust gelegt, damit sie seinen Herzschlag spüren konnte.

Sie hatte gelacht, ein wenig bitter. »Nein! Nicht schon wieder, Tai. Das machst du immer. Dein Herz schlägt immer gleich. Es verrät mir gar nichts.«

Im Norddistrikt, wo sie sich befanden – in einem Zimmer im Obergeschoss des Freudenhauses Mondschein-Pavillon –, wurde sie Frühlingsregen genannt. Ihren richtigen Namen kannte Tai nicht. Man fragte nicht danach. Das gehörte sich nicht.

Langsam, denn das hier war schwierig, sagte er: »Zwei Jahre sind eine lange Zeit, Regen. Das weiß ich. Im Leben eines Mannes oder einer Frau kann viel passieren. Es ist ...«

An dieser Stelle hatte sie ihm den Mund zugehalten, nicht gerade sanft. Sie war nicht immer sanft zu ihm. »Und noch einmal nein. Hör mir zu. Wenn du mir jetzt wieder etwas vom Pfad erzählst oder davon, dass alles im Leben ein Gleichgewicht hat, dann macht deine Männlichkeit Bekanntschaft mit meinem Obstmesser. Das solltest du wissen, ehe du weitersprichst.«

Er erinnerte sich an ihre zärtliche Stimme, die verheerende Anmut, mit der sie so etwas sagen konnte. Tai hatte die Handfläche geküsst, die sie auf seinen Mund presste, und dann, als Frühlingsregen ein Stück wegrutschte, sanft gesagt: »Du musst tun, was das Beste für dich ist. Für dein Leben. Ich möchte nicht, dass du eine dieser Frauen wirst, die nachts am Fenster über einer Jadetreppe stehen und warten. Diese Gedichte soll jemand anders leben. Ich habe die Absicht, zum Anwesen meiner Familie zu reisen, die mir vorgeschriebenen Rituale für meinen Vater zu befolgen und zurückzukehren. Das kann ich dir versichern.«

Das war nicht gelogen gewesen. Er hatte es wirklich vorgehabt.

Aber es war anders gekommen. Es war vermessen zu glauben, dass immer alles so eintraf, wie man es geplant hatte. Nicht einmal der Kaiser, der mit dem Mandat des Himmels regierte, konnte sich darauf verlassen.

Tai wusste nicht, was aus Frühlingsregen geworden war, ob sie tatsächlich *jemand* aus dem Kurtisanenviertel geholt, für sich beansprucht und hinter steinernen Mauern in einem Aristokratenanwesen in der Stadt untergebracht hatte, wo sie höchstwahrscheinlich ein besseres Leben führte als zuvor. Er bekam keine Briefe von westlich des Eisentor-Passes, weil er keine geschrieben hatte.

Schließlich gelangte er zu dem Schluss, dass er sich nicht für eines der beiden Extreme entscheiden musste: weder für Xi'an noch für die absolute Einsamkeit jenseits aller Grenzen. Schließlich besagte die Lehre des Pfads, dass es im Leben um Ausgewogenheit ging. Zwischen den beiden Hälften der Seele eines Menschen, seines Innenlebens. In der Dichtung glich man zwei Zeilen aus, in der Malerei einzelne Elemente eines Gemäldes – Fluss, Felswand, Reiher, Fischerboot –, in der Kalligraphie dünne und dicke Pinselstriche, in einem Garten Steine, Bäume und Wasser, im eigenen Alltag wechselnde Muster.

Wenn Tai diesen Ort hier verließ, konnte er statt in die Hauptstadt auch in sein Zuhause am Wasserlauf zurückkehren. Dort leben und schreiben, eine Frau heiraten, die seine Mutter und seine Zweite Mutter für ihn aussuchten, den Garten bestellen – Frühlingsblumen, Sommerfrüchte –, Besucher empfangen und selbst Besuche abstatten, in Frieden – aber nicht in Einsamkeit – alt und weißbärtig werden. Den Blättern der Maulbeerbäume beim Fallen zusehen. Den Goldfischen im Teich. An seinen Vater denken, der genauso dagesessen hatte. Vielleicht würde man ihn eines Tages sogar für einen Weisen halten. Bei dem Gedanken musste Tai lächeln. Im Mondschein.

Er konnte reisen. Auf dem Wai nach Osten, oder sogar auf dem Großen Fluss durch die Schluchten bis ans Meer und wieder zurück: erleben, wie die Schiffer gegen die Strömung stakten oder die Boote mithilfe dicker Taue über rutschige, in die Felswände gehauene Pfade westwärts zogen, wenn sie auf der Rückreise wieder zu den wilden Schluchten gelangten.

Er könnte auch weiter nach Süden gehen, wo sich das Kaiserreich anders und sonderbar ausnahm: in Länder, in denen Reis in Wasser angebaut wurde und es Elefanten und Gibbons gab, Mandrills, Palisanderwälder und Kampferbäume, wo das Meer Perlen bereithielt für jene, die danach tauchten, und wo Tiger mit gelben Augen im dunklen Dschungel Menschen töteten.

Tai stammte aus einer angesehenen Familie. Der Name seines Vaters öffnete ihm eine Tür, hinter der Präfekten und Steuerbeamte, ja sogar Militärgouverneure aus ganz Kitai ihn mit offenen Armen empfangen würden. Recht betrachtet war der Name seines ältesten Bruders inzwischen wohl von noch größerem Nutzen, wobei damit auch Probleme verbunden waren.

All diese Möglichkeiten lagen Tai zu Füßen. Er konnte reisen und denken, Tempel und Pavillons besuchen, Pagoden auf nebelverhangenen Hügeln und Bergschreine. Seine Eindrücke niederschreiben. Er konnte tun, was der Dichtermeister, dessen Zeilen ihm beim Aufwachen in den Sinn gekommen waren, getan hatte und vermutlich immer noch irgendwo tat. Obschon Tai, wenn er ehrlich zu sich war, zugeben musste (und dieser Gedanke entbehrte nicht einer gewissen Ironie), dass Sima Zian während seiner Jahre auf Booten und Straßen, in den Bergen, in Tempeln und Bambushainen dem Alkohol wohl genauso gehuldigt hatte wie allem anderen.

Bei dem Gedanken musste Tai lächeln. Im Mondschein.

Diese Möglichkeit gab es natürlich ebenfalls: guter Wein, nächtliche Zusammenkünfte. Musik. Auch das war nicht außer Acht zu lassen oder zu verachten.

Mit diesem Gedanken schlief Tai ein und mit der plötzlichen, sehnlichen Hoffnung, dass die Taguren daran dachten, Wein mitzubringen. Die Vorräte, die seine eigenen Leute ihm vor zwei Wochen geliefert hatten, waren so gut wie aufgebraucht. In den langen Sommernächten hatte man mehr Zeit zu trinken, ehe man mit der Sonne zu Bett ging.

Tai schlief und träumte von der Frau, die ihm in jener letzten Nacht die Hand auf die Brust und dann auf den Mund gelegt hatte. Von ihren zurechtgezupften und geschminkten Augenbrauen, ihren grünen Augen, dem roten Mund, Kerzenschein, Jadenadeln, die eine nach der anderen aus goldenem Haar gezupft wurden, und dem Duft, den sie verströmte.

Unsere Fantasy-Lieblingsbücher,
bevor es FISCHER Tor gab

1. J. R. R. TOLKIEN, ›DER HERR DER RINGE‹ (›THE LORD OF THE RINGS‹)

Das Lieblingsbuch (nicht nur) der Deutschen: Der tapfere Hobbit Frodo erbt von seinem Onkel Bilbo einen magischen Ring, der ihn mit seiner Macht zu verführen sucht. Frodo macht sich auf eine weite Reise, um ihn zu vernichten …

2. GEORGE R. R. MARTIN, ›DIE HERREN VON WINTERFELL‹ (›GAME OF THRONES‹)

Lord Eddard Stark wird von König Robert Baratheon aufgefordert, sein Reich im Norden von Westeros zu verlassen und ihm in der Hauptstadt Königsmund als Schwert des Königs beizustehen. Dort wird Stark in die tödlichen Intrigenspiele der Mächtigen hineingerissen. Auftaktband zur definitiv besten Fantasy-Serie aller Zeiten!

3. TERRY PRATCHETT, ›GEVATTER TOD‹ (›MORT‹)

Der in der Gestalt eines Kapuzenskeletts personifizierte Tod beschließt, einen Lehrling anzunehmen. Er findet ihn in Mortimer, der sich jedoch als ziemlicher Tollpatsch erweist, was bei seinem Job unangenehme Folgen haben kann. Idealer Einstiegsband in eine der großen humoristischen Serien der britischen Literatur!

4. MICHAEL ENDE, ›DIE UNENDLICHE GESCHICHTE‹

Der Menschenjunge Bastian Balthasar Bux liest einen Roman über das Land Phantásien, doch die Geschichte wird für ihn mehr und mehr zur Wirklichkeit … Deutscher Jugendbuchklassiker, der ganze Generationen von LeserInnen geprägt hat!

5. BERNHARD HENNEN, ›DIE ELFEN‹

Auf der Flucht vor einem Dämon, der sein Heimatdorf Firnstayn bedroht, gelangt der Mensch Mandred Torgridson durch Zufall nach Albenmark in der Welt der Elfen. Auftakt zur erfolg- und umfangreichsten deutschsprachigen Fantasy-Serie!

6. NEIL GAIMAN, ›AMERICAN GODS‹

Shadow muss nach einem Gefängnisaufenthalt feststellen, dass das Nordamerika, in dem er sich wiederfindet, nicht dem entspricht, das er bisher zu kennen glaubte. Meisterwerk der »Urban Fantasy« vom Autor der bereits klassischen Comicserie ›The Sandman‹.

7. LEWIS CAROLL, ›ALICE IM WUNDERLAND‹ (›ALICE IN WONDERLAND‹)

Die kleine Alice fällt in einen Kaninchenbau und landet in einer anderen Welt, die von den merkwürdigsten Gestalten besiedelt ist … Ein Kinderbuch? Literarischer Nonsens? Auf jeden Fall ein unsterbliches Meisterwerk.

8. C. S. LEWIS, ›DIE CHRONIKEN VON NARNIA‹ (›THE CHRONICLES OF NARNIA‹)

Die Geschichte von vier Geschwistern, die durch einen Kleiderschrank in die phantastische Welt von Narnia geraten. Wunderschöne Jugendbuch-Fantasy mit christlichem Subtext.

9. ROBERT E. HOWARD, ›CONAN VON CIMMERIEN‹ (›CONAN OF CIMMERIA‹)

Die Urgestalt des schwertschwingenden Barbaren muss sich fieser Zauberer, riesenhafter Schlangen und machthungriger Könige erwehren. In den 1930er Jahren in dem Magazin ›Weird Tales‹ erschienen und bis heute an erzählerischer Kraft unübertroffen.

10. PHILLIP PULLMAN, ›DER GOLDENE KOMPASS‹ (›NORTHERN LIGHTS‹)

Die junge Lyra Belaqua erfährt, dass die Welt kurz vor einem Krieg steht. In Begleitung ihres Dæmons Pantalaimon und der geheimnisvollen Marisa Coulter begibt sich Lyra auf eine Expeditionsreise, die ihr Leben verändern wird … Auftakt zu einer phantastischen Jugendbuch-Trilogie, die Maßstäbe setzen sollte!

Wesley

Chu

Wesley Chu (*1976) wurde in Taiwan geboren und ist in Chicago aufgewachsen. Nach seinem Informatikstudium arbeitete er unter anderem als Bankangestellter, Schauspieler und Kung-Fu-Lehrer. Seit 2014 ist Chu hauptberuflicher Autor.
Für seinen Debütroman ›Die Leben des Tao‹ erhielt er den »Young Adult Library Services Association Alex Award«, im Rahmen der Hugo-Preisverleihung 2015 wurde er mit dem »John W. Campbell Best New Writer Award« ausgezeichnet. Sein Roman ›Time Salvager‹ soll von Michael Bay (›Transformers‹) verfilmt werden. Im Moment arbeitet er an einer zweiten Trilogie im Tao-Universum.

INTERVIEW MIT DEM AUTOR

Bitte verraten Sie uns etwas über sich, das bisher noch nirgendwo veröffentlicht wurde.
In den 70ern besaßen meine Großeltern ein kleines Lebensmittelgeschäft in Taiwan. Vorne im Haus war der Laden; wir wohnten hinten. Mit vier Jahren bin ich total auf diese Chili-Flocken abgefahren. Nun war es so, dass jeden Nachmittag ein kleines Schläfchen mit meinem Großvater anstand. Ich habe mir vorher immer heimlich diese abgepackten Ramen-Nudeln geholt und ins Schlafzimmer geschmuggelt. Dort habe ich dann die Päckchen mit den Chili-Flocken herausgenommen und ausgelutscht. Die Nudeln selbst habe ich im Wäschebehälter entsorgt. Das Ganze hatte ein Ende, als meine Großmutter eines Tages beim Saubermachen dreißig angebrochene Ramen-Packungen fand.

Ich bekam eine dieser früher üblichen Strafen aufgebrummt, was bedeutete, dass ich zehn Stunden lang in der Ecke knien musste. Vielleicht waren es auch nur

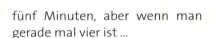

fünf Minuten, aber wenn man gerade mal vier ist ...

Wenn Sie sich eine eigene Erkennungsmelodie aussuchen könnten, oder einen Song, der jedes Mal gespielt wird, wenn Sie einen Raum betreten, was würden Sie nehmen?
Mein Erkennungssong wäre Joe Espositos »You're the Best Around«. Und, ja, dazu gehört unbedingt das Video vom Turnier am Ende von ›Karate Kid‹. Denn mal ehrlich, ist das Leben nicht ein einziges großes Kampfsportturnier, bei dem man ein paar Runden lang verprügelt wird, am Ende nur einer gewinnt und anschließend jeder seine Teilnahmebescheinigung bekommt?

Stichwort Doctor Who: Wenn Sie als neuer Doctor regenerieren würden, was wäre Ihr Erkennungszeichen oder Outfit?
Okay, haben Sie mal ›Desperado‹ gesehen, ich meine, damals, als Antonio Banderas noch nicht wie eine ältere Ausgabe von Mr. Bean aussah? Er hatte auch eine knallharte Mariachi-Band. Also, wenn ich der frisch regenerierte Doctor wäre, würde ich so aussehen wie dieser Typ mit den Schlangenleder-Shitkickern, das Hemd aufgeknöpft bis zum Nabel und einen Gitarrenkoffer unterm Arm, der eigentlich ein Raketenwerfer ist.

Was wäre Ihr Patronus oder Vertrauter?
Okay. Ich weiß nicht, wie es dazu kam, aber seit ungefähr einem Jahr träume ich immer wieder von einem Airedale Terrier mit Zylinder und Monokel. Der Terrier hat die extraflauschigen Beine eines prämierten Airedale, die aussehen wie Beinstulpen aus den 1980ern. Er kommt also zu mir ins Zimmer, setzt sich hin

und trinkt ganz in Ruhe eine Tasse Tee. Dann schaut er mich an und schüttelt alle paar Minuten den Kopf genau wie meine Frau, wenn ich was Blödes sage.

Wenn Sie einen neuen Laden in der Winkelgasse eröffnen könnten, was würden Sie verkaufen?
Ich würde ein Arschloch-Bekehrungs-Zentrum eröffnen und sämtliche Lorbeeren für Draco Malfoys Kehrtwendung vom Oberarschloch in Joffrey'schen Ausmaßen zur Jung-Darth-Vader-Verträglichkeit einheimsen. Ich weiß, der Junge hätte beinahe den Jar-Jar gegeben, aber wir haben ihn in allerletzter Minute gerettet. Sie wissen ja, wenn einer erstmal richtig Binks geworden ist, bleibt oft nur noch die Notschlachtung.

Wenn wir endlich die Kommunikation mit weit entfernt lebenden Aliens hergestellt haben, was wäre das Erste, das wir ihnen über die Menschheit mitteilen sollten?
Wir schmecken furchtbar und geben schreckliche Sklaven ab. Wir sind atemberaubend inkompetent und blöde, und für harte Arbeit sind wir nicht geschaffen. Nicht nur das, wir ruinieren im Grunde alles, was wir anfassen. Und wir stinken.
Allerdings, wenn ihr darauf besteht, melde ich mich gern freiwillig, um bei der Unterdrückung meiner Artgenossen zu helfen, o mächtige Alien-Herrscher.

Wenn Sie ein bisher unentdecktes Buch von einem nicht mehr lebenden Autor finden könnten, welches wäre es?
Die 1761 erschienene Kamasutra-Interpretation im »Poor Richard«-Almanach von Richard Saunders, besser bekannt als Benjamin Franklin.

Quelle: *Pop Quiz at the End of the Universe with Wesley Chu*, zuerst erschienen auf www.tor.com am 26.10.2015; aus dem Amerikanischen von Susanne Gerold und Simone Heller

DIE LEBEN DES TAO

In jedem von uns steckt ein Held.

Nichts ist, wie es scheint. Seit Anbeginn der Zeiten wird das Schicksal der Menschheit im Geheimen von Aliens gelenkt, die als körperlose Parasiten einige der einflussreichsten Persönlichkeiten der Menschheitsgeschichte kontrolliert haben. Und seit Jahrhunderten tobt ein geheimer Krieg auf der Erde, in dem sich zwei Fraktionen der Außerirdischen bis aufs Blut bekämpfen.

Als Tao und sein Wirt Edward versuchen, einen geheimen Stützpunkt der feindlichen Genjix zu infiltrieren, kommt es zu Komplikationen …

›Die Leben des Tao‹ ist der erste Band einer Trilogie.

Band 2

Band 3

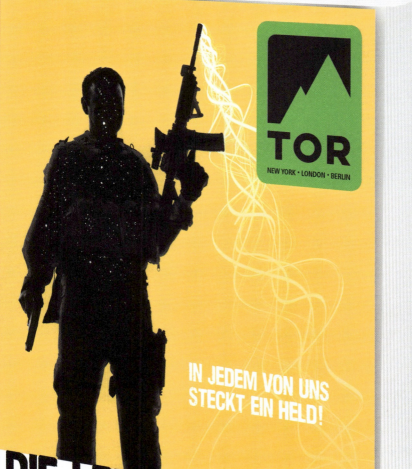

LESEPROBE

Wesley Chu • **Die Leben des Tao**

Kapitel 1 | Endspiel

Einst schrieb ich: »*Was da ist, ist längst mit Namen genannt, und bestimmt ist, was ein Mensch sein wird. Darum kann er nicht hadern mit dem, der ihm zu mächtig ist.« Die Menschen meinen, jenes mächtige Wesen sei Gott. Ich habe mich selbst gemeint.*

Huchel, Rat der Genjix – Östliche Hemisphäre,
Quasing von König Salomo

Die fünf selbstgefälligsten Persönlichkeiten der Geschichte. Los.
»Das ist einfach. Du, Dschingis, Alexander, Napoleon und Kathys Neffe.«
Der in Cambridge?
»Jedes Mal, wenn ich ihm begegne, macht er mir das von neuem klar.«
Keine schlechte Liste. Dschingis Khan taucht jedenfalls zu Recht darauf auf.
»Woran du nicht ganz unschuldig bist. Eigentlich ist es ein wenig redundant, dich *und* Dschingis auf die Liste zu setzen.«
Nur ein wenig. Lass uns den Platz wechseln. Die Aussicht hier ist schlecht.
Edward Blair musterte die blonde Frau im anthrazitfarbenen Anzug, die auf der anderen Seite der Bar saß. Ihre Blicke trafen sich, und auf ihrem Gesicht zeigten sich Ansätze von Grübchen, begleitet von einem verheißungsvollen Lächeln. Dabei rückte sie etwas an ihrer Taille zurecht und gab dem Barkeeper ein Zeichen. »Die Aussicht hier ist ganz wunderbar, Tao.« Edward schwenkte die goldbraune Flüssigkeit in seinem Glas und nippte daran. Er ließ den Blick auf der Frau ruhen und zwinkerte ihr zu. Sie erwiderte sein Zwinkern, und Edward sah, dass sie leicht errötete. Dann kam der Barkeeper und verstellte ihm die Sicht.
Wir haben keine Zeit für dieses alberne Spielchen.
Edward trank seinen Scotch aus und bestellte noch einen. »Oh, ich vergaß. Wir unterhalten uns ja darüber, wie großartig Dschingis war. Tatsache ist doch, Kumpel, dass sein Stil kopiert und von anderen perfektioniert

wurde. Ich sage nur: Alexander. Und meines Wissens spielt die Mongolei auf der Weltbühne des 21. Jahrhunderts eine reichlich unbedeutende Rolle.«

Der Vergleich mit Alexander hinkt. Es ist leicht, ein Imperium aufzubauen, wenn man eine Armee erbt.

»Das gute alte British Empire war sogar noch größer. Kolossal und stabil. Es kommt eben doch auf Größe und Standfestigkeit an. Frag meine Frau.« Edward wandte sich von der Bar ab und blickte durch das Fenster auf die schwindelerregende Lichtermatrix der nächtlichen Straßen – ein komplexes Gitter aus hellen Linien, die sich in die Ferne erstreckten, so weit das Auge reichte. Riesige wogende Wolken löschten den Mond und die Sterne aus und verdunkelten den Nachthimmel.

> Außerdem sind Superschurken letztlich auch nur Menschen.

In der 94. Etage konnte man das sanfte Schwanken spüren, wenn heftige Böen auf das John Hancock Center einpeitschten und es ganz leicht erzittern ließen. Einen halben Kilometer über dem Boden fühlte sich der Frühling in Chicago eher unangenehm an. »Gut, dass wir nicht mit dem Gleitschirm reingekommen sind«, murmelte er, nahm noch einen Schluck vom Scotch und spürte, wie sich die Wärme in seinem Körper ausbreitete. »Man sollte meinen, ein kriminelles Superhirn würde sich einen abgelegeneren Ort als Operationsbasis aussuchen, nicht ausgerechnet die Spitze eines Wolkenkratzers. Was ist nur aus der guten alten Zeit geworden, als die Bösewichte auf verlassenen Pazifikinseln residiert haben?«

Ferienanlagen und durch die Decke gehende Immobilienpreise für Strandlagen, das ist draus geworden. Außerdem sind Superschurken letztlich auch nur Menschen. Sie brauchen Supermärkte und Kabelempfang wie alle anderen auch. Und einfach ist es nicht gerade, hier hereinzukommen.

Edward beugte sich vor und ließ den Blick an einer der Metallstreben entlangwandern, die sich durch das Gebäude zogen. Da war was dran. Es dürfte genauso schwer sein, unbemerkt eine Basis an der Spitze eines Wolkenkratzers mitten in einer Großstadt zu infiltrieren wie eine entlegene Insel. Im Erdgeschoss herrschten strenge Sicherheitsvorkehrungen, und das Wetter machte einen Fallschirmsprung riskant. Wenn man nicht gerade das ganze Gebäude in die Luft jagen wollte, blieb nur der Weg über den *Signature Room*, das Restaurant im 95. Stock, eine Etage über der Basis der Genjix. »Was ist mit Napoleon?«

Was soll mit ihm sein? Er dürfte nicht einmal auf dieser Liste stehen.

»Er wurde immerhin zum Kaiser gekrönt.«
Du meinst, er hat sich selbst zum Kaiser gekrönt. Und nur weil man sich selbst als Genie bezeichnet, ist man noch lange keins.
»Sagt der *geniale* Tao ...«
Nach menschlichen Standards ist es nicht allzu schwer, genial zu sein.
»Napoleon hat sich gar nicht so schlecht geschlagen. Du bist nur etwas voreingenommen, weil ihr euch nicht leiden konntet.«
Die Beinahe-Eroberung von Europa macht einen noch nicht zum rechtmäßigen Kaiser. Er war ein brillanter General, aber mit seiner kurzen Amtszeit disqualifiziert er sich für einen Platz in der Ruhmeshalle.
»Du meinst, er hat seine Macht schlecht verwaltet? Das ist alles?«
Darf ich dich daran erinnern, dass ein wesentlicher Bestandteil der politischen Herrschaft im Herumschieben von Papierstapeln besteht? Denke daran, dass ...

> Nach menschlichen Standards ist es nicht allzu schwer, genial zu sein.

»Entschuldigen Sie, mein Herr, die Geschäftsführerin würde Ihnen gerne einen Drink ausgeben.« Der Barkeeper stellte ein weiteres Glas Scotch auf den Tresen.

Edward wandte sich wieder zur Bar um und lächelte erneut, als die Frau, die vorhin ein Stück entfernt gesessen hatte, neben ihn trat. In der einen Hand hielt sie einen Martini, die andere streckte sie in seine Richtung aus.

»Simone«, schnurrte sie. »Ich hoffe, Sie nehmen es mir nicht übel. Ich habe Ihnen statt des 12-Jährigen einen 18-Jährigen bestellt.«

Edward blickte auf seinen Drink und lächelte. Er nahm ihre Hand und hielt sie geradezu unanständig lange fest. »Blake Emanuel. Ich werde den Gefallen wohl auf andere Weise erwidern müssen.« Die nächsten zwanzig Minuten plauderten die beiden vertraut und rückten immer dichter zusammen.

Edward, ich will dir nicht den Spaß verderben, aber uns läuft die Zeit davon. Die Codes werden in zwei Tagen ungültig, und wir kommen hier nicht weiter. Vielleicht hätten wir uns doch für die Gleitschirm-Variante entscheiden sollen.

»Bei diesem Wetter? Offenbar hast du größeres Vertrauen in meine Flugkünste als ich. Nun sei still und stör mich nicht. Ich muss doch meine Tarnung als erfolgreicher Architekt aufrechterhalten.«

Zwanzig gemeinsame Jahre, und du bist immer noch unverbesserlich.

»Intergalaktischer Bürgerkrieg war nach meinem Abschluss in West Point nicht unbedingt Teil meiner Karriereplanung, Tao.«

Wünschst du dir, ich hätte dich nie gefunden?
»Die Frage kannst du dir doch selbst beantworten.«
Sein In-Ear-Kopfhörer knisterte. »Abelard, bist du in Stellung?«
»Wie süß. Erinnere mich dran, mal mit Marc über diese dämlichen Codenamen zu reden, wenn ich zurück bin.«
Ich finde ihn passend. Eigentlich ein ziemliches Kompliment.
»Wenn ich mich recht erinnere, ging es für Abelard und Heloisa nicht allzu gut aus. Ich hasse es, wenn er mithört.«
Das ist typisch für Jeo. Marc hat seine schlechten Angewohnheiten übernommen.

Mit einem Lächeln entschuldigte sich Edward und ließ Simone an der Bar zurück, um zum hinteren Teil der Lounge in Richtung Toiletten zu gehen. Er wartete, bis er sich allein im Korridor befand, dann trat er durch eine Tür mit der Aufschrift ›Nur für Personal‹. Er hastete am Küchenpersonal vorbei, bevor ihn jemand aufhalten konnte, betrat ein Hinterzimmer und blieb vor einer verschlossenen Tür stehen. »Roger, Marc. Haltet euch bereit.« Er zog einen Schlüsselbund an einem Band heraus und probierte die Schlüssel nacheinander aus.
Woher hast du gewusst, dass sie die Geschäftsführerin mit den Schlüsseln ist?
»Die Schlüssel hingen an ihrer Taille, und sie hat gegenüber dem Barkeeper einen ziemlichen Kommandoton angeschlagen.«
Clever, Edward. Ich hätte nicht an dir zweifeln sollen.
»Zwanzig gemeinsame Jahre, Tao. Hab doch ein wenig Vertrauen.«
Mit einem Klicken öffnete sich die Tür. Edward ging durch einen leeren Gang an den Aufzügen vorbei zum Treppenschacht auf der anderen Seite. Er hastete einige Absätze hinab und blieb vor einer unauffälligen Metalltür stehen. Dort zog er sich dünne schwarze Handschuhe an und zerbrach über dem Griff ein kleines Fläschchen. Edward beobachtete, wie sich das ätzende Mittel durch das Schloss fraß, und flüsterte: »Grünes Licht, Marc. Wie sieht es bei euch da oben aus?«
»Es ist ein wenig windig, aber die Skyline ist malerisch. Komm aufs Dach, wenn du so weit bist. Wir haben nur einen Versuch, also mach was draus.«
»Evak um 0100. Verspätet euch nicht.«
»Bestätigt, Abelard. Over and out.«
»Tao, behältst du die Zeit im Auge?«
Ich werde wie immer deine Stoppuhr sein.
»Ist irgendwas mit Marc? Bei den letzten paar Missionen fehlte ihm irgendwie der Schneid. Als wir den spanischen Premierminister bewacht

haben, wurde ich das Gefühl nicht los, dass es Marc vollkommen egal war, ob der Mann überlebt.«

Das ist Jeo. Er verabscheut diesen Planeten noch mehr als wir Übrigen, aber ich kenne ihn schon sehr lange. Er ist immer zuverlässig gewesen.

»Ihr verabscheut die Erde, Tao?«

Wir vermissen unsere Heimat. Für uns gleicht das Leben hier einem Besuch beim Steuerberater.

»Verstehe. Trotzdem wäre es mir lieber, wenn er uns nicht so runterziehen würde.« Edward fing den Türgriff auf, als dieser sich löste, und legte ihn auf den Boden. Er öffnete die Tür einen Spaltbreit und ließ den Blick durch den dahinter liegenden Raum schweifen. Dunkle Böden aus Tropenhölzern, antike Lampen und viktorianische Polstermöbel zierten beide Seiten eines langen Gangs. Regalreihen voller Bücher zogen sich an einer Wand entlang; eine große Plato-Büste aus poliertem Marmor stand markant zwischen zwei Aufzugtüren. »Haben wir die richtige Etage erwischt?«

> Für uns gleicht das Leben hier einem Besuch beim Steuerberater.

Ich glaube schon. Ich erkenne hier überall Chiyvas Handschrift. Typisch, dass er eine Büste von sich selbst besitzt. Und wie ich sehe, hat sich sein Geschmack seit dem 19. Jahrhundert nicht großartig verändert.

Flach an die Wand gepresst, kroch Edward ans Ende des Korridors und spähte um die Ecke.

Rechts standen zwei Wachen. Im Zwanzig-Sekunden-Takt schwenkten in der Ecke Überwachungskameras hin und her.

»Zwanzig Sekunden, hm? Das wird eng. Schusswaffe?«

Nein, erledige es geräuschlos. Wir dürfen keine Aufmerksamkeit erregen. Jetzt beginnt der Kameraschwenk. Los!

Edward atmete aus, während er das Messer aus der Scheide zog, umkurvte die Ecke und sprintete los. Er drückte sich gegen die rechte Wand und schoss in geduckter Haltung auf die beiden ahnungslosen Männer zu. Sobald er in Reichweite war, wechselte er auf die linke Seite des Korridors, um einen günstigeren Angriffswinkel zu bekommen, und schleuderte mit einer fast unmerklichen Bewegung aus dem Handgelenk das Messer. Es pfiff, als die Klinge an der ersten Wache vorbeizischte und die zweite in die Kehle traf. Der Mann keuchte und brach zusammen. Der verbleibende Wächter wandte sich gerade um, als Edward sich auf ihn stürzte und dem Mann die Faust in die Rippen rammte.

Die Kamera ist bei fünfzehn Sekunden.
Die Wache krümmte sich, als Edward sie am Kopf packte und ihr das Genick brach. Ehe der Körper auf dem Boden aufkam, hatte er bereits die andere Leiche erreicht und sein Messer gezückt.
Gar nicht schlecht für einen vierzig Jahre alten Mann.
»Wie ich schon sagte, auf die Standfestigkeit kommt's an.«
Touché. Schaff die Leichen weg. Noch zehn Sekunden für die Kamera.
Edward zog eine modifizierte Schlüsselkarte aus der Tasche und ließ sie durch das elektronische Schloss gleiten, das sich mit einem leisen Klicken öffnete. Die Leichen schleifte er hinter sich her in einen abgedunkelten Raum, in dem reihenweise Computer standen. Es war kühl. Das tiefe Brummen Dutzender Rechner und eines lauten Ventilationssystems erfüllte die Umgebung. »Hat die Kamera was gesehen?«
Noch gut zwei Sekunden. Der Zielrechner heißt Trixlix GeTr715.
Edwards Blick überflog das Verzeichnis der Server, bis er GeTr715 gefunden hatte, weit hinten in der dritten Reihe im unteren Rack. »Hallo, Zielrechner«, flüsterte er zufrieden. »Wollen wir doch mal sehen, ob du es wert bist, dass ich Simone oben sitzen gelassen habe.« Edward zog ein kleines Kabel aus dem Gürtel und verband es mit dem Server. »Die Codes werden akzeptiert. Download eingeleitet.« Der Monitor über dem Server flackerte auf. Edwards Finger huschten über das Keyboard, während er tippte und die Verzeichnisse durchsuchte. »Es scheint, dass die Gerüchte über dieses legendäre Penetra-Programm der Wahrheit entsprechen. Es existiert.«
Prüf das.
Edward wechselte in das entsprechende Unterverzeichnis und öffnete die darin enthaltenen Dateien. »Hmm.« Er hielt inne. »Ordentlich sind sie hier nicht gerade.«
Ihr Archivierungssystem kannst du später kritisieren. Kopier die Pläne, und dann raus hier.
Edwards Pupillen weiteten sich, als er den Inhalt durchging. »Ich habe die Pläne, aber sieh dir diese Vorratslisten und Lagerbestände mit Chemikalien an. Ich dachte, das hier sei der Prototyp einer Überwachungstechnologie. Könnte es sich um eine biologische Waffe handeln? Wie kriegen sie so was bloß durch den Zoll? Ich wünschte, wir hätten auch so gute Connections. Ich beginne mit dem Upload. Moment, die Back-up-Zugriffssteuerungsliste hat gerade Schluckauf bekommen. Wir fliegen raus.«
Das Sicherheitsprotokoll hat vermutlich gerade ein ganzes Platoon Wachen alarmiert. Nimm, was wir haben, und dann nichts wie weg hier.

In seinem Kopfhörer knisterte es. »Edward, die Daten sind heil bei uns angekommen. Wir holen dich jetzt raus.«

»Bestätigt. Over and out.« Edward stöpselte das Kabel aus und robbte zum Ausgang. Als er Schritte hörte, hielt er inne und zog sich zu den Serverschränken zurück, nur Sekunden bevor eine Gruppe von Wachen den Raum betrat. *Keine Rüstung. 1911er-Colts, wie es aussieht. Laserzielerfassung. Drei, nein, vier Wachen. Offenbar kein Genjix darunter.*

»Das müssen Söldner sein.«

Schalt sie aus. Schnell.

Eine der Wachen knipste das Licht an. Der Rest schwärmte aus und durchsuchte systematisch die Gänge des Rechenzentrums. Edward hörte die Männer mehrmals »Alles sauber!« rufen, während sie sich ihm näherten. Er zog seine Glock und kroch zum Ende des Gangs. Als ein Arm in Sicht kam, griff er zu und stieß der Wache den Ellbogen ins Gesicht. Mit einem Aufstöhnen ging sie zu Boden. Das Geräusch alarmierte die anderen.

Ein weiterer Mann tauchte am anderen Ende des Gangs auf und eröffnete das Feuer. Kugeln prallten von den Metallrahmen der Racks ab. Ein brennender Schmerz explodierte in Edwards linkem Arm. Seine Hand wurde taub. Er ließ sich flach auf den Boden fallen, zielte rasch und schaltete sein Ziel mit drei schnellen Schüssen in die Brust aus.

Nur ein Streifschuss. Lass uns die Kurve kratzen. Jetzt.

Edward lud die Glock nach und stürmte aus dem Gang. Überall um ihn herum heulten Sirenen. Er sprintete zurück zum Treppenhaus. Dicht hinter sich hörte er Schritte. Er brach durch die Tür und hetzte die Stufen hinauf, dicht gefolgt von einer Gruppe Wachen. Während ihm Kugeln um die Ohren zischten, zog Edward eine Granate aus einer Hüfttasche und warf sie über das Geländer. Die Explosion riss ihn von den Beinen. Für einen Sekundenbruchteil wurde alles schwarz. Dann ging die Sprinkleranlage an. Edward schüttelte den Kopf, um sich zu sammeln, rappelte sich auf und setzte seinen Sprint über die Treppe nach oben fort.

»Ich werde zu alt für diesen Scheiß!«

Wo bleibt jetzt deine berühmte Standfestigkeit? Willst du etwa schon in Rente gehen?

Zwei Absätze über ihm erschien eine weitere Gruppe Wachen und eröffnete sofort das Feuer. Edward warf sich an die Wand, als der Kugelhagel auf ihn einprasselte. »Such mir einen anderen Weg zum Dach.«

Durch die Tür. Über das andere Treppenhaus.

Marcs Stimme drang so laut aus dem Kopfhörer, dass Edward zusammenzuckte. »Wir sind auf dem Dach gelandet. Der Widerstand ist heftiger als erwartet. Beeil dich!«

»Ich arbeite dran!«, brüllte Edward, während er durch die Tür des Treppenhauses krachte und unvermittelt einer attraktiven jungen Frau gegenüberstand. Sie trug einen teuren hellbraunen Anzug und hatte sich das Haar zu einem hoch sitzenden Pferdeschwanz zusammengebunden. Zu jedem anderen Zeitpunkt wäre er stehengeblieben und hätte versucht, mit ihr zu plaudern. Aber dies war nicht jeder andere Zeitpunkt. Er packte sie und rammte ihr die Glock in die Seite. »Tut mir leid, Süße, das ist ein schlechter Zeitpunkt für ein erstes Date.«

»Beeil dich!«
»Ich arbeite dran!«

Es ist Yrrika.

Edward seufzte. »Ehrlich? Yrrika sucht sich immer die Hübschen aus.« Ohne zu zögern drückte er ab. Die Frau keuchte nur einmal kurz auf, ehe sie zu Boden sank. Ihr Körper schimmerte, als der Genjix daraus entwich und in die Luft emporschwebte.

Hoffen wir, dass Yrrika keinen neuen Wirt findet. Dem Gang bis zum Ende folgen, rechts abbiegen, danach durch die dritte Tür links.

»Erinnerst du dich noch daran, wie ich versucht habe, Yrrikas vorherigen Wirt anzugraben?«

In Istanbul? Ich hab dich davor gewarnt. Du warst ein fünfundzwanzigjähriger Agentenfrischling und sie mindestens sechzig. Was hast du dir nur dabei gedacht?

»Du hättest mir sagen können, dass sie Judomeisterin ist.«

War sie nicht. Du bist damals einfach nicht besonders gut gewesen. Manchmal sind die härtesten Lektionen die besten.

Edward rannte los. Der Alarm ging ihm langsam auf die Nerven, und er hörte überall um sich herum Schritte. Es ließ sich nicht sagen, wie viele andere Genjix-Wirte sich hier aufhielten. Er sprintete durch den Gang zum zweiten Treppenhaus und zum Dach hinauf. Edward warf sich gegen die Außentür und stolperte ins Freie. Er verlor das Gleichgewicht und torkelte nach vorn, rollte sich ab und landete auf den Knien, die Pistole nach vorne gerichtet.

Das Dach des John Hancock Centers in Chicago war ein wildes Durcheinander aus schwarzen Schatten und Metallaufbauten, die von den Lichtern der beiden aufragenden Antennen in einen geisterhaften roten Schein getaucht wurden. Weiter links erkannte Edward eine Reihe riesiger Ventilatoren;

unmittelbar vor ihm führten ein paar Stufen auf eine höher gelegene Ebene, auf der sich der Helikopter befand. Kalte Böen heulten über ihn hinweg. Edward huschte geduckt von Schatten zu Schatten auf sein Taxi zu.

Wo sind die anderen Agenten, und wieso ist der Helikopter nicht abflugbereit? Edward, hier stimmt etwas nicht.

Edward spurtete zum Cockpit. Die beiden Agenten lagen zusammengesunken über der Steuerkonsole. Ein weiterer lag tot neben der Einstiegsluke. Die Windschutzscheibe war zerbrochen, das Cockpit eingedrückt, und im Laderaum brannte ein kleines Feuer.

Fliegt er noch?

»Natürlich nicht – das Cockpit ist nur noch ein Haufen Schrott! Mal sehen, ob der Notfallschirm noch drin ist.«

Das Fach im hinteren Bereich, in dem die Fallschirme aufbewahrt wurden, war intakt. Edward schnallte sich einen davon um, klinkte ihn an der Taille ein und überprüfte den Auslösegriff.

Liegt Marc hier auch irgendwo? Wenn ja, müssen wir nachsehen, ob Jeo überlebt hat. Wir können ihn auf keinen Fall hier zurücklassen.

Edward drehte die Leichen um und riss ihnen die Helme herunter, ging nach draußen und überprüfte auch den Agenten, der neben dem Heli lag.

»Das sind alles Reguläre. Wo ist Marc, verdammt?«

Edward, sie sind alle drei durch einen Kopfschuss gestorben.

»Base-Jumping entspricht nicht gerade meiner Vorstellung von einem soliden Fluchtplan.«

Edward lief es eiskalt den Rücken hinunter. Niemand war gut genug, um drei Leute kurz nacheinander mit einem Kopfschuss auszuschalten ... es sei denn, er befand sich ganz dicht neben ihnen. Die einzige Leiche, die fehlte, war die von Marc. Konnte das sein? Verrat an den eigenen Leuten hatte im Krieg der Quasing eine lange Tradition, aber Tao und Jeo hatten bereits Seite an Seite gekämpft, als Rom nicht mehr als ein Haufen Hütten auf einem schlammigen Hügel gewesen war. Sosehr Edward den Gedanken verabscheute, ihm fiel keine andere Erklärung ein. Und wenn es so war, schwebte er in akuter Gefahr.

Edward duckte sich hinter das Wrack und verschmolz mit der Dunkelheit. Tief gebückt machte er sich zur Ostseite des Dachs auf, wobei er alle möglichen Aufbauten, Generatoren und Lüftungsschächte als Deckung nutzte, bis er den Rand des Gebäudes erreicht hatte. Er blickte auf die schwarze Leere des Lake Michigan hinaus. Das John Hancock

Center war nicht hoch genug für einen sicheren Fallschirmsprung, daher bestand die beste Chance darin, im Wasser zu landen – das zu dieser Jahreszeit eiskalt sein würde. »Base-Jumping entspricht nicht gerade meiner Vorstellung von einem soliden Fluchtplan«, murmelte er, während er über den Rand auf die Straßen tief unten blickte.

Es gibt Schlimmeres. Erinnerst du dich noch an Budapest und die Abwasserkanäle?

Edward erschauerte. »Daran will ich lieber nicht denken.« Er trat an den Rand und rüstete sich für den Sprung. Plötzlich explodierte ein heftig stechender Schmerz in seinem Rücken, der ihn beinahe umgeworfen hätte. Nur der Fallschirm und die Panzerung retteten ihm das Leben. Edward stöhnte und hob den Kopf.

»Beweg dich nicht, Edward«, sagte eine vertraute Stimme hinter ihm. »Ich kann dich nicht entkommen lassen.«

Reiß dich zusammen. Die Stimme kommt von links hinter dir. Das Bild eines Generators, an dem Edward vor wenigen Augenblicken vorbeigekommen war, blitzte in seinem Geist auf.

Er rollte sich herum und blickte seinen Partner an. »Ein abgeschiedenes Dach – wirklich eine hübsche Falle. Was geht ab, Marc? Zahlen wir dir nicht genug?«

Mit versteinerter Miene schüttelte sein Gegenüber den Kopf und hob das Gewehr. »Ich habe nicht etwa den Glauben an die Sache der Prophus verloren, sie ist mir einfach nur egal geworden. Ich habe diesen dummen Krieg satt.«

»Wir alle haben diesen Krieg satt«, brüllte Edward über das Heulen des Windes hinweg. »Das heißt nicht, dass wir einfach das Handtuch werfen und das Team wechseln, du elender Bastard.« Ganz langsam richtete er sich auf, bis er saß.

Marcs Gesicht verzog sich vor Zorn. »Und weißt du was? Du hast recht, ich *werde* nicht gut genug bezahlt. Zumindest behandeln die Genjix ihre Leute anständig. Niemand verlangt von mir, umsonst zu arbeiten, nur damit ein Haufen Aliens zu irgendeinem Schlammplaneten zurückkehren kann! Für keinen von uns springt dabei was heraus. Nicht für dich, nicht für mich. Teufel noch mal, ich hatte nicht einmal die Wahl. Ich wurde einfach von Jeo eingezogen, nachdem er beschloss, dass ich sein Typ bin! Und was soll dieser ganze Tanz überhaupt, wenn wir alle längst krepiert sind, bevor sich irgendwas ändert?«

»Es geht nicht nur um dich, Marc. Du weißt, was passiert, wenn wir verlieren. Sieht Jeo das genau so wie du?«

Marc lachte. »Jeo? Zum Teufel, er hat mich erst davon überzeugt, dass das alles eine verdammte Zeitverschwendung ist.« Sein Gesicht wurde weicher, zeigte einen kleinen Anflug von Reue. »Hör mal, Mann, das ist nichts Persönliches. Ich bin sicher, du und Tao, ihr wisst das. Aber wenn ich schon mitmachen muss, will ich auf der Seite der Sieger stehen, und da keiner keinem mehr traut, seid ihr meine Eintrittskarte. Ich muss euch an Sean ausliefern. Er hat speziell nach euch verlangt.«

Edwards Körper pochte vor Schmerz. Sein linker Arm fühlte sich unbrauchbar an. Trotzdem beabsichtigte er nicht, sich zu ergeben. Er beobachtete Marcs Brustkorb, verfolgte dessen nervöse, schnelle Atemzüge und die leichten Auf-und-ab-Bewegungen seines Gewehrs. Dann, als Marc gerade einatmete, warf sich Edward zur Seite und schoss. Auf die Stelle, an der er sich eben noch aufgehalten hatte, prasselten Kugeln nieder. Er hörte einen Schrei, als Marc sein Gewehr fallen ließ und auf ein Knie sank.

Edward kroch mit schmerzverzerrtem Gesicht hinter einen Generator. Er hatte bestimmt ein paar angeknackste Rippen. Als er über das Gerät spähte, sah er, wie sich Marc die blutende Schulter hielt und in den Schatten zurückzog. Edward nahm den Rucksack ab und checkte den Inhalt. Die Kugeln hatten den Fallschirm durchsiebt.

»Wir stecken in Schwierigkeiten, Tao. Wir haben gerade unsere Fluchtmöglichkeit eingebüßt.«

Ich arbeite schon an einem Back-up-Plan.

»Dann arbeite schneller, Tao! Sie kommen!« Tatsächlich öffnete sich gerade die Tür, und etliche Wachen strömten auf das Dach. In wenigen Augenblicken würden sie ihn entdecken. Marc kam aus dem Versteck gehumpelt und schloss sich den Neuankömmlingen an, während sie auf der Suche nach Edward ausschwärmten.

Ergib dich. Ich sehe keine andere Möglichkeit.

»Das ist dein Back-up-Plan? Du weißt, dass ich das nicht tun kann. Wenn ich mich ergebe, werden sie mich trotzdem töten, nur um an dich ranzukommen. Du wirst sterben.«

Dann gehen wir eben kämpfend unter.

»Auf gar keinen Fall. Wenn ich hier sterbe, wirst du auf dem Dach gefangen sein, und wir verlieren dich. Sie werden es merken, wenn du dir einen der Wächter schnappst, und ihn dann auch töten.«

Edward ...

»Edward«, rief Marc. »Ich gebe dir eine Chance. Wirf dein Leben nicht weg. Komm schon, wir können Bedingungen aushandeln. Du musst hier oben nicht sterben.«

»Meinst du, wir können aushandeln, dass sie uns am Leben lassen?«
Mit Jeo vielleicht. Aber Chiyva oder Zoras werden dir bei der erstbesten Gelegenheit den Hals umdrehen.
»Das ist wohl der Preis des Ruhms.« Edward spähte seitlich an dem Generator vorbei auf die Strahlen der Taschenlampen, die über die Dachfläche tanzten. Es war nur eine Frage der Zeit. »Also bleibt nur eins.«
Nein, Edward. Wir finden einen anderen Weg.
Edward seufzte und blickte himmelwärts. Die Wolken waren vorbeigezogen. Ein einzelner Stern kam heraus und funkelte in der ansonsten schwarzen Nacht. Der Wind hatte sich ebenfalls gelegt. Edward spürte, wie ihn Ruhe überkam. »Tao, es ist der einzige Weg. Zumindest einer von uns beiden wird hier rauskommen. Da unten sind jede Menge potenzieller Wirte.«
Es muss einen anderen Weg geben.
»Uns rennt die Zeit davon. Du weißt, dass es die richtige Entscheidung ist. Versprich mir einfach, dass du dir diesen Hurensohn Marc irgendwann schnappen wirst.«
Einen Augenblick lang herrschte Stille.
Ich schwöre es bei der Ewigen See.
»Sag Kathy von mir Lebewohl und dass ich sie liebe.«
Das werde ich, mein Freund.
Ohne ein weiteres Wort stand Edward auf und sprintete auf die Dachkante zu. Sein Herz hämmerte ihm in der Brust, als er sich mit einem mächtigen Sprung in den Abgrund stürzte. Unter ihm öffnete sich die Stadt in einer Explosion aus Licht.

Katherine

Addison

Katherine Addison heißt mit bürgerlichem Namen Sarah Monette (*1974). Sie wuchs in Tennessee (USA) auf und hat bereits mit zwölf Jahren begonnen, phantastische Geschichten zu schreiben. Später studierte sie Literaturwissenschaft und promovierte mit einer Arbeit über das Drama in der Renaissance. Ihren Durchbruch als Autorin feierte sie mit dem Fantasy-Zyklus ›The Doctrine of Labyrinths‹ um den Magier Felix Harrowgate. Ihre vielfach prämierten Kurzgeschichten erschienen in zahlreichen Anthologien und Zeitschriften.

›The Goblin Emperor‹, wie ›Der Winterkaiser‹ im Original heißt, erschien in den USA bei Tor Books und wurde auf Anhieb für die drei wichtigsten Genrepreise nominiert: »Hugo Award«, »Nebula Award« und »World Fantasy Award«. Gewonnen hat es den »Locus Award« als »bester Fantasy-Roman des Jahres 2015«.

DER WINTERKAISER

Wäre es nicht traumhaft, der Kaiser aller Elfen zu sein? Möglicherweise ...

Maia, halb Elfe, halb Kobold und vierter Thronerbe des Elfenreiches, hat sein Leben bisher in der Provinz verbracht, wohin ihn sein Vater verbannte. Doch nach dem überraschenden Tod des Kaisers und der drei ältesten Prinzen sitzt Maia plötzlich auf dem Thron – und muss sich in einer komplizierten und teils feindlichen Umwelt behaupten. Maia macht die Erfahrung, dass das tägliche Leben eines Kaisers einem Spießrutenlauf gleicht: Jede Audienz ist eine Herausforderung und ein Machtspiel, jede Palastintrige – und davon gibt es viele – kann zur Entthronung und letztendlich zum Tod führen.

Katherine Addison hat einen Fantasy-Roman mit ungewöhnlich fein beobachteter Psychologie geschrieben, der jetzt schon zu den Klassikern des Genres gezählt wird und auch so manchen Nicht-Fantasy-Leser begeistert.

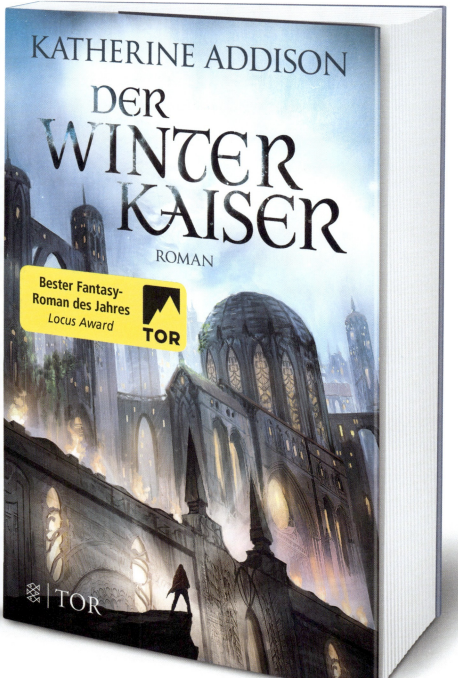

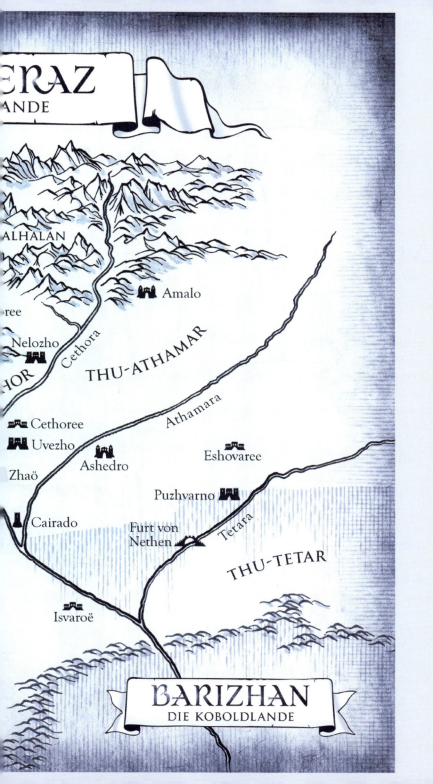

LESEPROBE

Katherine Addison • **Der Winterkaiser**

1. Kapitel | Schlimme Nachrichten

Maia schreckte aus dem Schlaf auf, weil sich die eiskalten Finger seines Cousins in seine Schulter bohrten.
»Setheris, was ist …?« Er setzte sich im Bett auf und rieb sich mit einer Hand die Augen. »Wie spät ist es?«
»Raus aus dem Bett!«, schnauzte Setheris ihn an. »Los, beeil dich!«
Gehorsam rappelte Maia sich hoch und fragte schlaftrunken: »Was ist passiert? Brennt es?«
»Los, zieh dich an«, knurrte Setheris und hielt Maia die Kleider vom Vortag hin. Maia mühte sich mit den Bändern seines Nachthemds ab und ließ das Bündel ungeschickt zu Boden fallen. Während sich Setheris danach bückte, blaffte er übelgelaunt: »Ein Kurier des Kaisers. Das ist passiert.«
»Eine Nachricht von meinem Vater?«
»Hab ich das nicht gerade gesagt? Allmächtige Göttinnen, kannst du denn gar nichts alleine?« Ohne sich um die losen Bänder oder Maias Ohren zu scheren, zerrte Setheris ihm das Nachthemd über den Kopf und drückte ihm die Kleider erneut unsanft in die Hand.
Schlaftrunken quälte sich Maia beim trüben Schein einer Kerze in Unterwäsche, Hosen, Hemd und Wams. Alles war verknittert und verschwitzt, doch er wollte Setheris nicht unnötig reizen. Dieser beobachtete Maia mit finsterem Blick und angelegten Ohren. »Komm!«, sagte er barsch, kaum dass Maia sein Wams zugeknöpft hatte. Da er keine Zeit mehr hatte, seine Socken zu suchen, schlüpfte Maia barfüßig hinter seinem Cousin aus dem Zimmer. Im helleren Licht fiel ihm auf, dass Setheris zwar wie üblich tadellos gekleidet, sein Gesicht jedoch gerötet war. Ganz offensichtlich war er noch nicht im Bett gewesen, als der Kurier des Kaisers eingetroffen war. *Hoffentlich hat er nicht so viel Metheglin getrunken, dass seine sonst so tadellosen Manieren darunter leiden*, dachte Maia nervös.

Er fuhr sich mit den Fingern durchs Haar und verfing sich dabei in seinen widerspenstigen Locken. Es war beileibe nicht das erste Mal, dass er einem kaiserlichen Kurier so unter die Augen trat, mit wirrem Haar wie der Balg eines Lumpensammlers, und er stellte sich vor, wie sein Vater fragte: »Sagt, wie habt Ihr unseren Sohn angetroffen?« Maia tröstete sich mit dem Gedanken, dass sich sein Vater wohl kaum nach ihm erkundigen würde, und bemühte sich, Setheris aufrecht und mit gespitzten Ohren in das kleine, schäbige Empfangszimmer des Jagdhauses zu folgen.

> Er war so eindeutig ein reinblütiger Elf, wie Maia es ganz offensichtlich nicht war.

Der Kurier war höchstens ein Jahr älter als Maia, aber selbst in seinen von der Reise verschmutzten Kleidern strahlte er noch eine gewisse Eleganz aus. Sein Haar war weiß wie Wolfsmilchfasern, die Augen regengrau – er war so eindeutig ein reinblütiger Elf, wie Maia es ganz offensichtlich nicht war. Der Kurier blickte von Setheris zu Maia: »Seid Ihr der Erzherzog Maia Drazhar, einziger Sohn von Varenechibel dem Vierten und Chenelo Drazharan?«

Verwirrt bejahte Maia die Frage. Seine Verblüffung wuchs, als sich der Kurier würdevoll und in aller Seelenruhe vor ihm auf dem Boden warf und sagte: »Kaiserliche Durchlaucht.«

»Hört auf mit dem Blödsinn und erhebt euch!«, knurrte Setheris. »Ihr habt Nachricht von seiner kaiserlichen Durchlaucht, dem Vater des Erzherzogs?«

»Das ... haben wir nicht«, sagte der Kurier und erhob sich mit der geschmeidigen Eleganz einer Katze. »Aber wir bringen Euch Nachricht vom kaiserlichen Hof.«

»Bitte sprecht«, sagte Maia hastig, damit der Wortwechsel nicht eskalierte.

»Durchlaucht«, berichtete der Kurier, »das Luftschiff *Weisheit von Choharo* ist gestern zwischen Sonnenaufgang und Mittag abgestürzt. An Bord befanden sich seine kaiserliche Majestät Varenechibel IV., Fürst Nemolis und die Erzherzöge Nazhira und Ciris. Sie waren auf der Rückreise von der Hochzeit des Prinzen von Thu-Athamar.«

»Die *Weisheit von Choharo* ist abgestürzt«, wiederholte Maia langsam und betonte dabei jede einzelne Silbe.

»So ist es, Durchlaucht, und es gibt keine Überlebenden«, antwortete der Kurier.

Fünf hämmernde Herzschläge lang versuchte Maia die Worte des Kuriers zu begreifen. Sie ergaben keinen Sinn. Nichts hatte Sinn ergeben, seit sich Setheris' Finger so schmerzhaft in seine Schulter gebohrt hatten. Und dann wurde es ihm plötzlich und erbarmungslos klar. Wie aus gewaltiger Ferne hörte er sich selbst fragen: »Was war die Ursache des Absturzes?«

»Ist das nicht egal?«, fragte Setheris.

»Durchlaucht«, sagte der Kurier, wobei er sich betont an Maia wandte, »noch sind keine Einzelheiten bekannt. Aber der Lordkanzler hat Zeugen ausgesandt, um die Umstände des Absturzes zu untersuchen.«

»Ich danke Euch«, sagte Maia. Er wusste zwar nicht, was er fühlte oder was er von alldem halten sollte, doch er wusste genau, was zu tun war.

»Ihr sagtet … Ihr hättet eine Nachricht für mich?«

»Ja, Durchlaucht.« Der Kurier wandte sich ab und nahm seine Tasche vom Beistelltisch. Sie enthielt nur einen einzigen Brief, den er Setheris reichte. Dieser riss ihm die Nachricht aus den Händen und erbrach das Siegel so ungestüm, als wolle er den Kurier einer Lüge überführen.

Die *Weisheit von Choharo* ist abgestürzt.

Während er den Inhalt überflog, verdüsterte sich Setheris' Gesicht immer mehr. Dann warf er den Brief Maia hin und stolzierte aus dem Zimmer. Maia griff vergeblich nach dem Brief. Noch ehe er sich bücken konnte, ging der Kurier in die Knie und reichte ihm das Blatt, ohne eine Miene zu verziehen.

Maia spürte, wie ihm die Röte ins Gesicht stieg und sich seine Ohren vor Verlegenheit senkten, aber er hütete sich, Setheris' Benehmen erklären oder gar entschuldigen zu wollen. Stattdessen wandte er sich dem Brief zu, der von Uleris Chavar, dem Lordkanzler seines Vaters, stammte:

An den Erzherzog Maia Drazhar, Erbe des kaiserlichen Throns von Ethuveraz, seid gegrüßt in dieser Stunde tiefster Trauer.
In der Überzeugung, dass Eure kaiserliche Durchlaucht den Wunsch hegen müssen, Eurem verstorbenen Vater und Euren Brüdern den größtmöglichen Respekt zu bezeugen, haben wir Anordnung für ein Staatsbegräbnis gegeben. Dieses wird in drei Tagen, am dreiundzwanzigsten dieses Monats, stattfinden. Die Oberhäupter der fünf Fürstentümer sowie die Schwester Eurer kaiserlichen Durchlaucht in Ashedro werden wir dementsprechend in Kenntnis

setzen. Den kaiserlichen Kurierdienst haben wir bereits angewiesen, eine entsprechende Anzahl von Luftschiffen für die Anreise der hohen Gäste zur Verfügung zu stellen. Diese werden zweifelsohne alles daransetzen, den Hof von Untheilean rechtzeitig zum Begräbnis zu erreichen.
Wir haben keine Kenntnis von den Absichten Eurer kaiserlichen Durchlaucht, stehen aber zur Verfügung, um Euch in allen Belangen zu unterstützen.

In tiefer Trauer und mit unerschütterlicher Ergebenheit,

Uleris Chavar

Als Maia aufblickte, fand er die Augen des Kuriers auf sich gerichtet. Sein Gesicht war ausdruckslos, lediglich die gespitzten Ohren verrieten seine Neugier.

»Ich ... Wir müssen uns mit unserem Cousin beraten.« Maia stolperte über das ungewohnte majestätische Wir. »Wollt Ihr ... Wir meinen, Ihr müsst müde sein. Ein Diener wird sich um alle Eure Bedürfnisse kümmern.«

»Durchlaucht sind zu gütig«, antwortete der Kurier. Falls ihm bewusst war, dass die ganze Hofhaltung von Edonomee aus nur zwei Dienern bestand, ließ er es sich nicht anmerken.

Maia läutete. Der ewig ungeduldige Pelchara brannte bestimmt schon darauf zu erfahren, was passiert war. Haru hingegen, der für die Außenbereiche zuständige Diener, schlummerte gewiss noch tief und fest. Jeder in Edonomee wusste, dass er stets wie ein Stein schlief.

Pelchara kam eifrig hereingestürmt, die Ohren gespitzt, die Augen vor Neugier leuchtend. »Unser Gast«, sagte Maia beschämt, weil er den Namen des Kuriers nicht kannte, »hat eine anstrengende Reise hinter sich. Bitte tragt Sorge, dass es ihm an nichts mangelt.«

Er spielte kurz mit dem Gedanken, Pelchara alles zu erzählen, murmelte dann aber nur: »Ihr findet mich bei meinem Cousin, falls Ihr mich braucht«, und verließ hastig den Raum.

Ein Lichtschein drang unter der Tür seines Cousins hervor, und von drinnen waren rasche, abgehackte Schritte zu hören. *Hoffentlich hat er einen großen Bogen um die Metheglinkaraffe gemacht!*, dachte Maia und klopfte an.

»Wer ist da?« Wenigstens klang Setheris nicht betrunkener als noch vor einer Viertelstunde.

»Ich bin's, Maia. Darf ich ...?«

Die Tür wurde aufgerissen, und Setheris erschien auf der Schwelle. Er blickte finster drein. »Na, Junge, wer ist dir denn auf den Schwanz getreten?«

»Cousin, was soll ich nur tun?«, fragte Maia beinahe flüsternd.

»Was soll ich nur tun?«, äffte ihn Setheris nach und lachte schnaubend. »Du sollst *regieren*, Junge. Sollst als *Kaiser* über die Elfenlande herrschen und deine Verwandten des Landes verweisen, wie es dir beliebt. Warum kommst du winselnd bei mir angekrochen und fragst mich, was du tun sollst?«

»Weil ich es nicht weiß.«

»Hohlköpfiger Gnom«, schimpfte Setheris, aber es klang seltsam unbeteiligt, und sein Blick ging dabei ins Leere.

»Ja, Cousin«, antwortete Maia kleinlaut.

Das Leben kehrte in Setheris' Blick zurück, doch der Zorn in seinen Augen war erloschen.

»Du willst meinen Rat?«, fragte er und blickte Maia direkt an.

»Ja, Cousin.«

»Dann komm herein.«

Maia hatte das Schlafzimmer seines Cousins noch nie zuvor betreten. Der Raum war so asketisch wie sein Bewohner – nichts erinnerte an die verschwenderische Pracht des Hofs von Untheilean. Setheris wies auf den einzigen Stuhl und ließ sich selbst auf das Bett fallen. »Du hast recht, Junge. Die Wölfe warten schon darauf, sich auf dich zu stürzen. Hast du den Brief bei dir?«

Maia reichte Setheris die mittlerweile recht verknitterte Botschaft. Setheris las den Brief und runzelte die Stirn, doch diesmal spitzte er nachdenklich die Ohren. Als er seine Lektüre beendet hatte, faltete er den Brief sorgfältig zusammen, wobei er die verknitterten Stellen mit seinen langen, weißen Fingern glattstrich. »Uleris ist so unverschämt wie eh und je ...«

»Findest du?«, fragte Maia überrascht und fügte hinzu: »Du kennst ihn?«

»Wir kennen und hassen uns seit vielen Jahren«, sagte Setheris mit einem Achselzucken. »Und wie es aussieht, hat er sich nicht verändert.«

»Wie meinst du das?«

»Junge, er hat keinen Grund, dich zu lieben.«

»Er sagt, er sei loyal.«

»Loyal zu *wem oder was*? Ganz sicher nicht zu dir, dem jüngsten und ungeliebten Sohn seines Kaisers. Eines Kaisers, der ganz bestimmt nicht dich auf dem Thron sehen wollte, wie du wohl weißt. Gebrauch endlich deinen Verstand, Junge, so du welchen besitzt.«

»Wie meinst du das?«

»Allmächtige Göttinnen, schenkt mir Geduld!«, brach es aus Setheris heraus. Er rollte mit den Augen und sagte: »Denk nach, Junge. Du bist nun der *Kaiser*. Was musst du als Allererstes tun?«

»Cousin, dies ist nicht der richtige Augenblick, mir Rätsel aufzugeben.«

»Es ist alles andere als ein Rätsel.« Setheris starrte Maia grimmig schweigend an, bis dieser endlich begriff.

»Die Krönung!«, rief Maia aus.

»Ha!« Setheris klatschte so heftig in die Hände, dass Maia zusammenfuhr. »Ganz genau. Und warum erwähnt Uleris deine Krönung dann mit keinem Wort?«

»Die Beerdigung muss ...«

»Hör auf! Du denkst wie ein Kind, nicht wie ein Kaiser! Die Toten scheren sich nicht mehr um die Ehre, von der Uleris faselt, und das weiß er ganz genau. Was zählt, ist allein die Macht der Lebenden. Das solltest auch du nie vergessen.«

»Aber ...«

»*Benutz doch endlich deinen Verstand*, Junge.« Setheris beugte sich vor, ein leidenschaftliches Glühen in seinen sonst so kalten Augen. »Denk nach, wie noch nie zuvor in deinem Leben. Du reist an den Hof von Untheilean, gehst zur Beerdigung – und was dann?«

»Ich muss mit ... ah!«

»Endlich verstehst du.«

»Ja.« Maia begriff mit einem Mal ganz genau, worum es ging. Wartete er ab, dann lieferte er sich Chavar auf Gedeih und Verderb aus. War der Kanzler erst einmal rechtmäßiger Stellvertreter des Kaisers, würde Maia nicht mehr als ein Bittsteller sein.

> Was zählt, ist allein die Macht der Lebenden.

»Was rätst du mir?«

»Durchkreuze Uleris Pläne! Reise an den Hof von Untheilean, bevor er sich dort verschanzen kann.«

»Aber das ist unmöglich!«, rief Maia. Die Reise von Edonomee an den Hof dauerte eine knappe Woche.

Als sei dies die natürlichste Sache der Welt, antwortete Setheris: »Das Luftschiff.«

Maias Magen krampfte sich heftig zusammen. »Ich kann nicht!«

»Du *musst*. Außer du willst dein Leben lang nach Uleris' Pfeife tanzen. Deinen neunzehnten Geburtstag wirst du dann vielleicht nicht mehr erleben.«

Maia senkte den Kopf. »Du hast recht, Cousin.«
»Wir nehmen das Luftschiff, mit dem Chavars Schoßhündchen angereist ist. Man wartet bestimmt schon auf seine Rückkehr. Nun geh und zieh dir etwas Anständiges an.«
»Ja, Cousin.« Maia nickte und gehorchte. Dass Setheris ihn an den Hof von Untheilean begleiten würde, stand für ihn außer Frage.

2. Kapitel | Die *Glanz von Cairado*

Die *Glanz von Cairado* schwebte wie eine Gewitterwolke neben dem Ankermast und hob sich düster von dem frühmorgendlichen Himmel ab. Seit man ihn mit acht Jahren zur Beerdigung seiner Mutter an den Hof von Untheilean gebracht hatte, war Maia nicht mehr in einem Luftschiff gefahren. Die Erinnerungen an jene Zeit waren dunkel und schmerzhaft; damals hatte er zu Ulis, dem Gott des Todes und des Mondes, gebetet, er möge auch ihn sterben lassen.

Die Besatzungsmitglieder der *Glanz von Cairado* wirkten äußerst ernst. Sie wussten vom Schicksal der *Weisheit von Choharo*, und in ihren Gesichtern waren Trauer und Furcht zu lesen.

»Durchlaucht«, begrüßte der Kapitän Maia am Fuß des Ankermasts mit leiser Stimme. Kurz entschlossen blieb Maia stehen und sagte leise: »Wir haben vollstes Vertrauen in Euch und Eure Besatzung.«

Erstaunt blickte der Kapitän auf. Maia sah ihm in die Augen und lächelte. Der Kapitän zögerte kurz, dann spitzte er die Ohren und verbeugte sich, tiefer noch als zuvor. »Durchlaucht«, sagte er mit deutlicher und fester Stimme.

Maia erklomm die schmale, eiserne Treppe, die sich den Ankermast emporwand. Ganz oben auf der winzigen Plattform wartete eine Luftbegleiterin darauf, dem Kaiser in die Passagierkabine zu helfen.

»Durchlaucht«, sagte sie förmlich und bot Maia ihren Arm.

Die Luftbegleiterin wirkte fast so überrascht wie zuvor der Kapitän, als sich Maia für ihre Hilfe bedankte, derer er gar nicht bedurft hätte.

Die Luftschiffe dienten für gewöhnlich dem Transport von Lasten, aber hin und wieder beförderten sie auch Kuriere oder andere Staatsbedienstete. Maia hatte es Setheris untersagt, das Luftschiff zu requirieren, denn er wollte den anderen Passagieren – vier Kurieren, zwei Missionaren und einem betagten Maza – keine Umstände bereiten. Unter den bohrenden

Blicken der beharrlich schweigenden Mitreisenden musste er nun für seine Gutmütigkeit büßen.

Wie durch ein Wunder war Maia zum Kaiser aufgestiegen, aber seine Garderobe hatte mit diesem Aufstieg nicht Schritt gehalten. Zwar war er korrekt in Trauer gekleidet, aber seiner Kleidung war deutlich anzusehen, dass sie bereits mehrmals nachgeschwärzt worden war. Zudem stammte alles, was er am Leib trug, von Setheris. Als er die Gewänder vor zwei Jahren zuletzt anlässlich der Beerdigung von Erzherzogin Ebreneän, der Schwester des Kaisers, getragen hatte, waren sie ihm zu weit gewesen, mittlerweile saß alles viel zu eng. Da er keine Tashinstäbe oder Kämme besaß, hatte er seine Haare ordentlich zu einem Zopf geflochten und diesen am Nacken hochgesteckt. Doch war diese Frisur eher einem Kind angemessen als einem Erwachsenen, von einem Kaiser ganz zu schweigen.

Maia setzte sich auf den freien Platz zwischen Setheris und dem Kurier. Falls dem Boten bewusst war, dass den Plänen seines Herrn durch die überstürzte Abreise des neuen Kaisers Gefahr drohen könnte, ließ er es sich nicht anmerken. Ganz im Gegenteil, er hatte Setheris' Reisevorbereitungen in jeder nur erdenklichen Weise unterstützt, und obwohl er im Dienste des Lordkanzlers stand, zeigte er Maia gegenüber eine Ergebenheit, die Setheris selbst völlig fremd war. Maia musste über die Ironie dieses Gedankens lächeln.

> Wie durch ein Wunder war Maia zum Kaiser aufgestiegen.

Maias Vater, Varenechibel IV., hatte keinerlei Interesse an seinem jüngsten Kind gezeigt und es gleich nach dem Begräbnis in Obhut von Setheris Nelar gegeben. In das ehemalige Jagdhaus Edonomee verbannt, hatten die beiden Jahr um Jahr in tiefer gegenseitiger Abneigung verbracht.

Maia blickte verstohlen zu seinem Cousin hinüber. Soweit er sehen konnte, starrte Setheris finster auf eine harmlose Holzschnitzerei an der gegenüberliegenden Wand der Passagierkabine. Solange er zurückdenken konnte, hatte er Setheris immer wütend erlebt, außer wenn dieser so viel trank, dass sein Rausch ihn rührselig machte.

Setheris' ewige Wut hatte Maias Kindheit und Jugend zur Hölle gemacht. Eine tiefe, hässliche Narbe auf seinem linken Unterarm würde ihn bis an sein Lebensende an jenen Tag erinnern, als Setheris ihm einen so heftigen Schlag versetzt hatte, dass er mit voller Wucht gegen das kunstvoll geschmiedete, abscheuliche Geweih geprallt war, welches das Kamingitter im Großen Saal von Edonomee zierte.

Zugegebenermaßen war Setheris über diesen Zwischenfall, der sich in einem ansonsten völlig ereignislosen Winter von Maias fünfzehnten Lebensjahr ereignet hatte, zutiefst zerknirscht gewesen, und behielt seine Fäuste von da an besser im Griff. Aber das hieß noch lange nicht, dass er deshalb mehr für Maia übriggehabt hätte. Maia seinerseits hatte Setheris niemals ganz vergeben können.

Die Luftbegleiterin betrat die Kabine und zog die Tür hinter sich zu. Sie räusperte sich – wohl aus Verlegenheit, denn sie konnte sich der Aufmerksamkeit der verbissen schweigenden Passagiere sicher sein – und meldete:»Durchlaucht, der Kapitän hat sich ans Steuer begeben, und wir sind bereit, Anker zu lichten.«

Maia spürte, wie sich ihm Setheris' Ellbogen in die Seite bohrte, und sagte hastig:»Habt Dank.«

Die Luftbegleiterin verbeugte sich, Erleichterung in ihr Gesicht geschrieben. Dann ging sie zum anderen Ende der Kabine und griff nach dem Sprachrohr, das direkt mit der Flugkanzel verbunden war. Die *Glanz von Cairado* lichtete den Anker, schlingerte fast unmerklich und schwebte in den frühmorgendlichen Himmel empor.

Die Reise zum Hof von Untheilean würde nur zwei Stunden dauern, im Unterschied zu vier Tagen auf dem Landweg – immer vorausgesetzt, das Wetter war gnädig und der Istandaärtha konnte zügig überquert werden, was längst nicht immer der Fall war. Als die Motoren des Luftschiffs so laut aufdröhnten, dass jede Unterhaltung mit Setheris bis zur Landung glücklicherweise unmöglich sein würde, fragte sich Maia, was sich in den letzten Augenblicken vor dem Absturz an Bord der *Weisheit von Choharo* abgespielt haben mochte. Noch gestern hatte sie den Kaiser der Elfenlande durch die Lüfte getragen. Hatten die Passagiere und Besatzungsmitglieder ihren Tod kommen sehen, oder war dieser blitzschnell wie das Schwert eines Henkers auf sie herabgesaust? Vergeblich versuchte Maia, sich seinen Vater schreiend, weinend oder gar angsterfüllt vorzustellen. Das Bild, das er von seiner einzigen Begegnung mit Varenechibel IV. vor Augen hatte, war nicht das eines gütigen Familienoberhauptes, sondern das des Herrschers über die Elfenlande. Hochgewachsen und unnahbar, mit eiskalten Augen und einem Gesicht so weiß

> Solange er zurückdenken konnte, hatte er Setheris immer wütend erlebt.

und kalt wie Marmor. Maia erinnerte sich an das weiße, mit schwerer Stickerei besetzte Gewand und an die Mondsteine, die seine Hand, das geflochtene Haar und die Ohren schmückten. Er erinnerte sich an die schwarzen Bänder, die der Kaiser als einziges Zeichen der Trauer für seine vierte Ehefrau trug und die auf dem Weiß seiner Gestalt wie schwarze Tintenstreifen wirkten. Und er erinnerte sich an den grimmigen Mund seines Vaters und an seine seidenweiche Stimme, die geraunt hatte:

> Der verdammte Welpe sieht genauso aus wie seine Mutter.

Der verdammte Welpe sieht genauso aus wie seine Mutter. Unauslöschlich hatte sich diese Erinnerung in sein Gedächtnis eingegraben, so klar und deutlich wie das Staatsporträt des Kaisers im Empfangszimmer von Edonomee. Und dieses Erinnerungsbild würde nun auf immer so bleiben, unveränderlich.

Und selbst wenn es Hoffnung auf eine Veränderung gäbe, dachte Maia und lehnte sich in seinem Sitz zurück, um Setheris' Blicken zu entgehen, *dann sicherlich nicht zum Besseren. Ich muss dankbar sein, dass »der verdammte Welpe« das Schlimmste ist, was ich von ihm zu hören bekam.*

Die Erinnerungen an seine Brüder waren flüchtig wie Wolkenfetzen – er hatte sie in der Menge Schwarz gekleideter Höflinge, die sich um das Grab seiner Mutter scharten, zunächst nicht erkannt. Erst seine Begleiterin hatte sie ihm gezeigt – die Frau eines niederen Adeligen, der man aufgetragen hatte, sich während der Zeremonie um ihn zu kümmern, und deren Namen er längst nicht mehr wusste: *Das ist dein Bruder Nemolis und seine Gemahlin, das dein Bruder Nazhira und das dein Bruder Ciris.* Wie erwachsen waren sie ihm damals vorgekommen, diese hochgewachsenen, weißen Gestalten, die seinem Vater so sehr ähnelten. Keiner seiner Brüder hatte sich jemals nach ihm erkundigt, nicht bei der Beerdigung und auch nicht in den Jahren danach – ob sie die Verachtung des Kaisers für ihn teilten oder dessen Zorn fürchteten, wusste Maia nicht. Und er selbst hatte ebenfalls nicht gewagt, das Wort an sie zu richten, aus Angst, sie zu verärgern. Nun war es auch dafür zu spät.

Wie gern hätte er seinen Kopf zurückgelegt und die Augen geschlossen, aber Maia wusste auch ohne Setheris' Ermahnungen, dass sich dies für einen Kaiser in der Öffentlichkeit nicht ziemte. Das galt auch, wenn diese Öffentlichkeit aus nur sieben Mitreisenden und einer nervösen Luftbegleiterin bestand. Setheris hatte stets erbarmungslos auf der Einhaltung der höfischen Etikette bestanden, obwohl dies in der Einsamkeit von Edo-

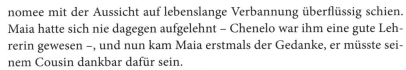

nomee mit der Aussicht auf lebenslange Verbannung überflüssig schien. Maia hatte sich nie dagegen aufgelehnt – Chenelo war ihm eine gute Lehrerin gewesen –, und nun kam Maia erstmals der Gedanke, er müsste seinem Cousin dankbar dafür sein.

Verstohlen blickte er zu Setheris hinüber, auf dessen düstere, versteinerte Miene. Wie seltsam – hier in der schlaflosen Morgendämmerung erschien ihm sein Cousin nicht mehr als der Tyrann, der ihm sein Leben in Edonomee zehn Jahre lang zur Hölle gemacht hatte, sondern als ein ganz normaler Mann mittleren Alters, verbittert und gerissen, jedoch ganz offensichtlich nicht besonders klug. Maia hatte nie in Erfahrung bringen können, wieso Setheris bei Varenechibel in Ungnade gefallen war, doch gewiss konnte es keine Kleinigkeit gewesen sein. Außerhalb der Mauern von Edonomee schien ihm sein Cousin seltsam geschrumpft, weniger furchteinflößend. Sollte es Setheris jemals wieder wagen, die Hand gegen ihn zu erheben, dann würde das sein Todesurteil bedeuten, schoss es Maia durch den Kopf.

Bei diesem Gedanken wurde ihm plötzlich so schwindelig, dass er die Armlehnen seines Sitzes umklammerte – ganz so, als wäre das Luftschiff selbst, nicht nur seine Gedanken, ins Schlingern geraten. Maia zwang sich, seinen Griff zu lockern, bevor es einer der anderen Passagiere bemerkte. Keinesfalls wollte er sie in die Verlegenheit bringen zu denken, dass er, der Kaiser aller Elfen, Angst haben könnte. Durch das gegenüberliegende Fenster sah er mächtige Wolkenberge, die in der aufziehenden Morgendämmerung in zarten Rosa- und Rottönen schimmerten. Bei diesem Anblick fiel ihm ein alter Barizhaner Lobgesang für Osreian ein, den ihn seine Mutter einst gelehrt hatte. Er sprach die Worte für sich, in der inständigen Hoffnung, die Götter möchten nicht nur seinen Vater und seine Halbbrüder, sondern all jene, die beim Absturz der *Weisheit von Choharo* den Tod gefunden hatten, gnädig aufnehmen.

Maia wurde jäh aus seinen Gedanken gerissen, als die Luftbegleiterin vor ihn trat und niederkniete. »Durchlaucht.«

»Ja?«, fragte Maia und merkte, wie Setheris und der Kurier sich aufsetzten und aufmerksam lauschten.

»Durchlaucht, der Kapitän lässt fragen, ob Ihr Euch den Sonnenaufgang von der Flugkanzel aus ansehen möchtet. Der Anblick sei unvergesslich.«

»Wir danken Euch«, sagte Maia, bevor Setheris auch nur den Mund aufmachen konnte, »und nehmen Euer Angebot mit Freuden an.«

Maia erhob sich und unterdrückte ein Lächeln, als er sah, wie Setheris vor ohnmächtiger Wut tiefrot anlief. Bei diesem Anblick beschloss er, einen der zahlreichen Gedanken, die ihm seit Setheris' Lektion über den Umgang mit Uleris Chavar durch den Kopf gegangen waren, in die Tat umzusetzen. »Wir bitten euch, uns zu begleiten«, wandte er sich an den Kurier.

Dieser erhob sich bereitwillig, während Setheris schäumend vor Wut zurückblieb. Jetzt, da Maia den Kurier ausdrücklich eingeladen hatte, war es ihm unmöglich, sich ungefragt anzuschließen.

Maia unterdrückte ein Gefühl der Schadenfreude. Das schickte sich nicht für einen Kaiser, dachte er nüchtern, als die Luftbegleiterin die schmale Kabinentür für sie öffnete. *Ich darf keinen Gefallen daran finden. Schadenfreude ist ein süßes Gift, das einem nur allzu leicht zu Kopfe steigt.*

Er trat auf den Gang hinaus, der so schmal war, dass seine Schultern fast die Wände berührten, und folgte der Luftbegleiterin durch eine Tür in die Flugkanzel. Vor ihren Blicken breitete sich ein atemberaubendes Wolkenpanorama aus.

»Durchlaucht«, begrüßten ihn der Kapitän und der erste Offizier im Chor, ohne den Blick von ihren Instrumenten und dem hellen Lichtschimmer am östlichen Himmel zu wenden. Die Haut des Ersten Offiziers war fast so dunkel wie die seine, und Maia sah auf den ersten Blick, dass auch er Koboldblut in sich trug.

Vor ihren Blicken breitete sich ein atemberaubendes Wolkenpanorama aus.

»Wir danken Euch«, sagte Maia mit lauter Stimme, um das Dröhnen der Motoren zu übertönen, und ließ sich von der Flugbegleiterin einen Platz hinten in der Kanzel zuweisen, wo er den Sonnenaufgang ungehindert betrachten konnte, aber den Kapitän nicht stören würde. Nachdem sie den Kurier in einer anderen Ecke untergebracht hatte, schloss die Flugbegleiterin die Tür und stellte sich mit dem Rücken davor.

Katherine Addison: Der Winterkaiser

JEDE SEITE DER REINE LESEGENUSS!

Eine Besprechung von Foz Meadows

Der achtzehnjährige Maia Drazhar ist der vierte, jüngste und ungeliebte Sohn Varenechibels IV., des Kaisers über die Elfenlande, und dessen verstorbener Gemahlin Chenelo, einer Koboldprinzessin. Niemand, am wenigsten Maia selbst, hätte nie erwartet, dass er – ein von seinem Vater verachteter, vom kaiserlichen Hof vergessener Halbelf, der seine Kindheit unter der Obhut seines in Ungnade gefallenen, tyrannischen Cousins Setheris verbrachte – jemals den Kaiserthron besteigen würde. Doch als das Luftschiff *Weisheit von Choharo* abstürzt und bei dieser Katastrophe nicht nur die gesamte Besatzung, sondern auch der Kaiser und seine drei ältesten Söhne in den Flammen umkommen, wird Maia tatsächlich Kaiser. Der einsam in der Verbannung aufgewachsene Maia muss sich nun, misstrauisch beäugt von der Hofkamarilla und den hinterhältigen Bürokraten, ohne Zuspruch oder Hilfe durch das Gestrüpp der elfenländischen Politik kämpfen, muss seine unglückliche Kindheit hinter sich lassen und lernen, das Elfenreich zu regieren. Und das so schnell wie möglich – denn der Absturz der *Weisheit von Choharo* war kein Zufall, und der für den Tod Varenechibels Verantwortliche hat es möglicherweise auch auf das Leben des neuen Kaisers abgesehen.

Selbst ausgesprochenen Büchernarren fällt es nicht leicht, das ganz besondere Gefühl zu beschreiben, das sie beim Lesen eines packenden Buches ergreift: jenen völligen Verlust des Zeitgefühls, der sie dazu bringt, trotz aller am nächsten Morgen wartenden Verpflichtungen bis tief in die Nacht hinein zu lesen. Vielleicht kann man diesen Zustand am ehesten mit dem Verliebtsein vergleichen: Obwohl uns die Vernunft sagt, dass das Buch auch in ein paar Stunden noch auf uns warten wird, leiden wir, sind unkonzentriert und ungeduldig, ganz wie in der ersten, ungestümen Phase einer neuen Liebe. Der Leser stürzt sich mit Haut und Haar in eine stürmische Romanze, die mit einem Wort ihren Anfang nimmt und noch nach der letzten Seite alles in ein rosiges Licht taucht. Genau darin besteht der Zauber des Geschichtenerzählens: Man schwärmt und schwelgt, vergisst sich selbst und schlüpft völlig in die Haut eines anderen.

So ein Buch ist ›Der Winterkaiser‹ (Originaltitel: ›The Goblin Emperor‹). Der geschliffene Stil, die grandiose Weltenschöpfung, der politikgetriebene Plot und der hinreißende Protagonist Maia sind das eine, das andere das faszinierende Thema. Das Genre des Steampunk wurzelt in der Glanzzeit des britischen Kolonialreiches (ohne auf diese Epoche fixiert zu sein) und tritt für gewöhnlich in zwei Spielarten auf: in Form von Erzählungen, die die gesellschaftspolitischen Aspekte der Eroberung, Industrialisierung und die damit einhergehenden Verwerfungen kritisch befragen, und solchen, die sich lediglich mit deren Manierismen und Ästhetik schmücken. *Der Winterkaiser* gehört ganz eindeutig zur ersten Variante – in ihm gelingt es der Autorin Katherine Addison höchst eindrucksvoll, die Erzählung vom sozialen Wandel mit dem imperialen Gepränge der High Fantasy – Elfen, Kobolde, Magie – zu vereinen.

Zudem ist ›Der Winterkaiser‹ ein packender Bildungs- und ebenso ein eminent politischer Roman, der die Themen von Rassen-, Klassen- und Geschlechterzugehörigkeit mit Eleganz und Tiefgang behandelt. Maia ist ein Halbkobold an einem von Elfen dominierten Hof, der sich begreiflicherweise nicht wohl in seiner auffallend schiefergrauen Haut fühlt. Doch Addison gelingt es, seinen Charakter mit weit feineren Pinselstrichen zu zeichnen, als das bei der Beschreibung von Identitätskrisen gemischtrassiger Protagonisten für gewöhnlich der Fall ist. So besteht das zentrale Dilemma Maias nicht in der Frage, ob er nun ein »echter« Elfe oder Kobold ist, oder darin, wie er beide Identitäten vereinen kann; auch verfügt er aufgrund seines gemischten Erbes nicht über außergewöhnliche Fähigkeiten oder lähmende Schwächen. Vielmehr ist eine seiner Hauptsorgen, wie er – an einem Hof, in dem sich alles um Äußerlichkeiten dreht und dessen früherer Herrscher jede Form der öffentlichen Frömmigkeit ablehnte – den von seiner Mutter ererbten Glauben ausüben kann, ohne sich zum Gespött der Höflinge zu machen. Und gleichzeitig versucht er, sich mit Kultur und Sprache der Kobolde vertraut zu machen, die er aufgrund des Verbots seines Vaters nicht erlernen durfte.

Es ist bemerkenswert, dass Addison im ›Winterkaiser‹ die Kulturen beider Rassen gleichermaßen in Verästelungen charakterisiert und ihnen eine lange, bedeutende und gemeinsame Geschichte verleiht. Maia ist beileibe nicht der einzige gemischtrassige Bewohner des Hofes, und die anderen Halbkobolde, mit denen er zusammentrifft, kommen aus allen Gesellschaftsschichten. Obwohl die Elfen die Kobolde im Allgemeinen für hässlich halten – und Addison dieses Motiv am Rande auch nutzt, um die große Thematik von Rasse und Hautfarbe aufzugreifen –, zeigt die Erzählung ganz deutlich, um wie vieles komplexer das damit verknüpfte Dilemma ist, insbesondere was die gescheiterte Ehe von Maias Eltern angeht. Obwohl Varenechibel seine Frau Chenelo auch wegen ihres Aussehens ablehnte, zerbrach die Ehe nicht wegen ihres Kobolderbes, sondern weil die Verbindung zu einem ungünstigen Zeitpunkt und aus rein politischen Erwägungen geschlossen wurde: Die kaiserlichen Minister drängten auf die Ehe mit der Koboldprinzessin, obwohl die geliebte Frau des Kaisers erst vor kurzem an einer Fehlgeburt gestorben war. Maia, den Sohn aus dieser Ehe, hätte es nie geben sollen; um nicht mit der ungeliebten vierten Frau und einem ungewollten Kind leben zu müssen, die ihn immer an den schrecklichen Verlust erinnert hätten, den er erlitt, verbannt Varenechi-

bel die beiden in ein einsames Herrenhaus. Eine Grausamkeit, die zwar in seinem Charakter angelegt ist, aber nur zu einem eher geringen Teil aus rassischen Erwägungen heraus erfolgt. [...]

Es ist somit alles andere als ein Zufall, dass das Buch mit dem Tod der Weisheit – dem Absturz des Luftschiffs *Weisheit von Choharo* – beginnt und mit deren Wiedergeburt endet, nämlich mit dem Plan zur Errichtung der nach dem verunglückten Luftschiff benannten *Brücke der Weisheit*. Mit diesem Ende, mit dem Zerstörung durch die Erschaffung von Neuem aufgehoben wird, wird Maias Fähigkeit sichtbar, seine Macht zum Wohle anderer einzusetzen. In der traditionellen High Fantasy triumphiert der archetypische »Gute König« in einem Moment tiefster Katharsis über das Böse, und damit tritt er das ihm qua Geburt zustehende Erbe an, dessen er sich längst durch seine ritterlichen Tugenden für würdig erwiesen hat. Im ›Winterkaiser‹ hingegen wird Maia auf dem genau entgegengesetzten Wege und viel eindrücklicher ein Guter König bzw. Guter Kaiser. Trotz verschiedener dramatischer Ereignisse kommt der ›Winterkaiser‹ ohne traditionelle Katharsis aus, vielmehr liegt das Augenmerk auf dem allmählichen Heilen von Wunden, auf kleinen Fortschritten und dem wachsenden Vertrauen zwischen einsamen, sich selbst und der Welt entfremdeten Protagonisten, die dabei zu sich finden. Maias ritterliche Tugenden — wenn sie überhaupt als solche zu bezeichnen sind — wurzeln samt und sonders in seiner Angst, er sei es nicht wert, Kaiser zu sein. Letztlich verdient er sich den Thron nicht durch sein Geburtsrecht, sondern durch sein unbedingtes Bestreben, sich selbst und seine Rolle in der Welt besser zu verstehen. Und das Böse, das er besiegen muss, tritt ihm nicht in Gestalt einer Schar von Teufeln oder eines hohnlachenden Dunklen Lords entgegen, sondern in Form der weit perfideren Grausamkeiten, die Missbrauch, Machtgier, Stolz und Hartherzigkeit mit sich bringen.

Katherine Addisons ›Der Winterkaiser‹ ist ein bewegendes, ja berührendes Buch und darin ein herausragender Beitrag zum Genre der Fantasy. Jede einzelne Seite ist der reine Lesegenuss.

Zuerst erschienen auf www.strangehorizons.com am 26.5.2014; aus dem Amerikanischen von Petra Huber

Dietmar

Dath

Dietmar Dath (* 1970) ist Schriftsteller, Übersetzer, Musiker und Publizist. Von 1998 bis 2000 war er verantwortlicher Redakteur des Magazins für Popkultur *Spex*, von 2001 bis 2007 Redakteur im Feuilleton der *Frankfurter Allgemeinen Zeitung*, von 2007 bis 2011 komplett verschollen, und seit 2011 sitzt er wieder bei der Zeitung, jetzt als Filmkritiker. Sein Roman ›Die Abschaffung der Arten‹ ist 2008 in letzter Minute dem »Deutschen Buchpreis« entkommen, wurde dafür aber 2009 mit dem »Kurd Laßwitz Preis« ausgezeichnet, desgleichen 2013 auch Daths Roman ›Pulsarnacht‹.

VENUS SIEGT

Gibt es Macht ohne Verbrechen?

Auf dem Planeten Venus findet ein gewaltiges soziales Experiment statt. Man will herausfinden: Gibt es eine Form der Zusammenarbeit, in der Menschen, Roboter und Künstliche Intelligenzen gleichberechtigt leben können?

Nikolas Helander wächst unter der Diktatur von Leona Christensen auf. Schlimmer noch: Sein Vater ist enger Vertrauter der Herrscherin, die mit Grausamkeit regiert und gewaltsam gegen ihre äußeren Feinde vorgeht. Ohnmächtig muss Nikolas zusehen, wie die Revolution ihre Ideale verrät.

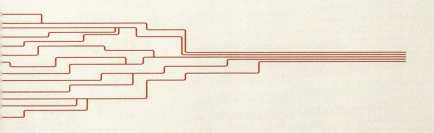

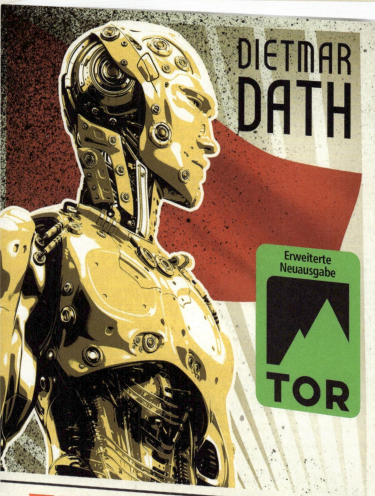

LESEPROBE

Dietmar Dath · **Venus siegt**

Für die Taschenbuchausgabe von ›Venus siegt‹ hat sich Dietmar Dath etwas Besonderes ausgedacht: Er hat den gesamten Roman noch einmal durchgesehen und überarbeitet – und exklusiv für FISCHER Tor einen umfangreichen Fortsetzungsteil unter dem schönen Titel ›Venus lebt‹ verfasst. Und hier gibt es schon einmal eine erste kleine Kostprobe.

EINS

Am Morgen des Tages, an dem er seine Liebste auf deren Wunsch schlachten und ihre Seele essen sollte, stand der Priester früh auf. Schlafschwer kroch er auf allen vieren zum Südfenster seines linsenförmigen Hauses, das zwischen den Kronen junger, aber schon mächtiger Bäume hing. Denkende grüne Kabel verbanden es mit Ästen, die es trugen, und die Fenster hatte man unten am Boden, der einem tiefen Teller glich, im Kreis angeordnet, damit der Priester jederzeit auf die Leute hinunterschauen konnte, die ihm ihr Seelenheil anvertraut hatten. Manche dieser Leute waren beinah Pflanzen, andere nicht, die meisten waren es ein bisschen, die besten ein bisschen mehr. Er kannte fast alle, die Nomadenstämme wie die Sesshaften in den Kugeln und Kapseln, unten zwischen den Wurzelbögen oder oben in anderen Köpfen riesiger Pflanzen wie derer, zwischen die er seine Behausung gehängt hatte. Er kannte die Scheens und die Maets, all die Clans, Stämme, Cliquen und kleinen Gemeinden, die den Tauschästen auf ihren konzentrischen Wegen erst zum Rand des Waldes, dann wieder zurück in dessen Herz folgten.

»Kraft in der Saat«, flüsterte der Pfarrer, das kürzeste Gebet, das seine Kirche kannte. Es musste es nicht glauben, es war evidenzwahr, auch wenn der Höchste Tröster Cunimundus in seinen offiziellen Verlautbarungen unter dieser »Kraft« einen metaphysischen Schwulst verstand, mit dem der Pfarrer wenig anfangen konnte.

Soweit Kraft einfach den klassischen Dreispitz Energie, Masse und Information zusammenfasste, gab es keinen wahreren Satz. Alles wurde davon regiert, nicht einmal die Lilaws oder das Tridiv hätte sich dem Satz widersetzen können, und weil es die Kirche war, deren Missionare als Elite der Rezivilisation diese Wahrheit verbreiteten, durfte sie selbst im Merkurbürgerkieg Neutralität wahren. Der Höchste Tröster, hieß es hinter vorgehaltener Hand, leistete sich sogar eine Beraterin, die in gerader Linie von den Verantwortlichen der Krisese abstammte.

Vor sieben Jahren war der Priester Kief im Namen seiner Kirche hergekommen, die diesen Forst hier gepflanzt hatte, den man den Neuen Schwarzen Wald nannte. Auf der Erde hatte Kief sich schon eine ganze Weile aufgehalten, sich in anderen Ländern, an Küsten, in Städten nützlich gemacht, aber erst hier war er an einem Ort angekommen, der ihn brauchte.

An einem der Äste, fast in Kiefs Augenhöhe, baumelte am rechten Arm ein junger, schlaksiger Mann, nackt, mit entblößtem Genital, der ihm mit der Linken eine frisch vom Baum gerissene, noch feuchtglänzende Katzenkapsel entgegenhielt. Der Junge winkte damit, ein Schlenker, ein Schütteln. Der Priester zog grimmig die Augenbrauen zusammen, er wusste, dass der dort ihn sah, und deutete ein Kopfschütteln an.

Der Junge war Sumachiel, einer aus der jüngsten Abstammungsreihe der Maet, also ein Verwandter der Liebsten des Priesters.

Kief kannte ihn als rüden Provokateur. Der Junge hob den Beutel noch einmal. Etwas regte sich darin: Das schlüpfreife Geschöpf bewegte sich schattenhaft, gnomisch, es zuckte. Sumachiel zog die Beine an, hob sie, so hoch er konnte, und klemmte sich die Katzenkapsel dann zwischen die Knie, so dass der Priester ihm zurufen wollte: Lass das, tu's nicht, ich weiß, was du vorhast – ich soll mich ekeln, hör auf!

Das schlüpfreife Geschöpf bewegte sich schattenhaft, gnomisch, es zuckte.

Nichts davon rief er, weil Kief wusste, dass Sumachiel ihn nicht würde hören können, wie laut er auch schreien mochte. Der Baumelnde griff sich mit der Linken in den Mund. Die langen Finger schoben die Lippen weit auseinander. Dem Geistlichen war, als könnte er das Knacksen des Unterkiefers hören, als der Widerling ihn sich mit einem kraftvollen Ruck aushängte, so dass sein zähnefletschendes Grinsen zur waagerecht entzweigebrochenen Schreckensmaske wurde. Albern riss er die Augen auf, dann begann er zu schaukeln, vor und zurück, vor und zurück. Schließlich bog er den Hals nach hinten, legte den grünen Kopf in den Nacken, sperrte den Mund so weit auf, wie er konnte, griff mit der freien Hand den Katzensack zwischen den Knien, hob ihn hoch und ließ ihn sich in den Schlund fallen.

Sumachiel schluckte. Würgte. Sein Hals beulte sich, es sah aus, als müsste er ersticken. Der Priester senkte den Blick, schloss die Augen und flüsterte: »Du dummes, dummes Arschloch. Fall doch runter und fahr zur Hölle.«

Kief wusste freilich, dass unten keine Hölle klaffte, nichts als sicherer Waldboden, und dass die porösen, atmenden Holzknochen, die in Sumachiels Leib beim Aufprall zwischen Efeu, Moos und Besenginster zersplittern mochten, in Minuten wieder zusammenwachsen mussten. So einer fürchtete keine Hölle, der hatte womöglich nicht einmal Angst vor dem, was seine Stammesangehörigen ängstigte, dem Ungeheuer Krisese.

Kief öffnete die Augen wieder und sah gerade noch, wie sich Sumachiel an einem lebenden Kabel davonhangelte. Der blanke Hintern, den der Priester verschwinden sah, schien ihn zu verhöhnen: Die obszönsten Grimassen brauchen kein Gesicht.

Weiß der Höchste Tröster, welchen Fratzen er uns, seine Missionare, im Kreis der Furcht aussetzt?

Kief griff sich in den Bart, als wollte er dort nach neuen Programmen wühlen, vom Hirn in steter unbewusster Arbeit gefundenen Ergänzungen seiner Geschenke aus dem Kreis der Furcht, neuen Geometrien für den Schwarzen Wald, Kreisen und Kugeln, Hubs und Speichen, Faserprodukten und Kofaserprodukten, und endlich, wenn all das sich zusammensetzte: neuen Sätzen in den Sprachen des Lebens, die er und andere seinesgleichen der verwüsteten Erde langsam wieder beibrachten, als Logopäden der Biosphäre. Priester wie Kief waren von Pol zu Pol im Dienst, um zu verhindern, dass junge, noch nicht sehr widerstandsfähige, teils von der Kirche selbst gepflanzte, teils aus der ersten Epoche der Diversitas überlebende Ökosysteme wie der Neue Schwarze Wald da draußen kippten und zugrunde gingen.

»Tröster« hießen sie, weil sie den Einheimischen Botschaften davon brachten, wie man den Tod überlebte, und weil sie ihnen zeigten, dass diese Botschaft nicht von außen und oben, von der Kirche her, ihrem

Leben zugetragen und übergestülpt werden musste, sondern in ihrer Mitte längst von alters her auf sie wartete, versiegelt zwar, doch unverwüstlich – in den Ruinen und anderen Wegzeichen der Vorfahren, in den zerbrochenen Maschinen, zersprungenen Staaten und alten Bauanleitungen, in den gefundenen Büchern, die sie ihm vorlegten, wenn sie wieder ein Stück Vergangenheit aufgebrochen hatten. Alte Texte, Kraft in der Saat.

Kief ließ von seinem Bart ab und kratzte sich mit der Rechten hinterm Ohr. Er war weder schlank noch feist, nannte sich selbst »wohlgenährt« und mochte es, wenn seine Liebste ihn deswegen »Zottelbär« nannte, während sie mit ihren Krallen kürzeste Liebesbriefe in sein Haar kämmte.

Die Viridmenschen an den Rindenfronten der größten Bäume, die gerade besonders viele ihrer Äste auf mittlerer Höhe tauschten, waren dieser Tage mit fleißigen Zwischenernten beschäftigt, halsbrecherisch hoch überm Fluss, der von den langen Regenfällen schäumte, ein Rauschen und Strömen, weißgläsern und steingrau mitten durch die Schatten.

Die Leute sammelten baumgeborene Katzen, Vögel und Äffchen, um sie zu Nutztieren abzurichten. Sie pflückten sizilianische Rosen, englische Azaleen, amerikanische Hyazinthen, die in den Erdspalten der dicken Krusten wuchsen, um daraus Tee zu kochen, der sie verbesserte, nach dem Sinn dieses Waldes. Die hölzernen, von biolumineszentem Material ummantelten Wirbelsäulen oder Schulterknochen der Viridierinnen und Viridier leuchteten fahl unter der dünnen grünen Blatthaut. Kief sah nach ihnen, kroch von einem Fenster zum andern, dabei hielt er gelegentlich inne und streckte einen Arm oder ein Bein von sich – er war der Meinung, das sei gut für sein Rückgrat und verhindere weitere Bandscheibenschäden, wusste aber nicht mehr, woher er diese Idee hatte – wohl irgendwo gelesen, in alten Büchern statt in neuer Forschung. Nach einem Halbkreis auf allen vieren fand er den Ausguck, zu dem er gewollt hatte: Auf Südsüdwest stand das Indische Springkraut, rosa und tiefrot, in schönster Blüte, geringelt um einen gigantischen Tannenarm, dessen zarteste Zweiglein bereits zu Dutzenden in die Furchen und Brüche der Rinde einer ebenso riesigen Flaumeiche genestelt und gebrannt waren. Den Hauch von Qualm, der sich hier und da kräuselte, erkannte Kief als sicheres Signal des anhaltenden Verschmelzungsprozesses, an diesen Stellen war's ebenso heiß wie umgekehrt am anderen Ende kühl, nämlich an der Tanne, wo Kiefs scharfe Augen Frost- und Reifringe um die Stelle erkannten, an denen der Ast sich eben ablöste.

Ein funktionales Gruppenbild: Stämme und Stämme und Stämme, die ihre Äste erst zu anderen hinüberwachsen ließen, sie dann dort in den andern Leib gruben und schließlich losließen. Kein schlechtes Bild dafür, wie die zersprengten Gemeinschaften der letzten echten Nachkommen ursprünglicher irdischer Menschen eines Tages wieder miteinander in ökonomischen, sozialen und politischen Verkehr treten würden, wenn das Missionswerk der Kirche und die Hilfsleistungen des Tridiv sie hinreichend von ihrer unmittelbaren Not emanzipiert hatten, die hier, wie überall auf dem unglücklichen Planeten, das Ergebnis jenes Einbruchs in die Entwicklung der alten Diversitas gewesen war, den die Furchtsamen und Kleingläubigen immer noch »Krisese« nannten.

Kief stammte ursprünglich vom Mars, war aber mit einem Siegel aus dem Kreis der Furcht unterwegs, gegengezeichnet außer von Cunimundus von den drei mächtigsten Menschen aller Zeiten höchstpersönlich, Billenkin, Cherlin und Massignon.

Sie alle würden niemals einen Fuß in diesen Wald hier setzen, wusste Kief, und das war einer der wichtigsten Gründe dafür, dass er sich bei allen Strapazen, allen Unbotmäßigkeiten unreifer Mündel wie dieses Sumachiel Maet, bei allem Kummer auch, die seine Liebe ihm heute bereiten würde, immer noch gern hier aufhielt, außerhalb der Geschäfte und Lügen der Macht, Heimat der Vergangenheit und Wiege der Zukunft, falls es denn eine geben sollte.

Die Erde ließ man in Ruhe, noch – die Lilaws hatten andere Sorgen, es gab zwischen den zwölf Zivilisationen und diesem dritten Sonnentrabanten keinen einzigen der lebenden und denkenden Verträge, die alles abgelöst hatten, was zuvor die Verwaltung der Diversitas gewesen war und jetzt kaum mehr so genannt wurde, auch wenn in der hohen Politik immer noch diskutiert wurde, ob die Diversitas nicht, streng juristisch betrachtet, immer noch fortbestand und man daher das, was sie umfasst hatte, nicht am besten »die erste Phase der Diversitas« nennen sollte.

Erste Phase, nun ja: Aussaat, nicht?

Der Priester wiederholte flüsternd die innige Formel: »Kraft in der Saat.« Er dachte ans Goldlicht in verschleierter, geäderter Phyllotaxis, an die Bauern südlich der Klippe, des Berges, auf den er mit Kuanon gehen sollte, um sie dort zu töten, nach ihrem Willen, und an die vielen, die besser waren als Sumachiel, dankbarer und fleißiger – so sah er, als er die Augen noch einmal schloss, im Geiste einen der Onkel des Provokateurs, einen einfachen Landmann, den Bergpfad emporkraxelnd, den Kuanon und Kief nachher einschlagen würden, einen Mann, der Weizen kaut bei Sonnenaufgang, und dieser Weizen war seine Kommunion.

Der Priester öffnete die Augen wieder, dann richtete er sich etwas auf, verharrte zunächst kniend, mit einem Blick nach oben durch den transparenten Mittelkreis der anderen Doppellinsenhälfte, sein Dach, auf den Morgenstern, die Heimat von Krisese, die Hölle, wenn's eine gab – und fand dann unter leisem Ächzen auf die Beine, die kribbelten, bis er einmal, dann zweimal, dann dreimal ums Bett ging. Kuanon, seine Geliebte, lag dort schlafend auf dem Rücken. Er betrachte ihr Gesicht, ihre Schultern, das weiße Haar wie Schaum auf der meergrünen Stirnwölbung, an den lindgrünen Wangen, den weißen Film auf den Augen, den sie nachts statt Lidern über ihre Pupillen wachsen ließ, Farbe von Gänseblümchenblütenblättern. Schlaf ohne Atem, wie tot, dachte er.

Aber noch lebte sie.

Es brach ihm das Herz, sie so zu sehen, also wandte er sich ab und ging zur Kochnische, um der Todgeweihten und sich selbst Tee aufzugießen. »Kochnische« nannte er dieses aus einem Kegelwinkel und einem Linsenkreissegment gebildete Eckchen wider besseres Wissen, denn das Einzige, was er hier zubereitete, waren Getränke, meist kalte – Kuanon brauchte viel Flüssigkeit, aber nur alle paar Wochen feste Nahrung; er selbst nahm hin und wieder zu sich, was er auf seinen Waldspaziergängen fand. Wie alle Menschen im Missionsdienst hatte er seinen Organismus bei der Ausbildung im Kreis der Furcht der Biologie der Ärmsten des Sonnensystems angeglichen, die hier auf der Mutterwelt während der Jahrzehnte der Dunkelheit zu Milliarden herumgeschlichen waren. »Sie essen Müll«, hatte der Vorgänger von Cunimundus in seiner berühmten Rede zur Aussendung der ersten Missionswelle erklärt, »aber das beschämt nicht sie, das beschämt uns, die angeblich Zivilisierten, die wir ihre Welt verlassen haben, nachdem wir dort immer höher übers geschändete Land davongeschwebt waren, in unseren Festen, unseren Räuschen, als wären wir Götter. Wir sind keine Götter, und sie sind keine Tiere. Sie sind unsere Cousins und Cousinen, unsere Brüder und Schwestern, und wenn wir ihnen Trost und Nahrung bringen, Wissen und Bildung, Sitte und Anstand, dann bringen wir ihnen nur zurück, was unsere Vorfahren ihnen weggenommen hatten.«

Das stimmte, soweit es eben reichte – aber zu jenem Wissen, jener Bildung gehörte eben auch das Verfahren, wie man Organismen so veränderte, dass sie praktisch alles, organisch wie inorganisch, auseinandernehmen und ihrem Stoffwechsel als Energiequelle erschließen konnten, auch

> Schlaf ohne Atem, wie tot, dachte er.
> Aber noch lebte sie.

Müll, und das hatte zumindest ein paar primitive Kulturen hier unten am Leben erhalten, ohne dass sie, wie die Barbaren vorher, hätten töten und aufessen müssen, was denken und empfinden konnte. Sumachiels Generation wusste nichts mehr davon, dass es solche Dinge gegeben hatte, das machte seine Zurschaustellung vorhin aber nicht besser, eher widerlicher. Weil er und seinesgleichen Kiefs Schule besuchten, war ihnen klar, dass das Fressen und Gefressenwerden hier im Wald mit einem Wort des Priesters »idempotent« war, oder auch: »tautologisch«, denn, wie Kief zu sagen pflegte, »der Unterschied zwischen Tier und Pflanze erodiert hier täglich mehr, ich kann ihn schon fast nur noch in kniffligen Prozent-, manchmal Promillezahlen ausdrücken, was die Gene angeht, für das meiste, was diesen Wald bewohnt. Vergesst nie, dass ihr alle, die Leute, die Katzen, die Blumen, die Bäume mit den Ästen, die ihre Gene ändern, wenn sie von der einen Art zur andern weitergegeben werden, auf Fixpunkte zustrebt, auf das Gesicht des Gesamtwaldes, eine neue Lebensweise.«

> Wir sind keine Götter, und sie sind keine Tiere.

Abgesehen vom Sonnenlicht, von dem man freilich nicht lange absehen durfte, wenn etwas hier leben sollte – das hatte dem Priester sein einziger Besuch im unbewohnbaren ehemaligen England gezeigt –, war das, was auf der Ebene der Einzelorganismen und sogar der Populationen, etwa der Clans, als Stoffwechsel erschien, ein Array von dynamischen Systemen mit Binneninformationsverarbeitungsprozessen, aber vielleicht, dachte Kief jetzt, hatte Sumachiel ihm vorhin genau das zeigen wollen: Wir, die jungen Leute, haben viel gründlicher verstanden, dass die kleinen Katzen, die in ihren Kapseln auf den Bäumen wachsen, gar keine Katzen sind, und dass es so wenig Mord ist, sie zu essen, wie es Mord wäre, wenn ich in der Nase bohre und dann esse, was ich da finde. Ein Spott über Kiefs Restempfindlichkeit also – na, soll er seinen Willen haben, überlegte Kief.

Werde ich je verstehen, wie es sich anfühlt, Sumachiel zu sein, oder Kuanon?

Der Priester betrachtete seine bescheidene Laborausrüstung, das Platin-U-Ruhr, die Halbleiterkästchen, Luftreiniger, seine zwei Gasmasken, den Bunsenbrenner, die alten Erlenmeyerkolben mit ihren nach Lösungen duftenden Korkstopfen, die Konverter, die Röhrchen mit Steinsalz, Kupfersulfat, Kupfercarbonat, die Mikroskope und Monitore, die antiken Computer, keiner größer als seine Hand, aber ungeheuer platzraubend verglichen mit seinen Implantaten, von denen hier so viele nutzlos waren, weil die immateriellen Netze der Lilaws nicht über der alten Erde ausgeworfen werden durften.

Neben den Materialien für die Experimente standen auf einem schmalen Bord seine Bücherschätze, fast alle beschädigt, manche trotz Femtorestauration ständig vom Zerfall beim Umblättern bedroht: Kamalakara über die mögliche Mathematisierung der Biologie, die Autobiographie des Diversitas-Mitbegründers Richard Wang, Coates über Nomaden und ihre Selbstregierung, die »Classic Anthology as compiled by Edmund Vuletic«, Amins drei Bände gegen die Diversitas (ein wenn nicht verbotenes, so doch im Machtbereich des Tridiv und der Lilaws nicht gern gesehenes Werk), dann Dichtung (Shakespeare, Milton, Moore, Neslehova, Pryde), endlich Kiefs wertvollster Besitz, geborgen im fast völlig zerstörten Wohnhaus eines vor langer Zeit Verschwundenen: die Aufzeichnungen des Venus-Exilanten Nikolas Helander, vergilbte Blätter, gebunden zwischen zwei hellblaue Pappdeckel mit Nähfaden von Scerra Lohem, einer Baumbauerntochter, die sich Hoffnungen machte, dass Kief sie der Kirche als potenzielle Seminaristin empfehlen und sie eines Tages in den Kreis der Furcht schicken würde.

Kief hatte zahlreiche Versuche angestellt, um Scerras und Sumachiels Welt, die er selbst miterschaffen hatte, tatsächlich zu verstehen, geleitet von einfachen Fragen: Wie orientierten sich eigentlich diese wandernden Äste, war das ein Tropismus, war das Instinkt, war das Versuch und Irrtum? Kief hatte Äste dabei beobachtet, wie sie zu einem Baum zurückwechselten, von dem sie sich vor ein paar Wochen erst verabschiedet hatten, er konnte das aufgrund von Farbmarkierungen verfolgen. Zwei Hypothesen: Entweder es ist statistische Phobotaxis, oder sie orientieren sich in einem Reizfeld irgendwelcher Wahrnehmungen, die ich nicht nachvollziehen kann, also Topotaxis. Was weiß die Bewusstlosigkeit dieser Bäume, vor der sich die bewusste Bosheit eines Sumachiel so selbstgefällig inszeniert? Fehler, Versuche. Meine Fehler, dachte Kief, meine Versuche – und unterdrückte den Gedanken, dass der größte und erfolgloseste dieser Versuche und Fehler die Beziehung zu Kuanon gewesen war, von der er immer gewusst hatte, dass sie irgendwann enden musste, dass die Frau in den Kreislauf zurückkehren würde, den er nicht verstand.

Unwillkürlich wanderte Kiefs Blick an der Wand vor der Wand, dem senkrechten Stellbrett vor der Linsenkrümmung, zu den Werkzeugen, die dort in stabilen Halterungen hingen: die kleine Feueraxt, die drei

Macheten, alle breit, verschieden lang, die schmaleren Messer – hier würde er sich nachher aussuchen müssen, was er mitnehmen musste, um Kuanons schrecklichen Wunsch zu erfüllen.

Aus dem Hängeschrank neben den Klingen nahm er jetzt vorsichtig das blaue Porzellan – keine Plastikbecher heute, nichts von dem, was man wegwirft, damit es der Wald zu sich nimmt. Als der kleine schwarze Metallteekessel zum zweiten Mal leise pfiff, goss Kief erst der Freundin, dann sich selbst heißen Sud in die Tassen. Kuanon erwachte.

Ihr erster Atemzug ließ Kief die Luft anhalten, so schwer traf ihn, dass das einer ihrer letzten war. Er stellte die beiden Tassen und das Kesselchen auf die Holzplatte, als wäre nichts gewesen, und als sich die Frau aus dem Wald im Sitzen aufrichtete, in zerknitterten Decken nach oben rutschte und ihren Oberkörper an die Kopfstütze lehnte, um die Arme von sich zu strecken und zu gähnen, brachte er ihr, was sie als Frühstück akzeptieren konnte, und setzte sich an den Bettrand. Der weiße Film war verschwunden, sie sah ihn offen amüsiert an, mit diesen tiefblauen Augen, und fragte: »Warum traurig?«

Er lachte trocken: »Ha. Musst mich am letzten Tag noch ärgern.« Sie sprachen beide Deutsch, weil man hier vor langer Zeit Deutsch gesprochen hatte – ihres war einfach, seins mit einem Akzent von weiter nördlich, weil die Linguisten der Kirche keine bessere Näherung des tatsächlich in dieser Gegend früher üblichen Dialekts gefunden hatten.

Kief war fast fünfzig und wollte nicht mehr viele neue Sprachen oder Dialekte lernen, aber stolz war er doch, dass er's immer so gehalten hatte, mit Einheimischen auf Augenhöhe Konversation zu pflegen: Urdu, Englisch, Farsi ...

Kuanon nahm ihre Tasse vom Brett, mit graziöser Bewegung, nippte einmal, sah ihn dann lächelnd an und sagte: »Soll dich in Ruh lassen? Gestern wolltest noch, dass ich dableib und dich nit in Ruh lass.« Dann, nach einer kleinen rhetorischen Pause, setzte sie durchtrieben hinzu: »Musst schon entscheiden, was du willst. Kraft in der Saat.« Der Priester stülpte die Lippen vor, als wollte er bewirken, dass ihm ein Entenschnabel wuchs, dann machte er ein obszönes Geräusch und sagte: »Nö, mit dem Zeuch brauchste mir nich mit zu kommen. Nich heute.«

Sie setzte eine tadelnde Miene auf, dann lachte sie und sagte: »Was meinst mit heute? Ist heute schlimmer als gestern und schlechter als morgen? Du tust ja so, als ob dir wer gesagt hat, dass dich heute Krisese holen kommt.«

Er warf in theatralischer Geste die Arme hoch, dann ließ er sie wie abgestorben in seinen Schoß fallen, wippte an der Bettkante einmal kurz vor, einmal zurück, was bei seinem massigen Leib sehr eindrucksvoll aussah, und ließ sich von ihr auf die Stirn küssen dabei, flüchtig, zärtlich, ein Hauch. Dann lehnte Kief sich zurück und sagte: »Wär mir recht, wenn du das endlich ma sein lassen könntest mit dem ewigen Krisese dies, Krisese das. Dieses Wort … ich hab's dir erzählt: Krisis, das war ein Ausdruck für Umbrüche, und Christensen, das war die Diktatorin auf der Venus, und daraus hat die sprachliche Schlamperei und das Gerücht dann dieses Ding gebacken, Krisese, weil

Musst schon entscheiden, was du willst.

das Tridiv immer allen erzählt hat, schuld an der Krise wären die letzten Bundwerk-Roboter auf den Asteroiden und die Sturköpfe im Merkursüden – na ja, Schutzzölle, und dass sie die Lilaws nicht unterschrieben haben … da hieß es dann: Das sind alles noch Anhänger von Christensen, und das löst die Krise aus, und daraus wurde … na, egal …« Er schüttelte den Kopf, weil ihm klarwurde, dass sie ihn mit ihrer Krisese-Neckerei absichtlich zu diesem kleinen Vortrag provoziert hatte, um ihn abzulenken von dem, was heute geschehen musste und seinen Umgang mit ihr belastete.

Kuanon hatte angefangen, sich am Steinbecken rechts vom Bett zu waschen, dabei aber aufmerksam zugehört, und stellte jetzt eine Zwischenfrage: »Aber Christensen, war das nicht das, woraus die Kirche geworden ist, hießen diese Menschen nicht so, Christensen, sind das nicht dieselben, diese, wie sagst du, Kathoden?«

»Christen, Katholiken, vergiss es … hab ich neulich nur als Vergleich bemüht, weil die auch so was hatten wie unseren Höchsten Tröster. Das hieß Papst bei denen.«

Sie strich mit Seifenschaum und warmem Wasser beidhändig an ihrem Oberschenkel entlang, lachte und sagte: »Papst! Klingt wie eine Katzenkapsel, die platzt: Papst!«

Er winkte ab und brachte ihr das Handtuch. Half ihr damit, bis sie sich hineindrehte, selbst einwickelte und sagte: »Nicht traurig sein. Hast selber gesagt: Der Wald hat mich geschickt, der Wald schickt dir schon wieder wen.« Er schwieg, sie sah zur Stellwand mit den Werkzeugen und sagte: »Die kleine Axt. Und das ganz breite Messer mit dem weißen Griff.« Er sagte nichts, nahm nur die beiden Dinge, die sie ihm genannt hatte.

Kurze Zeit später stiegen sie gemeinsam durch die Irisluke unten in der Linse auf das Fahrzeug, das dort an seinen acht sehr langen, mit mehreren Knien und anderen Gelenken ausgestatteten, ziemlich dünnen und extrem beweglichen Beinen zwischen Schlingpflanzen hing, die andere Schlingpflanzen umschlangen.

»Spinnengöppel« nannte Kief, der am Erfinden neuer Worte seine Freude hatte, das Ding.

Er stieg auf den Vordersattel und schnallte seine Beine rechts und links fest, dann half er Kuanon auf den hinteren, danach griff das Fahrzeug auf Kiefs mit kurzen Vokalbefehlen oder Gesten ausgegebenen Weisungen hin in die Äste und Lianen und arbeitete sich dem Waldboden, dem Flussufer entgegen, ein kletterfähiges Fahrrad, schlaue Modifikation der Geländeräder, die Kief als Junge auf den Hängen des Olympus in waghalsigen Schussfahrten mit all seinem Tatendrang und seinem kindlichen Fliegengewicht belastet hatte.

> Lachse springen, der Zyklus, die Welt, es gibt keinen Abschied.

Leise knirschten die Gelenke des Gefährts, als der Mann vom Mars und die Frau aus dem Neuen Schwarzen Wald ihren Weg das Flussbett entlang auf der Steigung zur Klippe hin nahmen. Über ihnen waren die Leute, die so früh schon ihrer Erntepflicht nachgingen, rarer geworden, dafür brach jetzt das volle Tageslicht durch den Dämmer – seidene Sonnenakkorde streiften die Dryadenhölzer, die Schilfwedelchen, Asphodelen, die Azaleen und Rosen, und Kief dachte, wenn der Bauer noch auf seinem Bergweg ist, kommt er jetzt allmählich ins Schwitzen. Blinzelnd sah er zum Fluss, erkannte, was sich dort regte: Lachse springen, der Zyklus, die Welt, es gibt keinen Abschied.

Der Anstieg wurde steiler.

Dinge fielen von oben herab, aus den Wipfeln und Kronen.

Das war nicht unüblich. Kief steuerte den auf Geröll, Gras und Laub gleichermaßen trittsicheren Spinnengöppel auf einem Pfad, der die Mitte zwischen den Bäumen hielt, so dass Kuanon und er nicht von Katzenkapseln oder anderen Früchten der Baumriesen getroffen wurden. Jetzt aber fiel ihm etwas auf, und er gebot dem Göppel stehen zu bleiben: War das, was da eben rechts neben Kief zur Erde geplumpst war, nicht zu langsam von oben gekommen, träge, wie gebremst?

»Was hast du?«, wollte Kuanon wissen, und er hob die rechte Hand, um zu lauschen, ob ihn sein Eindruck getrogen hatte, dass das nicht das erste

dieser länglichen, vage zigarrenförmigen, silberschwarzen Objekte gewesen war, das die Baumkronen heute abgeworfen hatten.
Plopp. Plopp. Tschock. Plopp.
»Da, siehst du?«, noch zwei, und noch einer.»Oh. Ja. Die fallen nicht, die ... schweben runter?«, wunderte sich Kuanon.

Kief ließ einen der vorderen Arme des Spinnengöppels nach dem nächstgelegenen der merkwürdigen Kolben greifen, die Spitze des Arms extrudierte drei Drahtschlingen, die es umfingen und vom Boden hoben, dann hielt der Göppel seinen Fund Kief und Kuanon vor die Gesichter.
Kief fragte:»Haste das schon mal gesehn?«
»Im Leben nicht. Muss 'ne neue Stufe sein. Mutation. Wie ein Tannenzapfen aus ... Eisen?« Sie wog das Objekt kurz in der Hand, der Göppelarm ließ es dabei nicht ganz los, und Kief sagte:»Fass mal besser nicht an. Wir wissen nicht, was das ist, und ...« Beide schraken zusammen, als direkt vor ihnen ein Strahl Flüssigkeit vorbeischoss.

Dann blickte Kuanon nach oben und fing, als sie sah, woher die Spritzattacke kam, sofort an, in der zwitschernden und schnatternden Sprache zu schimpfen, die bei den Hybriden mit starken Pflanzenanteilen im Genom hier das geläufige Deutsch ersetzte. Kief verstand kein Wort, es klang für ihn wie»zwackschattasch schwetschwett schtzakesch twiittaschetezz!«, aber als der Beschimpfte böse lachend erwiderte:»Tscheschtsch Tschkkatezaschk!« hob auch er den Blick und sah den entblößten Sumachiel, die Hand am Glied, auf das Paar zielen, um sie mit seinem Urinstrahl diesmal direkt zu treffen. Kuanon riss das Zapfenobjekt aus den Drähten am Göppelarm, holte aus und schleuderte es mit der ungeheuren Kraft, die diese Leute besaßen, hoch in die Luft und zielsicher gegen Sumachiels Halsgrube, der japste, aufschrie und sich in letzter Sekunde mit den Fingern der Rechten in die Rinde des Baumes krallte, auf dessen unterstem Ast er hockte. Zornig brüllte er:»Schanschetass Zattepsch!«, dann erkannte Kief, dass Kuanon ihm blitzschnell die Feueraxt aus dem Rückengurt gerissen hatte und sie jetzt hocherhoben hielt, um auch sie nach dem Spötter zu schleudern. Der schüttelte den Kopf, gab spuckende, zischende Laute von sich, die Sprache sein mochten oder etwas anderes, und verschwand dann flink hinterm Stamm.

»So«, sagte Kuanon und steckte die Axt dahin, wo sie sie weggenommen hatte, dann klopfte sie ihrem Liebsten auf die rechte Schulter:»Der kommt nicht wieder. Hab ihm gedroht, dass du seinem Vater erzählst, dass er meinen letzten Tag geschändet hat. So sagt man doch, geschändet?«

»Oder entweiht«, schlug Kief brummig vor, der die sexuelle Nebenbedeutung des Wortes, das sie gebraucht hatte, entschieden unangemessen fand. »Wollen wir absteigen und die Dinger untersuchen?« Er deutete auf den Boden, dann nach oben, wo weitere, wenn auch immer weniger von den länglichen Objekten sich auf ihrem eigenartig abgebremsten Weg nach unten um sich selbst drehten. »Is bald Mittag. So lang sollten wir nicht warten, sonst fall ich von allein auseinander.«
Sprach sie eine biologische Tatsache aus? Er musste ihr ja glauben, dass ihre innere Wahrnehmung ihr den genauen Termin verraten hatte, an dem der Körper, den er liebte, absterben würde. Und dass diese Geschichte etwas mit den Rhythmen von Tag und Nacht zu tun hatte, deckte sich mit seinen Beobachtungen bei anderen, die nicht rituell entleibt worden waren, sondern aus medizinischen Gründen den Zeitpunkt hatten abwarten müssen, an dem ihr beweglicher Körper seinen elektrochemischen Geist aufgab. Er seufzte wieder und schnalzte dann mit der Zunge. Der Spinnengöppel verstand das Signal und brachte die beiden den Rest des abgebrochenen Berges hoch, auf die Wiese, die Klippe, an den Abgrund.

Er stieg zuerst ab, wandte sich um, weil er ihr helfen wollte, aber sie hatte schon alle Gurte gelöst, glitt leicht wie ein Vogel vom Sattel und legte ihm die Arme um den Hals, zog ihn an sich. Er wollte das nicht, brauchte Abstand, aber dann küsste sie ihn, und da war Minze, da war Wärme, über die er sich jedes Mal wunderte: Das ist ein Mensch, das kann doch kein Mensch sein, aber das ist der schönste Mensch. Sie löste die Umarmung, er trat einen Schritt zurück. Als hätte sie ihn vorhin beim Denken belauscht, sagte Kuanon: »Es ist heute, ich weiß das sicher. Ich kann mich auf den Waldboden legen, wie meine Leute das meistens machen, dann sterbe ich, und dann verfaule ich, und dann sinkt alles ins Moos, und der Wald weiß, was ich weiß: Kraft in der Saat.« Er senkte den Kopf in Demut und Trauer und sagte tonlos: »Kraft in der Saat.« Dann hob er das Gesicht wieder, sah sie an und sagte: »Ich weiß das alles. Ich bin hergekommen, weil wir hier Sonden hatten – die Kirche – und weil die uns gemeldet haben, dass die einzelnen Seelen ... Na ja. Aber ... Eigentlich ist ... es gibt einen Konflikt im Kreis. Cunimundus sieht darin eine Sünde – in eurem Ritual. Dem, was wir hier machen. Den verwerflichen Stolz der Einzelnen. Es geht eigentlich gegen die Doktrin. Gegen die Lehre des Propheten, wie die Empfängnisverhütung früher bei den Katholiken ein Verstoß gegen das Gebot ihres Gottes war, fruchtbar zu sein und sich zu mehren.«

»Gebot ihres ... Gottes?« Kuanon verstand nicht.

Kief zuckte mit den Schultern: »Ja, also, ein Gott, das ist wie ... na, ist ja auch egal. Du brauchst jetzt keinen Unterricht in religiösen Ideen.«

Es gab nichts mehr zu besprechen. Was nun geschehen musste, hatte Kief erst ein halbes Dutzend Mal gesehen, und das nur, weil sie und andere aus den Bergclans durch Fürsprache bei den Alten erreicht hatten, dass er Zeuge hatte sein dürfen – vor drei, vier Jahren wäre das noch unmöglich gewesen, man hatte ihn anfangs sogar direkt darüber belogen.

Kuanon legte sich auf den Rücken ins weiche Gras, die Arme rechts und links von sich gestreckt, die Beine beisammen. Kief empfand etwas wie Schauder, weil ihn diese Position ans Zeichen des Kreuzes erinnerte, das eine Kirche verehrt hatte, die sehr viel älter geworden war als seine, nahm er an, je werden würde – es gab weit draußen, auf Saturnmonden und in der Oortwolke, wohl noch immer Gemeinden von Christen.

Er griff sich über die Schulter, zog das Messer aus der Scheide und die Axt aus dem Gurt, dann kniete er, das böse Besteck in Händen, neben ihrem Haupt, neben ihrem Blick zum Himmel, und überlegte, was er ihr noch sagen konnte, musste, wollte, aber bevor ihm etwas einfallen konnte, sagte sie: »Nicht erschrecken«, und eine Welle der Scham erfasste ihn und drohte ihm die Kraft aus dem Leib zu spülen, die er für das brauchte, was er ihr versprochen hatte.

Er legte die Axt weg und sah, dass ihre Worte nichts Allgemeines hatten bedeuten wollen, sondern eine konkrete Ankündigung gewesen waren: Ihr Blick war wieder von einem Film bedeckt, der ihr offenbar schnell wie Tränen in die Augen geschossen war, aber diesmal von einem, der nicht weiß war, sondern dunkelgrün bis an die Grenze zur Schwärze.

Das ist ein Mensch, das kann doch kein Mensch sein, aber das ist der schönste Mensch.

Noch einmal sprach sie, aber kaum verständlich, als wären ihre Zähne bereits am Zerbrechen, als wüchsen ihre Lippen schon zusammen: »Be... eil ...«

Mit Schrecken sah er, dass von ihren Beinen, ihren Händen aus bereits die feinen grünblauen Wurzelfädchen abgesandt wurden, ja: an ein, zwei, drei Stellen den Boden fanden, hineinstießen, Verbindungen anwählten und aufbauten, die sie ihm wegnehmen würden, die sie dem Wald schenken würden.

So setzte er ohne eine weitere Überlegung das Messer direkt unterm Kinn an und drückte mit aller Stärke, die ihm verblieben war, die Klinge ins helle Fleisch. Es ging ganz leicht, wie bei frisch gebackenem Brot. Dann legte er das Messer weg und nahm mit Daumen und Zeigefinger der Rechten an ihren Schläfen und der ganzen linken Hand am Hinterkopf das Haupt aus dem Gras, das noch keine Fäden ausgesponnen hatte. Der Unterschied zur menschlichen Physiologie erleichterte ihn: kein Blut, nur etwas Feuchtigkeit am abgetrennten Hals, die aber sehr schnell trocknete, eine Art Gerinnung, Versiegelung, die er von den Gelegenheiten kannte, zu denen er selbst dieses Ritual hatte beobachten dürfen. Behutsam balancierte er den Kopf, der sehr viel leichter war, als er erwartet hatte, in der Linken und nahm mit der Rechten die Axt aus dem Gras, dann richtete er sich auf und dachte: Ich bin so froh, dass sie mich nicht ansieht. Was er nun tun musste, hatte er sogar geübt, mit großen Nüssen, Früchten, in ihrem Beisein, unterstützt von ihren frivolen Witzen. Er stellte ihren Kopf mit dem Hals zuunterst auf den Sattel, nahm die Axt und schlug nicht zu hart, aber auch nicht zögerlich mit der unteren Spitze der Axtklinge das vorgeschriebene Loch in die Schädelkuppe, am höchsten Punkt.

Dann ließ er die Axt ins Gras fallen und nahm den Kopf an den Wangen in beide Hände wie einen Kelch. Beim Durchatmen wurde ihm bewusst, dass er weinte, und weil er sich die Augen nicht auswischen konnte, schloss er sie fest, zwinkerte zweimal, ärgerlich, und ging dann mit entschiedenen Schritten bis kurz vor den Rand des Abhangs, als wäre es das Wichtigste, dass er so viel wie möglich vom Wald sah, unter sich hatte, dass er ihn nach Norden hin beinah ganz überblicken konnte, um von hier oben sagen zu können: Du kriegst sie nicht, Wald, sie will bei mir sein, nicht bei dir. Der Wald schwieg, nur Vögel kreischten und krächzten, und wo es raschelte, waren das Tiere oder Leute.

Kief schluckte feucht, räusperte sich, immer noch wütend, setzte den Schädel an die Lippen, schloss aber die Augen nicht, als er ihn kippte und das, was er trinken musste, in seinen Mund floss, die Kehle hinabrann – kupfern, elektrisch, etwas bitter, aber lange nicht so scheußlich, wie Kief erwartet hatte. Nicht absetzen, nicht nachdenken, den Würgreflex unterdrücken, die Augen nicht schließen – er nahm sich selbst in die Gewalt, aber bevor er seine Schale leeren konnte, geschah etwas, das er spürte, bevor er es sah. Der Boden ruckte, zuckte, aber er war schon zwei Stolperschritte rückwärts vom Abhang weggetreten und konnte so nicht stürzen, als die Detonationen begannen und er die Augen weit aufriss, weil ein,

zwei, drei, dann Dutzende Feuerpilze im Wald hochgingen, vor ihm und, dem Krachen nach zu schließen, auch hinter ihm am Fuß des Abhangs: große, schwarz-orange Wolken, dämonischer Hefeteig, der zwischen dem Grün aufquoll.

Stichflammen, Luftbeben, weitere Erdstöße: der erste, bei dem Kief sich noch auf den Beinen halten konnte und den Kopf Kuanons gegen seine Brust presste, der zweite, bei dem er wankend auf den Spinnengöppel zuging, und dann der dritte, der so heftig war, dass Kief stürzte, fiel, unwillkürlich den rechten Arm nach vorn warf, um seinen Fall zu bremsen, und dabei den Kopf verlor, der rollend, in Sprüngen, die steile Böschung am schmalen Weg hinunterfiel. Der Priester stieß sich den Arm, biss sich auf die Zunge, spuckte etwas von der Flüssigkeit aus, die er noch nicht ganz verschluckt hatte. Dann drehte er sich auf die Seite, blinzelte und hörte in den Ohren ein schrilles Fiepen und darunter ein rasselndes Klingeln, dass er, abermals unwillkürlich, den Kopf ruckartig schüttelte, um diese sehr unangenehmen Geräusche loszuwerden. Der Schmerz im Arm war schneidend, lenkte den Mann, der sich jetzt auf dem Boden abrollte, dann auf allen vieren fand und schließlich wie ein Käfer in Panik zum Spinnengöppel krabbelte, aber nicht davon ab, dass links von ihm ein brauner Erdspalt klaffte, der eben noch nicht dagewesen war – die Spitze bricht ab, der Berg birst, dachte Kief, ich muss runter hier.

> Der Wald schwieg, nur Vögel kreischten und krächzten, und wo es raschelte, waren das Tiere oder Leute.

Schürf- und Schnittwunden beim Aufsitzen, Prellungen: Die Arme des Fahrzeugs streiften und trafen ihn mehrmals. Kief hielt sich nicht damit auf, sämtliche Riemen fest anzuziehen und gar die Schlösser einschnappen zu lassen, er band sich nur locker und fahrig an die Beinschienen, dann bellte er: »Vorn! Runter! Vorn senken!«, fuchtelte entsprechend und bekam das verschreckte Gefährt damit tatsächlich so weit in den Griff, dass ein hektischer, von starkem Linksdrall und deutlicher Unwucht behinderter Abstieg begann.

Kopfüber, kopfunter, zweimal ein Absprung kurz vor dem Wegbrechen des Wegabschnitts nach Norden und nach unten: Die Kreiselstabilisatoren in den wechselnden Schwerpunkten des Spinnengöppels gaben ihr Bestes, aber auch sie konnten nicht verhindern, dass ein Bodenstück, das von einer unterirdischen Detonation volle anderthalb Meter in die Höhe geschleudert wurde, das zappelnde Gerät samt seinem schwitzenden, an Händen und Wangen verletzten Passagier mit in die Luft riss und ins Geäst eines starken Mischbaums warf, der knarzte, zitterte und sich bog, was Kief nur spürte, nicht mehr hörte – er war vollständig ertaubt, sah Erdfetzen, Pflanzentrümmer um sich her fliegen und hatte Todesangst. Schief hing er an der Längsachse mitten im durchgebrochenen Göppel. Ein starker Ast, der zersplittert und abgeknickt war, schlug ihm kräftig in den Rücken, und mit hektischen Händen versuchte er, sich aus den Riemen zu befreien, um nicht von dem Stamm erschlagen zu werden, falls der fiel. Die Explosionen in Kiefs unmittelbarer Umgebung hörten auf, nur ein paar leichtere Erschütterungen, weiter weg, sandten noch ihre Echos durch den Körper des Waldes. Der Gurt um Kiefs rechten Oberschenkel hatte sich in sich selbst verdreht, die Schnalle drückte gegen das Bein.

> Kief kam nicht frei, zerrte, fluchte: »Scheißmesser!«

Kief kam nicht frei, zerrte, fluchte: »Scheißmesser!« Er hatte seine beiden Klingen auf dem Berg gelassen, den es nicht mehr gab. Auch der Unterschenkelgurt links ließ sich nicht lockern, aber die Neigung des Baumes nahm zu, und Kief heulte frustriert auf – das war's, dachte er, ich bin erledigt, als etwas links von ihm aufblitzte, kalt, scharf – zwei Nadeln, nein, Spieße, nein – es waren lange, sehr lange Finger, an einem Arm aus metallischen Reifen, zu den Händen und Fingern hin verdünnt.

Der Arm gehörte zu einem Mann in weißem Overall und schwarzen Stiefeln, der direkt vor und unter Kief auf einer Klappe stand, die aus einer Tür herausgefallen war, die Einlass zu etwas bot, das wie eine Röhrenmuschel aussah, in die Kiefs kleines Baumhaus zwei- bis dreimal hineingepasst hätte. Der Mann sah zu Kief auf. Er war sandblond und hatte klare, blaue Augen, aufmerksam, wach. Sein seltsamer Arm schien jetzt von Elmsfeuern umtanzt, die Spieße wurden Schneidwerkzeuge, der Mann schrie etwas, das Kief nicht hören konnte, aber seine Absicht, den Priester aus seiner gefährlichen Hängelage zu befreien, war unverkennbar – er zeigte die Zähne, ein Lachen, das aufmuntern sollte. Kief nahm die Hände von der vergeblichen Fummelarbeit an den Gurten und griff nach zwei Rahmenstreben des Spinnengöppels, um sich festzuhalten, für den Fall, dass er gleich befreit wäre. Die Langfingerschere des Weißgekleideten hatte die Gurte rasch durchtrennt. Sofort kam der massige Priester ins Rutschen. Festhalten, loslassen? Sein Körper nahm ihm die Entscheidung ab: Er glitt in die Ohnmacht und fiel wie eine reife Katzenkapsel aus dem Gestänge auf die Klappe. Der Mann im Overall nahm ihn bei den Schultern, rollte ihn über die Schwelle, die Tür schloss sich. Die Muschel schoss so schnell nach oben, dass an der Stelle, an der sie die Baumkronen durchbrach, ein Loch entstand, das ihren Umriss präzise aus dem Blattwerk fräste.

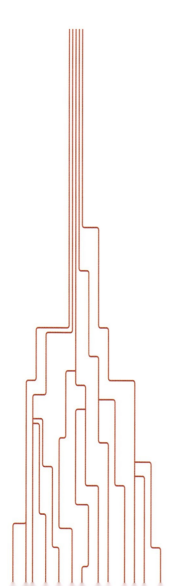

Human

Charlie Human hat einen Master in Kreativem Schreiben und lebt und arbeitet in Kapstadt, Südafrika. ›Apocalypse Now Now‹, ein wilder, anarchischer, übersteuerter und witziger Roman mit Kultbuchpotenzial, ist Humans Debüt. Er wird gerade von der Drehbuchautorin und Regisseurin Terri Tatchell (›Chappie‹, ›District 9‹) verfilmt. Im Übrigen entstanden die meisten Ideen zum Roman in der Bahn, im Wartezimmer oder in Cafés – ganz wie es sich für echte Urban Fantasy gehört.

DER AUTOR ÜBER SEIN BUCH

Monster und Magie in der Regenbogenpresse

In Südafrika wird Spam noch per Hand zugestellt. Ich komme jeden Morgen an Zettelverteilern mit den Werbeflyern von Straßenzauberern vorbei, die alles Mögliche versprechen: von der Schuldenbefreiung bis zur Penisvergrößerung.

Absprungbereit auf den Ballen wippend, immer die Straßenseite wechselnd, lauern sie den Passanten auf, um ihnen schludrig gedruckte Werbebotschaften für Liebeszauber, Exorzismen oder magische Geldbörsen aufzudrängen. Manche Straßen in Kapstadt sehen aus wie ein gefährliches und unkultiviertes Gegenstück zur Winkelgasse.

Eigentlich ist das alles andere als lustig, weil auf den Flyern brutal gefährliche illegale Abtreibungen für 300 Rand (30 Dollar) angeboten werden. Oder magische ›Kuren‹ gegen HIV und Tuberkulose. Wohlmeinende reißen sie ab, machen sie unkenntlich, kratzen die Telefonnummern weg, aber das Zeug vermehrt sich wie von selbst. So wie es sich für ein funktionierendes Werbekonzept gehört.

Aber natürlich hat diese Urban-Reality-Phantastik auch ihre düster-komische Seite, besonders wenn unsere Krawallpresse daraus ein wahres Monster-und-Magie-Epos spinnt. Ich wusste immer, dass ich irgendwann ein Buch schreiben würde, das auf den Mythen, Monstern und Massakern basiert, von denen ich jeden Morgen in der Zeitung lese. Jetzt ist es passiert. Hier einige Klassiker, die mich zu ›Apocalypse Now Now‹ inspiriert haben.

Der Tokoloshe

Der Tokoloshe ist – man kann es wirklich nicht dezenter ausdrücken – ein haariges kleines Sexmonster mit Riesenpenis. Er ist die moderne Adaption eines traditionellen Mythos, ein Trickster mit unstillbarer Sexgier, der arglose Seelen zum Koitus treibt.

Die phantasmagorische Unterwelt in ›Apocalypse Now Now‹ hat ihre eigene Szene von Start-up-Unternehmen, und es hat sich eine professionelle Produktion von Monsterpornos etabliert, um die bizarren Fetische der Unternehmer und Politiker zu bedienen. Kann man sich unschwer vorstellen, oder? Der Tokoloshe ist der koboldhafte Ron Jeremy dieser Anderwelt, ein kleiner, haariger, nicht ganz geheurer Porno-Racker, der seine physischen Vorzüge zum Beruf gemacht hat. He, auch ein Monster muss von irgendwas leben.

Zauberei

Zauberei ist in unserer Boulevardpresse besonders beliebt, reißerische Aufmacher über die Vergehen von den Sangomas, traditionellen Heilern oder Schamanen, an der Tagesordnung. Die Zauberei in ›Apocalypse Now Now‹ ist eine krude Mischung afrikanischer Überlieferungen: die magische Vorstellungswelt der Xhosa, Zulu und Khoisan vermischt mit ein paar Voodooprinzipien und einer frei erfundenen Afrikaaner-Tradition, die auf der Powwow-Magie der Pennsylvaniadeutschen, der christlichen Mystik und meiner eigenen abartigen

Phantasie beruht. Das Ergebnis ist eine dreckige und unschöne Ellbogenmagie, mit der man es in der magischen Unterwelt von Südafrika wirklich zu etwas bringen könnte, wenn die Schlagzeilen der Realität entsprächen.

Teenager

Teenager sind immer für einen Skandal gut. Baxter, der Protagonist von ›Apocalypse Now Now‹ und ›Kill Baxter‹, ist die ideale Projektionsfigur für die moralische Panik, die alle paar Tage durch den Blätterwald der Regenbogenpresse rauscht. Er ist ein nassforsches Arschloch, der unzuverlässige Erzähler par excellence, Holden Caulfield trifft Gordon Gekko via Ninja von ›Die Antwoord‹. Er handelt mit Monsterpornos. Er ist ein Manipulator. Er hält sich für eine große Nummer.

In ihm wollte ich die pure Intensität bündeln, die Teenager in ihrer unheimlichsten, gefährlichsten Phase auszeichnet. Mit den düster-melancholischen Blicken oder dem braven Benehmen eines wohlbekannten britischen Internatszöglings hat das nichts zu tun.

Chemirocha

Eine der mythologischen Gestalten in diesem Buch ist Klipspringer, der halb Springbock, halb Mensch ist und der traditionellerweise jede Menge religiösen Tinnef sammelt. Ich habe aus Klipspringer einen afrikanischen Faun oder Zentaur gemacht und mich dabei von der Geschichte des Chemirocha inspirieren lassen. Falls ihr sie noch nicht kennt, hier ist sie:

In den 1950ern besuchte der südafrikanische Ethnomusikologe Hugh Tracey das Volk der Kipsigi in Kenia und nahm bei dieser Gelegenheit eins ihrer Lieder auf, den Chemirocha-Song, der von jungen Mädchen gesungen wurde. Wie sich herausstellte, hatten die Kipsigis alte Aufnahmen des Countrysängers Jimmy Rodgers gehört, die mit den Briten in die Gegend gekommen waren, und entschieden, dass diese Jammerlaute nur zu einem Mischwesen aus Mensch und Antilope gehören konnten: Sie gaben ihm den Namen Chemi (Jimmy) Rocha (Rodgers). Die Lieder, die sie über dieses Geschöpf singen, sind ebenso gespenstisch wie schön. Hört sie euch an:

Quelle: *How South African Tabloids Inspired My Novel*, zuerst erschienen auf www.boingboing.net am 04.05.2015; aus dem Englischen von Clara Drechsler

APOCALYPSE NOW NOW
SCHATTEN ÜBER CAPE TOWN

Vergiss nie, was du über die Schwarzen Krähen weißt!

Eigentlich läuft für den 16-jährigen Baxter gerade alles rund. Sein kleines Pornobusiness an der Highschool boomt, die Eltern lassen ihn in Ruhe, und er ist über beide Ohren in die zauberhafte Kleptomanin Esmé verliebt. Doch als Esmé verschwindet und alles darauf hindeutet, dass sie von einem wahnsinnigen Serienmörder entführt wurde, laufen die Dinge ernsthaft aus dem Ruder ...

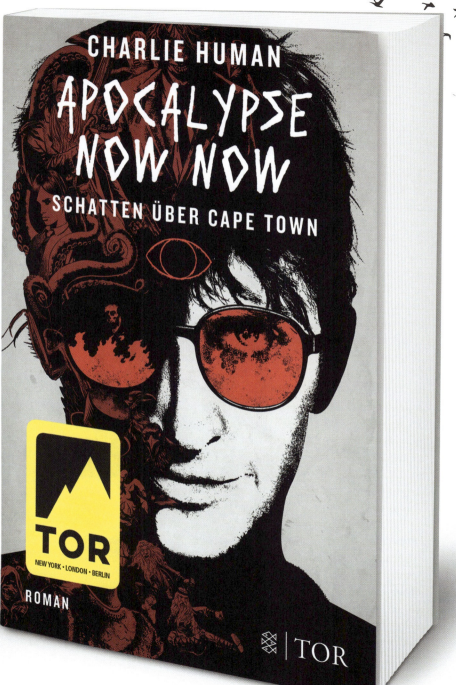

LESEPROBE

Charlie Human • **Apocalypse Now Now**

Wenn du herausfindest, dass du ein Serienmörder bist, machst du dir deine Gedanken. »Bin ich so schlimm wie Ted Bundy?«, zum Beispiel. Oder: »Komme ich jetzt ins Fernsehen?« Aber dann belegt doch eher das Wer, Was, Wann und Warum die mentalen Frequenzen. Also, zur Sache: »Ich heiße Baxter Zevcenko. Ich bin sechzehn Jahre alt. Ich bin auf der Westridge High School in Kapstadt und habe keine Freunde. Ich habe Menschen getötet. Viele Menschen. Und zwar brutal. Zumindest höre ich, es seien Menschen gewesen. Für mich sahen sie mehr wie Monster aus. Aber ich will nicht mit Einzelheiten langweilen. Wer will, findet alles darüber im Internet.

Man sagt von mir, ich sei satanisch, aber das stimmt nicht. Ich habe Dinge gesehen. Ich sah den großen Mantisgott Afrikas im Kampf gegen ein Geschöpf aus den Urtiefen der Zeit, ein Jahrmilliarden währender Krieg, bis die Mantis die sich windende Kreatur vom himmlischen Firmament in den bodenlosen Schlund hinabstieß. Ich habe die Vergangenheit durch die Linse des Auges gesehen, und zwar nicht in geschmackvollen Sepiatönen, sondern gestochen scharf in Blut und Tod, nur durch einen feinen Tränenschleier abgemildert. Ich habe den schwitzenden, knurrenden, krächzenden, kratzenden, blutigen, kläffenden, gefiederten, geschuppten und krallenbewehrten Abgrund unter der Stadt gesehen, und ihr könnt mir glauben, es gibt Schöneres ...«

»Baxter«, unterbricht mein Psychiater, »waren wir uns nicht einig, dass es kontraproduktiv ist, sich diesen Wahnvorstellungen zu überlassen?«

Ich hole Atem und verdränge diese Bilder. »Sie haben Recht«, sage ich. »Die Mantis und das finstere Urwesen gibt es nicht. Ebenso wenig den Waffenalchemisten, den Kopfgeldjäger und die Freundin, die ich retten muss. Es gibt nur mich, und ich bin krank. Letztendlich sind wir alle nur Opfer unserer Wahrnehmung. Ich hoffe, das ist dir jetzt endlich klargeworden, Sparky.«

»Gut«, sagt mein Psychiater, »ich glaube, du machst Fortschritte«, und stellt die Kamera ab.

1 | Regenmäntel und Hirnfickerei

»Charlie, Delta, Niner, ein fetter Zehn-vier«, grollt Rafe in sein CB-Funkgerät. Ich hab zehn Minuten Zeit bevor ich los muss zur Schule. Meine Eltern zwingen mich, zu Fuß zur Schule zu gehen, auch wenn es regnet. Und gerade regnet es. Das Funkgerät zischt, knistert und gluckst wie der Soundtrack eines Horrorfilms über einen dämonischen Computer, für den Menschen eine niedere Lebensform sind, die eliminiert gehört.

Ich liege in unserem Wohnzimmer auf dem rostorangen Langflorteppich, der so alt ist, dass er schon zweimal wieder retrochic war. Rafe, mein zwei Jahre älterer Bruder, hat sein CB-Funkgerät strategisch auf dem runden Glastischchen neben dem Fernseher postiert. Ich sage strategisch, weil er der Sunzi der Quälgeisterei ist und das auf dem Glas rappelnde CD-Funkgerät die perfekte Hirntod-Frequenz erzeugt. Ich schiebe die langen Ponyfransen von meiner Brille und starre wütend auf seinen Hinterkopf.

»Mach das leiser«, sage ich. Er dreht seinen Bollerkopf mit der roten Zottelfrisur und fixiert mich mit dem Wissenden Auge. Die Wut baut sich in mir auf wie eine dunkle Welle.

Das Wissende Auge ist eine Waffe, die in meiner Familie von Generation zu Generation weitergegeben wird. Mein Großvater väterlicherseits hat es, und ich vermute stark, das war es auch, was meine Großmutter in Alkoholismus und Sexsucht getrieben hat, ehe sie ihn verließ, um in einer Rassistenkommune im Nordkap neu anzufangen. Das, und die Tatsache, dass mein Großvater sich von riesigen gestaltwandelnden Krähen verfolgt fühlt.

Das Auge hat eine Generation übersprungen, und jetzt hat es Rafe, der älteste Sohn. Er kann dich mit einem einzigen Blick durchleuchten wie ein Röntgenapparat und deine neuralgischsten Punkte, deine sensibelsten Geheimnisse bloßlegen.

Das Wissende Auge ist eine Waffe.

Rafe ignoriert mich und schlägt eins seiner dämlichen Bücher über südafrikanische Geschichte auf. Offensichtlich sind Obsessionen ganz typisch für alle, die es sich am unteren Ende des Autismusspektrums gemütlich gemacht haben. Rafes war südafrikanische Geschichte. Er hat eine ganze Bibliothek von Büchern, in die er dauernd die Nase steckt, als versuche er im wild wuchernden Dickicht unseres kolonialen Erbes irgendwelche sinnvollen Muster zu erkennen. Er ist wirklich schräg drauf. Nicht genug, dass sein verdrehter Denkapparat mich belästigt, wenn ich wach bin. In letzter Zeit infiltriert er mit seinen bizarren Vorstellungen von Ochsenwagen und Buren auch noch meine Träume. Er dreht sich zu mir, schlägt das Buch auf einer Doppelseite über irgendeine längst vergessene Schlacht zwischen Buren und Engländern auf und piekt insistierend mit dem Finger darauf, als wollte er einem Affen das Lesen beibringen. Das ist, als würde man ein Baby vor der Nase eines Pitbulls schwenken. Ich kann nicht anders. Die dunkle Welle überrollt mich.

Fauchend vor Wut stoße ich mich vom Boden ab und springe auf Rafes Rücken, nehme ihn in den Schwitzkasten und reiße ihn zu Boden.

Die dunkle Welle überrollt mich.

Ich weiß aus Erfahrung, dass mir nur wenige Sekunden bleiben, ihm so weh wie möglich zu tun, ehe meine Mutter kommt und dazwischengeht. Also traktiere ich seine Nieren mit Faustschlägen, während er wild strampelt. Es ist nicht genug, aber besser als nichts. Die Schritte meiner Mutter poltern die Treppe hinunter. Wir gehen auseinander, und ich gebe Rafe einen freundschaftlichen Klaps auf die Schulter.

»Wir haben nur ein bisschen gerangelt, Mum«, sage ich, als sie ins Wohnzimmer kommt.

»Baxter, was ist bloß los mit dir?«, fragt sie und schält mit ihrem rasiermesserscharfen Blick die Unschuldsmiene von meinem Gesicht. Auf die alte »Nur gerangelt«-Nummer fällt sie eindeutig nicht mehr rein.

»Das Auge …«, fange ich an.

»Du bist sechzehn, in Gottes Namen«, sagt sie. »Meinst du, Rafe zu quälen macht dich zu einem guten Bruder?«

Die Frage war rhetorisch, aber ich kann es mir nicht verkneifen, ihre Fehlannahme zu korrigieren, mir läge etwas daran, ein guter Bruder zu sein. Das kommt so gut an wie Iron Maidens ›Number of the Beast‹ in der Bibelstunde.

Der springende Punkt ist, dass mein Bruder eine Lernbehinderung hat und eine Sonderschule besucht, was ihn von der schnöden Pflicht entbindet, Verantwortung für seine Handlungen zu übernehmen.

»Ich hab nicht ge…«, fange ich an.

»Er kann nichts dafür«, flüstert sie scharf.

Ich weiß, wann ich verloren habe und streiche die Segel. Meine Mutter und ich werden über Rafes kognitive Fähigkeiten wohl immer geteilter Meinung sein. Während sie ihn für einen Vollpatienten hält, der das Gagagenerve, das er auf mich abschießt wie einen Laserstrahl, gar nicht bemerkt, sehe ich das ganz anders. Er kann es sehr wohl kontrollieren.

Es ist einfach sein einziger Lebenszweck, mich in die klinische Psychose zu treiben.

»Vertragt euch wieder«, sagt meine Mutter und zieht eine dünne Augenbraue hoch.

»Sorry«, murmeln wir beide und schütteln uns widerwillig die Hand. Ich drehe mich um, nehme meine Tasche und gehe durch die Vordertür raus in den Regen, ohne den Schirm, den meine Mutter mir hinhält.

Ich quäle mich durch den Wolkenbruch. Es ist so unfair. Rafe ist der Dorn in meinem Fleisch. Er spricht kaum, und wenn, dann ausschließlich über Buren-Generäle, Konzentrationslager der Engländer und San-Mythologie. (Wobei Letztere, wie alle anderen Religionen auch, komplett plemplem ist. Der gestaltwandelnde Mantis-Gott verliebte sich in eine Antilope und schuf daraufhin den Mond und eine ganze Reihe schriller Monster, denn he, ich bin ein vielgestaltiger Gott, warum nicht?) Ich wünschte, meine Eltern würden Rafe einfach mit Medikamenten ruhigstellen. Aber das Leben ist unfair – wie ein Kindergeburtstag, auf dem die Mutter das Päckchen-Karussell manipuliert, damit ein Kind, das sie mag, das Beste bekommt.

Und genau so ist es doch: Immer gewinnen die kleinen blonden Engelchen mit den Uralt-Modem-Gehirnen (rrrr-klckklck-iiiii-rckklckcklck) beim Päckchen-Karussell. Als Kind war ich auf Hunderten von Kindergeburtstagen und habe nie das Päckchen gewonnen. Das ist statistisch äußerst unwahrscheinlich und kann nur eins bedeuten, nämlich, dass keine der Mütter mich mochte.

Ich war nämlich eins dieser Kinder, die andere Kinder zum Weinen bringen, ein angeborenes Talent, das ich ganz unwillkürlich ausübte. Es gibt zwei Dinge, die fast alle

Rafe ist der Dorn in meinem Fleisch.

Mütter mögen, nämlich Josh Groban und wenn ihre Kinder mal nicht heulen, und da Josh Groban nur alle paar Jahre ein neues Album rausbringt, konzentrieren sie sich gern auf die nichtheulenden Kinder.

Der Himmel trifft fast genau den Grauton der Lunge eines Zwei-Päckchen-am-Tag-Rauchers und macht mir damit Lust auf eine Zigarette. Ich biege von der belebten Hauptstraße ab und begebe mich in die Unterführung am Bahnhof, jenes versiffte Höhlenheiligtum, in dem meine Freundin Esmé und ich uns treffen, um vor Beginn des Unterrichts Spucke und Zigarettenrauch auszutauschen.

Die Unterführung schlängelt sich unter der Bahnlinie her wie eine dreckige Katakombe. Chaotisches Graffiti bedeckt die Wände – vielfarbige Gebeine von prähistorischen Drachen in der Bausubstanz. In der hohlen

Hand zünde ich mir die Zigarette an, dann lehne ich mich an die Wand und sehe dem Rauch zu, der sich wie zwei kämpfende Riesenkreaturen in die Höhe schraubt und ringelt. Meine Augen wandern über die gegenüberliegende Wand und nehmen die Kritzeleien und Tags auf, die vom schulpflichtigen Teil der Bevölkerung, der jeden Tag durch diesen Tunnel strömt, hinterlassen wurden.

Ich erkenne den Tag von Schnüffelkid, eine stilisierte Spraydose und daneben S.K. in leuchtendem Blau. Einige seiner Sachen entlang der Schienen sind ganz schön auf ihre verquere, halluzinatorische Art. Er hängt nur deshalb mit den Sprayern zusammen, weil sie den ständigen Nachschub an Aerosol gewährleisten, aber er ist gar nicht mal schlecht darin.

> Chaotisches Graffiti bedeckt die Wände – vielfarbige Gebeine von prähistorischen Drachen in der Bausubstanz.

»Tammy Laubscher bläst beschissen« steht in dickem schwarzem Marker neben der Zeichnung von einem durchgekreuzten Schwanz. Diese Aussage entspricht komplett den Tatsachen; ihr scharfkantiger Schiefzahn hemmt irgendwie ihre Karriere als Fellatrix. Direkt daneben steht in roter Schrift: »Für wilden Spaß Ms Jones Tel 076 9248724«. Unsere Geografielehrerin hat es sich offenbar mit einem der Sprayerkids verdorben. Für die Echtheit der Nummer kann ich bürgen.

Ein kleines, grelles Element sticht mir ins Auge. Es ist ein zugeschwollenes rotes Auge, aus dem gelbe Farbe zu eitern scheint. Darunter stehen fünf abschreckende Worte. »Baxter Zevcenko ist ein Mörder.« Es überläuft mich eiskalt vom Scheitel bis zur Sohle. Fuck. Kyle muss irgendwem von meinen Träumen erzählt haben. Selbst auf die Verschwiegenheit des besten Freundes ist offenbar kein Verlass mehr.

Meine chaotische, ungereimte Traumwelt ist mir auch jetzt noch deutlich präsent. Der Geruch der dunklen, dumpfigen Mooskissen im Wald und die Pinien, die sich im Wind wiegen wie die Priester einer uralten, vergessenen Religion. Der Mond steht als boshafte silberhelle Sichel am Himmel, und alles ist still.

Ich sitze auf meinem BMX-Rad und horche auf das leise Knacken der Kiefernnadeln unter den vorsichtig voranrollenden Gummireifen. Dann sehe ich sie vor mir, die Riesenmantis mit dem smaragdgrünen Rücken, deren elegantes, trunkenes Wiegen mich an Tai-Chi-Übungen denken lässt. Sie senkt ihren gewaltigen Kopf – eine auf die Spitze gestellten Pyramide –, spreizt die durchscheinenden Flügel und beginnt zu tanzen, ein bisschen komisch und schreckerregend zugleich. Sie wendet ihren Kopf und richtet das Wissende Auge auf mich. Es ist schrecklich, wie Sauron mit Augentripper, und Blut und Feuer schießt mir ins Gehirn. Ich versuche wegzukrabbeln, aber der Blick bohrt sich durch meine Stirn.

Alles, was ich dann noch sehe, sind brennende Ochsenkarren in der Nacht und Menschen, die abgeschlachtet werden. Diese Träume enden immer mit dem Tod unzähliger Menschen. Als liefe in meinen Träumen ununterbrochen der History Channel – nur dass Quentin Tarantino sämtliche Spielszenen gedreht hat.

»Hey.« Die vertraute, rauchige Jazzclubstimme reißt mich aus den Gedanken. Esmé kommt durch die Unterführung geschlendert und lehnt sich neben mir an die Wand. Ihr kurzes dunkles Haar ist verwuschelt, und eine lange Strähne hängt bis auf einen der messerscharfen Wangenknochen ihres Koboldgesichts. Ihre grünen Augen sind mit dunklem Kajal umrahmt, was ihr in der Schule einen Anschiss einbringen wird. Sie riecht nach Rauch und Jasmin.

Sie zieht eine Zigarette aus der Packung in meiner Hand und beugt sich zu mir, um sich Feuer geben zu lassen. Das Haar fällt ihr ins Gesicht, und ich widerstehe der Versuchung, es zurückzustreichen. Irgendwie löst das Licht in der Unterführung in Kombination mit ihrem Geruch und ihrer Nähe etwas in mir aus. Die Zeit verdichtet sich auf diesen einen Punkt. Ich habe ein komisches Gefühl in der Brust und kann nicht denken.

»Jody Fuller ist ermordet worden«, sagt sie nüchtern. »Auf dem Berg.«

»Fuck«, sage ich. Die Kälte kehrt zurück, gleitet mir die Kehle hinunter wie eine verdorbene Auster. Jody Fuller war ein Jahr über mir, aber ich hatte sie einmal geküsst. Ich erinnere mich, dass sie schwach nach Milch und Minze schmeckte.

»Es ist komisch«, sagt Esmé. »Ich hab die Schlampe gehasst, und jetzt vermisse ich sie irgendwie.«

»Ja«, sage ich.

Wir rauchen schweigend, dann schnippt sie ihre Kippe in den Dreck, stößt sich von der Wand ab und beugt sich rüber, um mir einen feuchten Kuss zu geben.

»Meld dich später online«, sagt sie und schlendert davon, und für einen Moment erscheint ihre Gestalt im Gegenlicht der Tunnelöffnung wie ein Heiligenbild mit Glorienschein. Ich bleibe noch einen Moment in der stillen Unterführung. Dieser Kuss hat den beschissenen Tagesanfang aus dem Zwischenspeicher gelöscht. Ich dampfe den Rest meiner Zigarette weg, dann stoße ich mich von der Wand ab und gehe wieder raus in den Regen. Der Rest des Fußmarschs ist elend. Als ich die Eisentore am Eingang der Schule erreiche, sind sogar meine Strümpfe pitschnass. Zum Glück hatte ich in weiser Voraussicht den Inhalt meines Rucksacks in eine Plastiktüte gewickelt. Neben meinem Lunch und meinen Schulbüchern habe ich ein Manifest dabei, das alles ändern könnte. Wenn nicht vorher schon die Hölle losbricht. Ich nehme die Tore der Westridge High ins Visier und wische den Regen von meinen Brillengläsern.

Westridge ist ein imposanter Granitbau, dessen eiserne Kiefer Generationen von Kapstädtern ausgespien haben. Wie alle angesehenen Highschools in den lauschigen Vororten im Süden haben wir einen ansprechenden Schulhof, sündhaft teure Computerarbeitsplätze, die direkt nach dem Einrichten veraltet waren, einen Debattierklub, ein konkurrenzfähiges Rugbyteam sowie Gangs, Drogen, Bulimie, Depressionen und Mobbing.

Es ist ein Ökosystem, ein Mikrokosmos der politischen, ökonomischen und militärischen Kräfte, die die Welt gestalten. Einige Highschool-Kids machen sich Sorgen um ihre Beliebtheit oder ihre Noten. Meine einzige Sorge ist die Aufrechterhaltung des brüchigen Stillhalteabkommens zwischen den Gangs, das Westridge zusammenhält. Jedem das seine, wie mein Vater sagt.

Ich durchquere zügig das Tor, drossele aber sofort das Tempo, als ich vor mir Mikey Markowitz sehe, in seiner grellgelben Regenjacke eine leuchtende Warnboje vor den Gefahren der Uncoolness.

Mikey war in der Junior School mein bester Freund. Er war aufmerksam, lieb und treu. In der Highschool musste ich unsere Freundschaft überdenken, schon weil nicht zu übersehen war, dass die älteren Kids, besonders solche, die aussehen, als hätten ihre Eltern ihnen Wachstumshormone gespritzt und dann mit dem Ledergürtel die Freude aus dem Leib geprügelt, die Schwäche riechen konnten, die Mikey aus allen Poren ausströmte. Seine pummelige, rosig-blonde Hilflosigkeit übt auf die brutalen legasthenischen Schmeißfliegen, die auf dem Schulgelände umherschwirren, denselben unwiderstehlichen Sog aus wie ein Scheißhaufen. Also traf ich eine rationale Entscheidung.

Was machst du, wenn beim Bergsteigen der Kerl unter dir abrutscht und dich mit in einen klaffenden, eisigen Abgrund zu ziehen droht? Du kappst das Seil. Tja, die Highschool *ist* ein klaffender, eisiger Abgrund, und ich musste das Seil kappen, das mich mit Mikey verband. Trotzdem zwickt mich jedes Mal ein leises Schuldgefühl, wenn ich ihn in der großen

Pause allein dasitzen und sein Sandwich anstarren sehe. Ich gehe langsamer, um Mikey noch etwas Vorsprung zu geben. Es bringt ja nichts, die Vergangenheit wieder aufzurühren.

Während Mikey im Regen verschwindet, verschaffe ich mir einen schnellen Überblick über die Jugendlichen in blauen Blazern, die in kleinen Grüppchen in den Ecken herumstehen. Kalte, misstrauische Augen betrachten mich von jenseits des Sprawl – unser Name für den asphaltierten Streifen Schulhof, der sich am Rand des vorderen Sportplatzes von der roten Backsteinaula bis zum Hausmeisterhäuschen erstreckt. Der Sprawl ist der Ort, an dem sich alles Wichtige im politischen Leben der Westridge abspielt. Und an diesem Montagmorgen gehen wichtige Dinge vor. Ein Wunder, dass die Eltern nicht spüren, wie die Kraftlinien, die hier kreuz und quer über den Schulhof laufen, vor Energie knistern. Es ist beinahe rührend anzusehen, wie die lächelnden Elternbots ihre Kinder in diesem wütenden Ozean von Chaos und Tobsucht aussetzen, mit seliger Blindheit geschlagen und leicht euphorisiert von teurem italienischem Espresso.

Als liefe ununterbrochen der History Channel – nur dass Quentin Tarantino sämtliche Spielszenen gedreht hat.

Ich gehe quer über den Platz zu den anderen Mitgliedern der Spinne, die sich in unserer angestammten Ecke gesammelt haben, und verschwinde in meiner Clique, meiner schützenden Blase in der Wüste des Highschool-Lebens.

»Was läuft, Bax?«, brummt Zikhona und gibt mir einen liebevollen Schubs mit der Schulter, der mich beinahe umschmeißt.

»Unser Produkt hoffentlich, und zwar gut«, sage ich mit einem Grinsen.

»Amen, Bruder«, keucht Schnüffelkid.

»Irgendwas Neues?«, frage ich.

»Die Gangs gehen sich immer noch an die Gurgel«, sagt Kyle.

»Die kennen meinen Plan noch nicht!«, sage ich mit einem selbstgefälligen Lächeln. Das ist nämlich das A und O. Mein Plan. Meine ausgeklügelte Roadmap für die Westridge der Zukunft.

Die Spinne ist anders als die anderen Schulhofgangs. In der Schule ist es wie im Gefängnis, wenn du keine Verbündeten findest, bist du Freiwild. Obwohl das Risiko einer Arschvergewaltigung gering ist (solange du nicht am Rugby-Camp teilnimmst), ist es nicht ratsam, ohne eine Crew rumzulaufen, die dir den Rücken freihält. Die Spinne ist aus der Ursuppe des Sprawl hervorgegangen. Wir sind eine neue Lebensform, die nicht durch Stärke, sondern durch Beweglichkeit überlebt.

Wir sind eine kleine, aber erfolgreiche Operation. Wir haben uns über den Freak-Radar gefunden, der die Kids zusammenführt, die sonst nirgendwo richtig reinpassen. Da wäre ich mit meiner angeborenen Augenschwäche und der bizarren Brille. Dann Kyle, der abartig Schlaue. Ty, oder Kid, der seinen Lebenszweck in einer Farbdose gefunden hat, und Zikhona, die die Statur eines Sumoringers mitbringt. Wir passen zusammen wie die Teile eines Puzzles.

»Glaubst du, er funktioniert?«, fragt Kid nervös.

»Wehe, wenn nicht«, sagt Kyle. »Sonst sind wir schwer gefickt.«

»Wir können immer noch Anwar abmurksen«, sagt Zikhona mit finsterem Gesicht. »Und es dem Mountain Killer in die Schuhe schieben.« Ich sage ihr nichts von meinen Träumen, in denen Anwar nur eine von vielen unglücklichen Seelen ist, die schreiend sterben.

»Wenn du einer Hydra den Kopf abschlägst, wächst sofort ein neuer nach«, sagt Kyle.

»Wir sind keine Gang«, sage ich. »Wir sind ein Unternehmen.«

In Wahrheit hängt unser Erfolg an der Tatsache, dass wir neutral zu den Achsen der Macht stehen – den beiden Gangs, die die Westridge High kontrollieren. Der Moloch, der die Schule regiert, ist die Gang unter Führung des selbsternannten Warlords Anwar Davids – die Nice Time Kids. Sie sind gefährlich, gut organisiert und die wichtigsten Drogenlieferanten. Ihr Managementstil erinnert ans Dritte Reich – übermächtig, grausam und auf Kadavergehorsam gebaut.

Wenn du einer Hydra den Kopf abschlägst, wächst sofort ein neuer nach.

Der andere Kampfhund im Ring ist die AKTE unter der Führung von Denton de Jaager. Sie treiben schwunghaften Handel mit gefälschten Attesten, elterlichen Entschuldigungsschreiben und geleakten Prüfungsfragen. Sie sind mehr wie al-Qaida – eine eng vernetzte Guerillamiliz, die sich unter die allgemeine Schulpopulation mischt.

Das Problem besteht darin, dass der Sprawl zu klein für beide ist. Während des letzten Jahrs haben die Spannungen ständig zugenommen, bis sie einander nun fast an die Gurgel springen, und das Einzige, was zwischen ihnen steht, ist die Spinne. Weil Messer billig und überall zu bekommen sind, laufen beide Gangs damit rum. Von Anwar weiß ich, dass er auch an Knarren rankommen kann, und ich frage mich, wie lange es noch dauert, bis die Westridge ihr erstes Drive-by-Shooting erlebt. Kyle bezeichnet die Highschool als Nullsummenspiel. Wie bei ›Highlander‹ kann es nur einen geben (eine Gang meine ich, nicht einen schwertschwingenden Unsterblichen mit Nackenspoiler). Allerdings ist das Abschlachten von Schülern die geringste meiner Sorgen. Unser Wettbewerbsvorteil besteht darin, dass wir ein großes, demokratisches Produkt verkaufen und damit den weltweit beliebtesten Zuschauersport (außer Fußball) kontrollieren. Ja, ich spreche von Pornos.

Wir verkaufen kein Produkt. Wir verkaufen eine Erfahrung.

Man sollte denken, im digitalen Zeitalter wäre ein Pornoverkäufer genauso obsolet wie ein ungewaschener alter Typ im Batikhemd, der auf dem Flohmarkt LPs verkauft. Doch wie bei dem alten Hippie hat unser Wahnsinn Methode. Wir verkaufen kein Produkt. Wir verkaufen eine Erfahrung. Du suchst den ersten Pornostreifen von Ron »Hedgehog« Jeremy? Oder ›Debbie Does Dallas‹ im Original? Dann bist du bei uns richtig, die besorgen wir dir noch am selben Tag. Wir sind das Cinema Nouveau der Pornowelt. Wir führen den Altman des Analen, die Coen-Brüder der Cumshots. In einer besseren Welt säßen wir im Kulturausschuss der Westridge High.

Ein abgestochener Schüler wäre eine Unannehmlichkeit – und ein Gang-Krieg eine Katastrophe. Man würde Spinde durchsuchen, Schüler ins Verhör nehmen, Eltern einbestellen, und zahllose Spuren würden zu uns führen. Mir bleibt also keine Wahl, ich muss einschreiten.

Es klingelt, und wir schlurfen zur Morgenversammlung.

»Hast du irgendwem was gesagt?«, flüstere ich Kyle beim Marsch in die Aula zu, während um uns herum Kids rangeln und kläffen wie Hunde, die sich wieder mit dem Rudel vertraut machen.

»Von deiner Nekrophilie?«, antwortet er. »Niemals, das Geheimnis werde ich mit ins Grab nehmen. Da kannst du dann mit mir machen, was du willst.«

»Meine Träume, du Sack. Hast du irgendwem von meinen Träumen erzählt?«

»O Captain, mein Captain. Stellst du meine Loyalität infrage?«

»Lass den Scheiß. Hast du irgendwem davon erzählt oder nicht?«

»Ich bin dein treu ergebener Vertrauter. Ich würde nie deine verschwitzten, intimen Geheimnisse ausplaudern. Und wenn sie mit Daumenschrauben kämen. Oder dem härenen Gewand. Oder …«

»Okay, Arschloch, ich hab's kapiert«, schnappe ich.

»Sind sie immer noch ... du weißt schon?« Er tippt sich an die Schläfe. Ich nicke. »Ich glaub, sie werden schlimmer. Und kommen jetzt praktisch jede Nacht.«

»Was sagt dein Psychoheini?«

Dr. Basson ist der Psychiater, zu dem mich meine Eltern schicken, damit er mit mir »meine Probleme aufarbeitet«. Ein verschrobener alter Kerl, der mich auf alles Erdenkliche getestet hat – Intelligenz, Empathie, Psychopathie, einige der hirnrissigeren Tests schienen sogar auf PSI-Kräfte abzuzielen. Soweit ich bis jetzt sagen kann, ist der gesellschaftlich sanktionierte Hokuspokus des psychologischen Berufsstands das Geld meiner Eltern nicht wert.

»Er sagt, auf die Weise geht meine Psyche mit Stress um.«

»Vielleicht solltest du mal einen Gang runterschalten«, sagt Kyle.

»Runterschalten, na klar. Wie klingt für dich ein Rausschmiss aus der Schule verbunden mit dem Verlust jeglicher Einkommensquelle mit Ausnahme des Taschengeldes?«

»Grauenhaft«, sagt er und verzieht das Gesicht.

»Dann sag mir nicht, ich soll runterschalten«, antworte ich.

Wir lassen uns auf unsere Sitze in der Aula fallen und sehen zu, wie die AKTE einmarschiert und ihre Plätze hinten links einnimmt. Die AKTE ist sozusagen der Inbegriff ererbter Privilegien. Sie führen sich auf wie reiche Bond-Bösewichte und denken in ähnlichen Bahnen. Im Gegensatz zu den Nice Time Kids geht es ihnen weniger ums Geld als um den Spaß daran, alle, die es wagen, sie herauszufordern, Scheiße fressen zu lassen.

Die Nice Time Kids, auch bekannt als NTK, nehmen ihre Plätze hinten rechts ein. Würde man die geballte Unmenschlichkeit und den hormonellen Überdruck, die Gesamtheit an schlechten Ideen und ungerechtfertigter Arroganz der Jugend, zu einem einzigen obszönen Organismus destillieren, kämen die NTK dabei heraus. Ihr abgerissenes Erscheinungsbild übersteigt die harmlose Ungepflegtheit von uns anderen bei weitem. Sie tragen ihre Verwahrlosung wie ein Rangabzeichen; fehlende Knöpfe, abgerissene Kragen und Manschetten, abgelaufene, durchlöcherte Schuhe sind ihre etwas plumpen Mitgliedsausweise.

Dazwischen wir anderen, die versuchen abzuschätzen, wie es zwischen den Gangs steht. Ist ein Waffenstillstand ausgehandelt? Wird die Vernunft obsiegen? Werden Frieden, guter Wille und gigantische Pornoprofite winken?

Anwar Davids, dessen Kopfhaut im künstlichen Licht durch den ungleichmäßigen Crew Cut schimmert, dreht sich um und lächelt. Die Schule hält den Atem an. Er hebt langsam die Hand, lächelt noch breiter, dann fährt er sich mit dem Daumen einmal über die Kehle und deutet direkt auf die wuchtige Gestalt von Denton de Jaager.

Denton streckt seine fleischige Pratze aus und mustert gelangweilt seine Fingernägel, dann lehnt er sich mit einem Gähnen zurück. Ein Zittern durchläuft das Publikum. Zumindest wissen jetzt alle, was Sache ist.

Der Bann wird gebrochen, als unser Direktor, der große Bartmann, ans Rednerpult tritt. Er hebt Schweigen gebietend die Hand, obwohl niemand spricht. Er reibt sich den mausgrauen Bart und hebt an.

»Ich freue mich, euch nach dem Wochenende in äeeeehm alter Frische begrüßen zu können.« Hier und da wird gekichert. Wenn ich die glasigen Blicke meiner Mitschüler richtig deute, haben die Nice Time Kids mit ihren Produkten ganz wesentlich zu dieser Frische beigetragen.

»Es ist ein etwas äh unglücklicher Einstieg, aber wie mir die öhm Polizei mitteilt, wurde am Berg eine weitere Leiche gefunden.« Allgemeines Luftholen. »Wir haben, arhem ein Mitglied der hiesigen Polizei gebeten, öhm, heute Morgen einige Worte an euch zu richten.«

Ein kleiner Mann mit schütterem Haar, der einen beachtlichen Lenkstangenschnäuzer und einen hässlichen burgunderroten Anzug trägt, kommt mit forschem Schritt auf die Bühne und schiebt sich die John-Lennon-Brille in die Stirn.

»Guten Morgen, ich bin Mr. Beeld und als Kriminologe mit dem Mountain-Killer-Fall befasst. Ich weiß, wie traumatisierend es für alle sein muss, aber man darf nicht vergessen, dass weltweit gesehen mehr Menschen durch fallende Kokosnüsse oder kaputte Toaster zu Tode kommen als durch messerstechende Serienmörder.« Sein Lächeln soll uns beruhigen. »Aber natürlich müssen wir ein paar Vorsichtsmaßnahmen treffen – und Aufklärung ist die Waffe Nummer eins im Kampf gegen das Verbrechen.«

»Eines ist sicher: Entweder kannte das Opfer seinen Mörder, oder der Mörder ist sehr gut in dem, was er tut. Er hat ein Messer mit Wellenschliff benutzt, um ihr die Kehle durchzuschneiden und dann das blutige Konterfei eines Auges in die Stirn zu ritzen. Wie Sie vielleicht schon wissen, ist das Auge die Visitenkarte des sogenannten Mountain Killers, eines Serienmörders, auf dessen Konto bereits zwölf Tote im Einzugsgebiet von Kapstadt gehen.«

Werden Frieden, guter Wille und gigantische Pornoprofite winken?

»Das Wissende Auge ist von besonderer okkulter Bedeutung«, fährt Beeld fort. »Es repräsentiert spirituelles Sehen und die Gabe der Prophetie. Die Tatsache, dass es hier als Visitenkarte des Mörders dient, sagt uns, dass es sich um das Werk einer Sekte oder eines Einzelnen mit Interesse an okkulten Überlieferungen handelt. Typisch für Serienmörder ist ein Mangel an Empathie und ein oft bis zum Größenwahn übersteigertes Selbstwertgefühl. Außerdem ein pathologisches Kontrollbedürfnis. Und Mord ist natürlich die höchste Form der Kontrolle. Wenn Sie irgendetwas Verdächtiges beobachtet haben, melden Sie es bitte unverzüglich der nächsten Polizeidienststelle.«

»Ich hab gehört, es war Jody Fuller«, flüstert Kyle.

»Ja, hat Esmé mir gesagt«, antworte ich mit gesenkter Stimme.

»Ein Glück, dass du nie was Ernstes mit ihr angefangen hast.«

»Sieht so aus.« Wenn ich mir die tote Jody vorstelle, wird mir wieder eiskalt. Hinter meiner Stirn beginnt es zu pochen, und ich muss mich zwingen, nicht schon wieder an die gottverdammten Träume zu denken. Außerdem nehme ich mir vor, den Scheißer zu finden, der gemeint hat, er müsste meinen Namen unter sein Stückchen Mauerkunst setzen, und ihn dafür bezahlen zu lassen.

»Sie war eingebildet«, flüstere ich.

Kyle sieht mich komisch an. »Ja, aber sie hat es nicht verdient, zu sterben.«

Ich zucke mit den Schultern. Das Leben ist ungerecht.

Die Versammlung wird aufgehoben, und alles drängelt aus der Aula in den quadratischen Granitbau, das Herzstück von 150 Jahren rassistischer Kolonialgeschichte an unserer Schule. Die Schule ist mit etlichen Schichten Beton und Fiberglas umbaut und erweitert worden, aber dieses granitene Zentrum enthält ihr eigentliches Erbgut.

»Hey, Baxter«, sagt Courtney Adams mit einem koketten Lächeln.

Ich ignoriere sie. Sie ist ein NSC, ein Nicht-Spieler-Charakter. Sie ist eine vollauf mit ihrer sozialen Programmierung beschäftigte Marionette und fern der Machtspiele des Sprawl. Menschen wie sie sind ganz brauchbar als Notnagel, man kann sie benutzen und manipulieren, sollte ihnen jedoch niemals trauen und sie schon gar nicht ernsthaft in strategische Planungen einbeziehen.

Ich drücke Ricket Hendries im Vorbeigehen einen Stick mit asiatischer Lesbenaction in die Hand. Er grinst und gibt mir ein Okay-Zeichen. Ich grinse zurück und atme tief den süßen Duft von Schweiß, Whiteboard-Marker und Furcht ein. Der Geruch der Highschool.

Es ist im Grunde wie bei einer Schachpartie. Die Sportasse wie Ricket und seine Gang von Drogeriemarktdeo-Cro-Magnons sind Springer. Du kannst sie nicht direkt einspannen, weil sie glauben, dir aufgrund ihrer Muskelmasse überlegen zu sein. Aber sie lassen sich seitwärts und um die Ecke bewegen, solange sie glauben, dass sie von sich aus springen.

Große, gewaltbereite Einzelgänger wie Josh Southfield sind die Türme. Er hat einen Vater, der wegen eines Wirtschaftsverbrechens im Gefängnis sitzt, schlimme Akne, Probleme im Unterricht, und ergo wenig zu verlieren. Ihn zu bewegen war so einfach wie Telekinese.

Ich habe nicht den Ehrgeiz, König zu sein. Ich bin ein Läufer, ein Kurier.

Und ich? Ich habe nicht den Ehrgeiz, König zu sein (zumal der, wie jeder weiß, nur ein überbezahlter Bauer ist). Ich bin ein Läufer, ein Kurier. Ich kontrolliere das Spiel aus dem Hintergrund, ziehe die Fäden. Wenn ich mein volles Potenzial entfalte, bin ich die mächtigste Figur auf dem Brett.

Wir lassen die NSCs stehen und machen uns auf den Weg zur Werkerziehung. Mr. Olly, unser schnurrbärtiger Lehrer für Metallarbeiten, sieht aus wie einer der Sicherheitspolizisten, die von der Wahrheitskommission für ihre Gräueltaten unter dem Apartheidsregime amnestiert wurden. Die meisten aus der Klassenherde kommen den Instruktionen nach, die Olly auf die Tafel schreibt, mit heraushängenden Zungen, als hätten sie gerade im Schlachthaus einen Bolzen in den Schädel geschossen bekommen und der Groschen wär noch nicht gefallen. Ich warte, bis Olly abgelenkt ist, und schlendere dann unauffällig zu einer Bank am hinteren Ende des Klassenzimmers.

»General«, spreche ich den Jungen an, dessen überdimensionierter Kopf einem Fall von Elephantiasis in der Kindheit geschuldet ist. Er hebt den Kopf und sieht mich aus kühlen, grauen Augen an. Toby September; von Geburt an gnadenlos gehänselt, hat er seine aufgestaute Wut in einen beachtlichen sozialen Aufstiegswillen kanalisiert und ist nun General der Nice Time Kids, die Nummer zwei direkt nach Anwar.

»Zevcenko«, lässt er sich meinen Namen auf der Zunge zergehen.

»Ich brauche eine Audienz beim Warlord«, sage ich. Der übergroße Kopf nickt besonnen, aber als er spricht, klingt seine Stimme ätzend.

»Große Pause, Treffpunkt Central«, sagt er. »Aber wenn ich dir was raten darf: Verärgere ihn nicht.«

Bernd

Bernd Frenz (*1964) schreibt schon seit vielen Jahren Fantasy- und Science-Fiction-Romane. Er gehörte von 2000 bis 2005 zu den Hauptautoren der Endzeitserie ›Maddrax‹, schrieb Geschichten für den ›Perry Rhodan‹-Kosmos und verfasste drei Romane zu dem Computerspielhit ›S.T.A.L.K.E.R. – Shadow of Chernobyl‹. Mit seiner Trilogie über die ›Blutorks‹ hat er sich einen festen Platz in der deutschen Fantasy-Landschaft erobert.
Mit ›Der Groll der Zwerge‹ beginnt eine neue Völkerroman-Trilogie der Superlative, in der kein Stein auf dem anderen bleibt.

DER GROLL DER ZWERGE

Zwerge gegen Elfen! Orks gegen Trolle! Und alle gegen die Menschen!

Nach dem Großen Krieg herrschte dreißig Jahre lang Frieden im Lande Garon – doch damit ist jetzt Schluss. Als Steinmetze in der Zwergen-Nekropole Felsheim neue Grabkammern in die Felsen schlagen und dadurch einen heiligen Fluss der Elfen zum Versiegen bringen, lebt der alte Zwist zwischen den Völkern wieder auf. Dass just zu diesem Zeitpunkt der Ork Grimm, Nachfahr des Gremm, aus dem Exil zurückkehren will, um das zerstörerische Werk seines Vaters fortzuführen, macht es nicht besser. Und auch die Menschen, die die entvölkerten Gebiete der Altvorderen besiedelt haben, beweisen jeden Tag aufs Neue, dass ihnen Arglist und Gewalt innewohnen. Und so heißt es schon bald: Elfen gegen Zwerge; Trolle gegen Orks; und alle gegen die Menschen.

Frenz

LESEPROBE

Bernd Frenz • **Der Groll der Zwerge**

---

1. Kapitel | Felsheim

Selbst unter seinesgleichen galt Orm Eisenbeiß als knurriger Gesell, dem nur selten ein freundliches Wort über die Lippen schlüpfte. Dunkler Groll und immerwährende Gereiztheit pochten abwechselnd in seinem spärlich bewachsenen Schädel. Gute Laune bedeutete bei ihm kaum mehr als die Zeit zwischen zwei Wutausbrüchen. Manch wohlmeinenden Gemüter behaupteten zwar, erst die Zeit der Großen Schlachten hätte ihn hart und unnachgiebig gemacht, doch viele, die ihn schon von Kindesbeinen an kannten, versicherten mit heiligem Ernst, dass Orm von jeher ein Stinkstiefel gewesen sei. Die Entbehrungen und Gräuel der Kriege hätten nur prächtig gedeihen lassen, was ohnehin schon tief in seiner Brust geschlummert habe.

Vielleicht war das der Grund dafür, warum er selbst im Schlaf mit sich und der Welt zu hadern schien. Für gewöhnlich klang sein Schnarchen wie das Knurren eines angriffslustigen Tieres, und sein Gesicht verzerrte sich dabei, als litte er unter ständiger Atemnot. Doch manchmal – selten zwar, aber mit den Jahren immer öfter – stahl sich auch nackte Angst in seine Züge, immer dann, wenn er im Schlafe zu wimmern begann.

Orm hatte andere Steinmetze darüber hinter seinem Rücken tuscheln hören, deshalb vermied er es mittlerweile, in der Öffentlichkeit einzunicken, obwohl das einem Zwerg seines Alters ohne Gesichtsverlust zustand.

Aber an jenem verhängnisvollen Tage, als der Zwist zwischen den Alten Völkern wieder aufflammte, war er dennoch eingeschlafen. Zum Glück in seinem Unterstand, in dem er den Augen und Ohren der anderen entzogen war. So bemerkte niemand, wie seine Augäpfel heftig unter den geschlossenen Lidern umherwanderten, und keiner hörte die halb erstickten Laute in seiner Kehle, als er von *Scherbental* träumte.

Von den großen Leichenbergen, zwischen denen er wieder und wieder umhertaumelte. Angeschlagen und aus zahlreichen Wunden blutend, das Triumphgeheul der siegtrunkenen Orks im Nacken – das schlagartig ver-

stummte, als der Boden unter den Stiefeln der versammelten Heere zu beben begann.
 Kurz bevor die nackte Angst bei Freund und Feind gleichermaßen um sich griff, weil ...

Von plötzlich aufbrandendem Geschrei geweckt, schreckte Orm aus dem Albtraum auf. »Verflixt und zerstückelt!« Anstatt sich die schlaftrunkenen Augen zu reiben, langte er instinktiv nach der Peitsche an seiner Hüfte. »Was geht da bloß vor?«

Inzwischen übertönte hämmernder Steinschlag die entsetzten Rufe aus Troll- und Zwergenkehlen. Das langanhaltende Grollen, das von den Felswänden widerhallte, jagte Orm kalte Schauer über den Rücken. Da hagelte weit mehr durcheinander als nur der Abraum eines vollen Lastkorbes, das war deutlich zu hören.

Und zu spüren!

Nein, Orm täuschte sich nicht. Das leichte Zittern, mit dem der ausgehöhlte Berg seine Stiefelsohlen kitzelte, war eindeutig. Die gesamte Nekropole erbebte in ihren Grundfesten!

Auf einen Schlag hellwach, sprang der Oberste Steinmetz in die Höhe, richtete seine Lederschürze mit sicheren Griffen und strich sich den weißblonden Bart glatt, bevor er die aufgerollte Trollpeitsche vom Gürtel löste. Zwar lag die Zeit der Sklaverei lange zurück, doch Orm gehörte zu jenen Zwergen, die

> **Anstatt sich die schlaftrunkenen Augen zu reiben, langte er instinktiv nach der Peitsche an seiner Hüfte.**

weiterhin darauf schworen, dass sich aufrührerische Trolle durch nichts besser zur Räson bringen ließen als durch lautes Peitschenknallen.

Schlecht gelaunt, aber gut gerüstet, schlug er das Bärenfell zur Seite und stürmte ins Freie. Direkt in die grauen Staubwolken hinein, die durch das Labyrinth der engen Felsgänge emporquollen. Orm kniff die Augenlider zusammen, doch zu spät. Der mehlfeine Steinnebel hüllte ihn bereits vollständig ein, durchdrang seinen Bart, kroch ihm unter die Kleidung, legte sich auf seine Lungen und stach ihm in die Augen, bis sie tränten.

O Elend der Welt!, fluchte der Zwerg still in sich hinein. *Elend, dass du uns dazu zwingst, Trolle als Träger einzusetzen, weil Felsheims Hüter auf die Münze schauen, anstatt die Traditionen zu achten!*

Hustend kämpfte sich Orm nach links, in Richtung der neuen Talsohle,

noch ehe die hochstehende Sonne die sich langsam lichtenden Schleier zu durchdringen begann. Der Radau entsprang in der Tiefe, dort, wo seine fleißigen Zwerge neue Grabkammern aus dem Fels schlugen, daran bestand kein Zweifel. Den linken Arm auf das Gesicht gepresst, um Mund und Nase zu schützen, stürmte er die Stufen der nächstgelegenen Treppe hinab. Vorbei an pockennarbigen Wänden, die noch zu glätten und zu schleifen waren, bevor der neue Abschnitt für die Toten und ihre Hinterbliebenen geöffnet werden konnte.

Auch ohne den umherwirbelnden Staub, der jeden Atemzug zur Qual machte, wäre die Sicht schummerig gewesen. Denn hier unten, auf der vierten Tiefebene, hatten sich die Zwerge so weit in den Berg gewühlt, dass es zwischen den Felswänden nur noch zur Mittagszeit richtig hell wurde, wenn die Sonne senkrecht am Himmel stand.

Mit brennenden Augen tastete sich Orm unter einem Steinbogen hindurch, hinter dem ein halbkreisförmiger Absatz lag. Obwohl er nur mit Mühe sehen konnte, hielt er kurz vor den ersten Stufen inne.

Orks, Menschen oder anderes Gezücht wären wohl haltlos ins Leere gestolpert, doch dem Volk der Zwerge war die Arbeit in Bergwerken und dunklen Stollen über unzählige Generationen in Fleisch und Blut übergegangen. Selbst in tiefster Finsternis spürten Orm und seinesgleichen, wo vorspringende Felsnasen und abgrundtiefe Spalten lauerten.

> Selbst in tiefster Finsternis spürte er, wo vorspringende Felsnasen und abgrundtiefe Spalten lauerten.

Umgeben von keifenden Stimmen, die sich gegenseitig die Pest, schwindende Manneskraft und noch Schlimmeres an den Hals wünschten, verschnaufte er einige Herzschläge lang. Zum Glück klärte die Sicht allmählich wieder auf. Nachdem er mehrmals mit den Augenlidern gezwinkert hatte, um den Tränenfluss anzuregen, schälten sich die ersten Kontrahenten des lautstarken Streits aus den absinkenden Staubnebeln hervor.

Obwohl sie gleichermaßen grau eingepudert waren, ließen sich beide Parteien gut voneinander unterscheiden. Auf der einen Seite die Zwerge, die mit ihren unterschiedlich großen Hämmern, den Meißeln und den Lederschürzen weiterhin deutlich als Steinmetze zu erkennen waren. Ihnen gegenüber standen die doppelt so großen Trolle, die außer ihren Schulterpolstern, auf denen für gewöhnlich die Lastkörbe ruhten, nur einfache Lendenschurze um die Hüften trugen. Den anfallenden Abraum,

für den sie zuständig waren, klaubten die lederhäutigen Riesen mit bloßen Händen auf, ansonsten verfügten sie über mannshohe Brechstangen, mit denen sie die Abbrucharbeiten gehörig beschleunigten.

Für anspruchsvollere Tätigkeiten waren Trolle nicht zu gebrauchen. Und wäre es nach Orm gegangen, hätten die plumpen Gesellen ohnehin keinen einzigen Fußbreit in die Heiligste aller Grabstätten setzen dürfen. Schließlich war Felsheim nicht irgendeine Totenstadt, sondern *die* Nekropole schlechthin, in der schon seit grauer Vorzeit die reichsten und edelsten Zwerge ihre letzte Ruhestätte fanden.

Leider waren die beengten Verhältnisse der unteren Ebenen für schweres Gerät ungeeignet, und ein Troll schaffte bei jedem Gang ebenso viel Gewicht die Stufen hinauf wie drei kräftige Zwerge, brauchte dafür aber nur einmal bezahlt zu werden. Das genügte den Hütern, um großzügig über das alte Gebot hinwegzusehen, das es nur Zwergen reinsten Blutes erlaubt war, Felsheim zu betreten.

Wie die meisten Angehörigen seines Volkes, so glaubte auch Orm nicht an helfende oder strafende Götter, sondern ausschließlich an Tugenden wie Tatkraft, Fleiß und Handwerkskunst, die jeden Zwerg im Leben weiterbrachten. Und mit größter Wahrscheinlichkeit auch in der jenseitigen Welt, die sie nach ihrem Tode erwartete. Trotzdem war er davon überzeugt, dass sich aus den alten Traditionen und Ritualen Kraft schöpfen ließ, die nicht für eine Handvoll Gold vergeudet werden durfte.

Aber in diesem Punkt vertraten die Herren von Felsheim eine andere Meinung. Allein die Hüter bestimmten über das Schicksal der Nekropole, mochte Orm auch seit Jahrzehnten die Aufsicht über die Steinmetze innehaben. Das hatten ihm Hezio und die anderen deutlich vor Augen geführt. Ebenso wie die Möglichkeit, das er jederzeit durch einen jüngeren und einsichtigeren Aufseher ersetzt werden konnte.

Also musste er parieren, so schwer es ihm auch fiel.

»Tölpel! Tumbes Gesindel!« Borstels helle Stimme, die sich bei Aufregung besonders schrill in die Höhe schraubte, verdrängte die trüben Gedanken. »Dieses Missgeschick ist allein eure Schuld!«

Erst beim Anblick der klagenden Geste, mit der Borstel Flammenhaar zur Seite deutete, wurde sich Orm des vollen Ausmaßes der Katastrophe bewusst. Da, wo sich eigentlich eine massive Steinwand in der staubgeschwängerten Luft abzeichnen sollte, klaffte ein riesiges Loch im Fels. Groß und breit wie ein Troll war die Öffnung. Mit wild gezackten, beinahe ausgefranst wirkenden Rändern, von denen tiefe Risse ausgingen, die bis an einen weiter oben vorspringenden Bergsims reichten. Die blitzförmig

verlaufenden Spalten bereiteten Orm gehöriges Magengrimmen. Angesichts der höher gelegenen Grabstätten vermochte jede Erschütterung der Talsohle weitere Abbrüche nach sich ziehen. Nicht auszudenken, wenn dabei eines der belegten Gräber Schaden erlitt.

»Was willst du denn, du Wicht?« Natürlich war es Archat, der aufseiten der Trolle das Wort ergriff. Ein altgedienter, grober Klotz, der noch die Zeit der Knute kannte, sich aber trotzdem nicht scheute, jetzt für klingende Münze in Felsheim zu schuften. »Ihr Steinmetze habt doch selbst die Löcher in den Stein getrieben, die wir erweitern sollten!«

Schon als Kettensklave war Archat durch seine Widerspenstigkeit aufgefallen. Als Freier ließ er erst recht keine Gelegenheit aus, eigensinnig auf seine Meinung zu pochen. Seinem Vorbild folgend, pumpten auch die anderen Trolle ihre Brustkörbe auf.

Abgeschieden lebenden Zwergen hätte diese drohende Haltung sicherlich Angst eingeflößt, die Steinmetze von Felsheim wussten jedoch um die Kraft, die in ihren eigenen muskelbepackten Leibern steckte. Außerdem waren sie dem Gegner zahlenmäßig überlegen. Mehr als ein Dutzend Zwerge gegen drei Trolle, da brauchte man bloß einig sein, um den Kampf für sich zu entscheiden. Zumal ihnen die beengten Verhältnisse entgegenkamen. Denn während die Zwerge volle Bewegungsfreiheit genossen, mussten die Trolle schon unter normalen Bedingungen darauf achten, nicht mit den Köpfen anzustoßen.

Borstel zeigte entsprechend wenig Respekt, als er sich über Archats Anschuldigungen empörte.

»Erweitern, ja!«, rief er mit schriller Stimme. »Aber doch nicht so, dass halb Felsheim zusammenkracht! Könnt ihr denn keine Vorsicht walten lassen?«

»Wäääähhhh!«, ahmte Archat das Weinen eines Säuglings nach. »Hört euch bloß diesen greinenden Winzling an! Will nicht begreifen, dass ein ausgehöhlter Stein zerbricht, sobald man auf ihn einhämmert!«

Selbst unter der dicken Staubschicht hindurch war zu erkennen, wie Borstel angesichts des Spotts knallrot im Gesicht anlief. Mit seinen vierzig Lenzen war er noch ein junger Spund, dem schnell das Blut in den Adern kochte. Schnaubend umfasste er seinen Vorschlaghammer mit beiden Händen und reckte ihn Archat entgegen.

»Vorsicht!«, drohte er mit überraschend ruhiger und gefasster Stimme. »Noch ein falsches Wort und ich ...«

Archat lachte dröhnend, obwohl ein richtig geschwungener Hammer nicht bloß Stein, sondern auch einen Trollschädel zu zertrüm-

mern vermochte. Seine Kameraden forderten den alten Kämpen schon durch beschwichtigende Gesten und Laute zur Mäßigung auf – vergeblich. Anstatt seine Behauptung über den Hohlraum näher auszuführen, drehte sich der lederhäutige Koloss auf der Ferse um und hob seinen Lendenschurz an, um Borstel die blanke Kehrseite zu präsentieren. Das war die Art der Trolle, anderen zu bedeuten, dass sie ihnen *den Buckel herunterrutschen* konnten – nur das sie dafür ein tiefer gelegenes Körperteil ausstellten.

Mehr als ein Dutzend Zwerge gegen drei Trolle.

Beim Anblick des faltigen und behaarten Hinterteils verlor Borstel endgültig die Beherrschung. Seinen Hammer wild über dem Kopf schwingend, setzte er dazu an, dem alten Troll in den Rücken zu fallen. Einige seiner engsten Vertrauten schlossen sofort zu ihm auf, denn eine solche Beleidigung musste eine handfeste Auseinandersetzung nach sich ziehen. Die meisten Zwerge verharrten jedoch zögernd auf ihrem Platz, scheinbar unschlüssig, ob der Einsturz wirklich einen solchen Kampf wert war.

Hasenherzen! Nach-Scherbental-Geborene! Orm hätte gerne dabei zugesehen, wie die Trolle eine kräftige Tracht Prügel bezogen, doch dazu hätten alle Steinmetze auf der Baustelle an einem Strang ziehen müssen. So war es hingegen an der Zeit, dem kindischen Treiben ein Ende zu bereiten.

In einer geübten Bewegung ließ Orm den dicken Peitschenstrang zu Boden gleiten. Kaum dass er sich über den staubigen Fels schlängelte, schleuderte ihn der Zwerg auch schon wieder in die Höhe. Pfeifend zischte das Leder durch die Luft und streckte sich in einem lauten Knall, als Orm seine Rechte ruckartig an den Körper zog.

Augenblickliche Stille folgte, nur gestört durch ein vielfaches Echo des Peitschenknalls. Ob Zwerge oder Trolle, alle waren bei dem gefürchteten Geräusch erstarrt. Auch Archat, der mehr als alle anderen Anwesenden böse Erinnerungen damit verknüpfte.

»Auseinander!«, forderte Orm, der die Peitsche betont langsam einholte, bevor er sie in seiner Rechten aufrollte. »Ihr habt schon genügend Unheil angerichtet! Einer wie der andere!«

Dass alle auf der Baustelle beschämt zu Boden sahen, tat dem Aufseher gut. Vom wohligen Gefühl der Macht durchströmt, schritt Orm die Treppe hinab. Selbst der Steinstaub, der ihm unter die Kleidung gedrungen war und bei jedem Schritt scheuerte und zwickte, schmälerte den Triumph nicht. Nur Archats Blick kreuzte den seinen, während er Stufe um Stufe

nahm. Aber auch der Troll würde noch vor dem Abendrot begreifen, wer in Felsheim das Sagen hatte.

»Meister Eisenbeiß«, versuchte sich Borstel förmlich an ihn zu wenden, als er durch die Reihen schritt, doch Orm brachte den Jungspund mit einer herrischen Geste zum Verstummen.

Grimmig war er nun, aber nicht zornig.

Sich jeder Faser seines vor Stolz strotzenden Körpers bewusst, bestieg er den Geröllhaufen, der sich vor dem Einsturz auftürmte. Ach, wäre er, wären sie alle doch nur in Scherbental so selbstsicher gewesen!

Zum Glück verflüchtigte sich dieser Gedanke so schnell, wie er Orm durch den Kopf geschossen war, als er in die vor ihm liegende Höhle blickte. Nur zwei Armlängen tief reichte sie in den Berg hinein, erstreckte sich dafür aber nach links und rechts auf einer Länge von acht Grabkammern. Typisch für einen Hohlraum, den eingedrungenes Regenwasser aus dem Fels gewaschen hatte. Angesichts des brüchigen Gesteins, welches, erst einmal in Bewegung geraten, fast von alleine zu staubigem Geröll zerfallen war, schied die gesamte Breite des aus dem Fels geschlagenen Blocks für eine Nutzung aus. Und mit etwas Pech genügte schon der kleinste Windstoß, um auch die Rückwand der freigelegten Kaverne einstürzen zu lassen.

Bockmist! Die Hüter würden toben!

»Ausgeschwemmt.« Archats fauliger Atem schlug Orm in den Nacken, als sich der Koloss ungebeten zu Wort meldete. Dem Zwerg war gar nicht aufgefallen, dass sich der Troll zu ihm herabgebeugt hatte, aber das machte die Sache nicht besser. Im Gegenteil. »Hab so was schon häufiger gesehen, in all den Jahren. Und jedes Mal schlossen sich dem ersten Hohlraum noch weitere an. Von irgendwoher muss das Wasser schließlich kommen, und irgendwohin fließt es wieder ab.«

Die Häme in Archats Stimme war unüberhörbar. Trolle waren von Natur aus nicht sonderlich helle, aber auch sie begriffen Zusammenhänge und gewannen an Erfahrung. Einige von ihnen verfügten sogar über eine gewisse Bauernschläue, und leider gehörte Archat diesem erlauchten Kreise an. Darum wusste er ganz genau, dass die Zwerge nichts stärker schmerzte als die verlorenen Münzen, die mit einem unbrauchbaren Abschnitt wie diesem einhergingen.

Orm drehte den Kopf zur Seite, doch Archat hielt seinem drohenden Blick stand, ohne mit der Wimper zu zucken.

»Hier ist nichts weitergeflossen«, beschied er dem Hünen wider besseres Wissen. »Ist doch alles furztrocken, sonst hätte es beim Einsturz nicht

so gestaubt. Und jetzt schleich dich zu den anderen Handlangern, während wir Zwerge uns der Sache annehmen.«

Um seine Aufforderung zu unterstreichen, tippte Orm mit der Peitschenrolle gegen Archats Oberkörper. Im Grunde handelte es sich um eine sanfte Berührung, die einem Troll nicht viel ausmachte. Selbst einem kräftigen Stoß mit der flachen Hand oder einem Fausthieb auf den Oberarm maßen die unempfindlichen Kolosse für gewöhnlich keine größere Bedeutung bei.

Doch die Berührung mit dem geschmeidigen Peitschenstrang löste etwas in Archat aus. Vermutlich eine Erinnerung an die Zeit, die ihm das Narbengeflecht auf seinem Rücken eingebracht hatte. Ruckartig richtete sich der Gigant auf, einen furchtsamen Glanz in den Augen, wie ihn noch keiner der Anwesenden je bei ihm gesehen hatte.

Irgendwo lachte ein Zwerg auf.

Eine äußerst dumme Reaktion, obwohl Orm sie gut verstand. Ausgerechnet Archat in Panik zurückstolpern zu sehen, hob auch seine Laune.

> Aber auch der Troll würde noch vor dem Abendrot begreifen, wer in Felsheim das Sagen hatte.

»Was grinst du so blöde, Eisenbeiß?« Von einem Herzschlag auf den anderen schlug Archats kreatürliche Furcht in blinde Wut um. Wild mit seinen Armen rudernd, richtete er sich zu voller Größe auf, bevor er nachschob: »Hast wohl vergessen, wer in Scherbental zum letzten Gefecht geblasen hat? Unsere Priester waren es, während du und deinesgleichen mit vollen Hosen davongelaufen seid!«

Orm spürte, wie ihm bei dieser Lüge alles Blut aus dem Gesichte wich. Plötzlich war ihm heiß und kalt zugleich. Seine Wangen vereisten, während der Steinstaub unter seinem Wollhemd so stark scheuerte, das er darüber ins Schwitzen geriet.

»Da wirst du blass, was?« Beifallheischend wandte sich der Troll zu seinen Kameraden um. »Weil's nämlich wahr ist. Ich muss es wissen, ich war dabei!«

Orm spürte, wie in ihm der Grimm anschwoll. Archat hatte natürlich Ketten aus Zwergenstahl getragen, als die großen Schlachten tobten. Doch was war, wenn die jungen Steinmetze dieser Lüge trotzdem Glauben schenkten?

Alles konnte Orm ertragen, aber keine Schmähungen über Scherbental! Nicht über den verruchten Tag, an dem so viele der ihren den Schwertern der Orks zum Opfer gefallen waren. An das namenlose Grauen, das dort getobt hatte, würde er sich bis zu seinem letzten Atemzug erinnern.

Glühend heißer Zorn pulsierte durch seine Adern, während er die Peitsche fallen ließ. So nahe, wie er vor dem Troll stand, war sie als Waffe nutzlos. Zudem besaß sie keine tödliche Wirkung. Und Archats Worte konnten nur noch mit dem Tode abgewaschen werden.

Einige Atemzüge lang stand Orm wie in Trance da, dann sprang er aus dem Stand heraus in die Höhe. Schon einen Wimpernschlag später hatte er den Troll am Hals gepackt. Einhundertvierzig Jahre alt! Ein Zwerg, nicht mehr im besten Mannesalter, doch so voller Groll, dass sich seine Kräfte dadurch vervielfachten.

Selbst Archat, der schon manches Scharmützel ausgefochten hatte, war von der Heftigkeit des Angriffs überrascht. Der harte Aufprall, bei dem ihm Orm beide Knie tief in den Brustkasten rammte, trieb dem Troll die Luft aus den Lungenflügeln. Schwankend kämpfte Archat um das Gleichgewicht.

Das war die winzige Zeitspanne, in der Orm es zu Ende bringen musste. Anders konnte er allein und waffenlos keinen Sieg davontragen.

Mit fliegenden Fingern tastete er nach der Luftröhre des Gegners, um sie mit aller Macht zu zerquetschen. Starke, von harter Arbeit gestählte Zwergenfinger besaßen durchaus die Kraft, einem Troll den Kehlkopf einzudrücken, ja, ihm sogar das Genick zu brechen.

Aber Orm, der alte Eisenbeiß, war viel zu ungestüm vorgegangen. Seine kurzen Beine fanden keinen Halt an dem unbekleideten Trollkörper. Mochte die Haut der dunklen Kolosse auch so zerfurcht wie ausgebrannter Erdboden unter der heißen Sonne sein, um sich mit den Stiefelspitzen darin abzustützen, waren die Spalte nicht tief genug. So blieb Orm nur, sich mit beiden Händen an Archats Hals festzuklammern und ihn gleichzeitig zuzudrücken. Dadurch fehlte ihm das letzte Quäntchen Kraft, das nötig gewesen wäre, dem Troll die Luft abzuschnüren.

Knurrend überwand Archat seine Überraschung, packte den strampelnden Zwerg mit beiden Pranken und riss ihn mit solchem Schwung von sich fort, das Orm wie von einem Katapult geschnellt davonflog.

Die Welt um ihn herum schien sich zu drehen, während ihn die Höhle verschluckte. Gleißender Schmerz durchzuckte Orms Rücken, als er gegen die rückwärtige Wand prallte. Der Aufschlag hätte ihm glatt die Wirbelsäule zerschmettert, wäre der Fels nicht unter seiner gedrungenen Gestalt auseinandergeplatzt. Scharfkantige Bruchstücke zerschnitten ihm

Hände und Gesicht, während er inmitten eines Steinhagels in die Tiefe stürzte. Kalte Fluten milderten Orms Sturz ab und schlugen gleich darauf über ihm zusammen. Wasser drang ihm in Mund und Nase, stach wie mit Eisnadeln in seinen Schlund und drohte ihn zu ersticken.

Hustend und spuckend kämpfte sich der Zwerg zurück an die Oberfläche. Als seine großen Hände einen Felsgrat ertasteten, zog er sich empor und rang nach Luft. Erst danach fiel ihm auf, dass er längst festen Grund unter seinen Stiefeln spürte.

Strudelnd und gurgelnd floss das Wasser um seinen Leib, was auf eine schnelle Strömung schließen ließ, doch sonderlich tief war das Nass nicht. Ein unterirdischer Flusslauf, der die zur Totenstadt ausgebaute Bergkuppe durchzog, um irgendwo am Fuße des Gebirgsmassivs als Quelle zu entspringen.

Die Hüter von Felsheim würden toben vor Wut!

Die höher gelegenen Hohlräume mussten schon vor Äonen entstanden sein, vermutlich lange bevor das erste Grab in die Bergkuppe geschlagen worden war. Wahrscheinlich hatte die stete Strömung an dem Gestein genagt, bis das Flussbett im Laufe der Zeit allmählich tiefer gewandert war.

Genau genommen interessierten Orm die Details aber herzlich wenig. Das kalte Bad hatte ihn gehörig abgekühlt. Er fror und wollte nur noch ins Trockene.

Mühsam kämpfte er sich über den Durchbruch zurück in die Höhle. Vor dem Eingang drängten sich bereits die Neugierigen, die sehen wollten, was mit ihm geschehen war. Bei seinem triefenden Anblick brandete Gelächter auf. Die dumpfen Kehllaute der Trolle machten den Anfang, doch alsbald fielen auch viele Zwerge mit in das schadenfrohe Konzert ein.

Orm hätte darüber zürnen müssen, stattdessen erfüllte ihn lähmende Traurigkeit. In den alten Tagen hätte Archat schon blutend am Boden gelegen, niedergeworfen von aufrechten Zwergen, die darauf brannten, einen der ihren zu rächen. Seine Steinmetze spotteten hingegen lieber mit dem Feinde, als seine Ehre zu verteidigen. Zählte er wirklich schon so sehr zum alten Eisen, dass er das Benehmen der Fünfzig- bis Hundertjährigen nicht mehr verstand?

Schweigend wrang Orm seinen Bart aus und schüttelte alle Glieder, um sich der ärgsten Feuchtigkeit zu entledigen. Drei Schritte später stand er vor seiner Peitsche, die noch immer auf dem Geröll lag. Der Spott um ihn herum verebbte, und trotzdem beging er nicht den Fehler, den verlorenen

Kampf fortzusetzen. Ohne blanke Klinge war er Archat nicht gewachsen, und Blut zu vergießen hätten ihm die Hüter nie verziehen.

»Packt euch!«, forderte Orm, ohne die Trolle dabei anzusehen. »Eure Dienste sind in Felsheim nicht länger erwünscht.«

Archat wartete, bis die Peitsche wieder fest in der Gürtelschlaufe saß, bevor er fragte: »Und wer, glaubst du, soll zukünftig unsere Arbeit erledigen?«

Orm kreuzte den neugierigen Blick des Trolls mit entschlossener Miene. »Packt euch, habe ich gesagt. Oder ich verwende all meine Ersparnisse auf ein paar Elfensöldner, die euch bis zur Erschöpfung jagen, bevor sie euch die Füße auf kleiner Flamme rösten! Und danach alle anderen Körperteile, selbst die, die euer Lendenschurz verdeckt.«

Die Erwähnung der abtrünnigen Elfen flößte den Trollen zwar keine blinde Panik, aber doch zumindest einige Ehrfurcht ein.

»Gut, wir gehen«, verkündete Archat. »Und wir kommen erst wieder, wenn du auf Knien darum bettelst. Du, oder der Winzling, der deine Nachfolge antreten wird!«

Sogar die Trolle wussten, wie schlecht es bei den Hütern um ihn stand. Kein Wunder, dass es auch den Steinmetzen an Respekt mangelte.

»Aber Meister Eisenbeiß«, wagte Borstel einzuwenden, als die Trolle davonschlurften. »Wer soll denn nun wirklich die Lastkörbe tragen?«

Orm ließ seinen Blick so lange über die versammelten Zwerge gleiten, bis auch dem Letzten von ihnen die Antwort dämmerte.

»An die Arbeit, ihr Memmen!«, forderte er rau. »Schafft Kübel voller Mörtel herbei und verschließt den offenen Zufluss und alle Hohlräume mit so viel Geröll wie nötig ist, damit hier nicht zukünftig alles unter Wasser steht!«

Während die Steinmetze einander betreten ansahen, klapperten an der Felstreppe die Lastkörbe die Stufen herab. »Schlechte Zeiten für einen Besuch, Menschlein!«, rief Archat dabei. »In Felsheim herrscht dicke Luft!«

Als Orm in die Höhe spähte, um herauszufinden, mit wem der gerade unter dem Steinbogen abtauchende Troll gesprochen hatte, entdeckte er Velb, einen Grenzläufer, der mit den Alten Völkern Handel trieb. Eigentlich hätte dieser Mensch nie so tief ins Herz der Nekropole vordringen dürfen, andererseits hatte Orm höchstpersönlich erwirkt, dass Velb überhaupt die heilige Stätte betreten durfte.

Warum auch nicht? Schließlich trampelten hier auch Trolle herum. Außerdem hatten, als es Velb nur gestattet gewesen war, das Dorf am Fuße des Berges zu besuchen, jene Arbeiter, die gerade das Bett hüten

mussten, stets die besten Geschäfte mit ihm gemacht. Das hatte zeitweise zu überquellenden Krankenlagern geführt, und zwar immer dann, wenn die Zwerge glaubten, dass Velbs Ankunft kurz bevorstände. Da sparte es schon viele Münzen ein, dass sie ihn inzwischen bis zu den Baustellen vorließen.

»An die Arbeit«, forderte Orm seine Zwerge auf, während er dem Grenzläufer entgegenging. Staub wölkte bei jedem Schritt auf und blieb an seinen nassen Hosenbeinen haften.

Borstel und die anderen Steinmetze fragten sich wohl einen Moment, ob sie noch die Befehle eines Mannes annehmen sollten, der schon mit einem Bein in der Verbannung stand. Schließlich machten sie sich aber doch ans Werk.

Orm hörte sie hektisch umherlaufen, während er die in den Fels geschlagenen Stufen emporeilte.

In Felsheim herrscht dicke Luft!

»Schnell, höher hinauf«, forderte er Velb auf. »Wenn die Hüter dich so tief unten entdecken, war das dein letzter Besuch.«

»Keine Sorge.« In dem hageren Gesicht des Grenzgängers blitzte ein schalkhaftes Lachen auf. »Hezio und die Seinen kommen uns garantiert nicht in die Quere. Als ich mich von ihnen verabschiedet habe, sind sie gerade zu einem wichtigen Ritual im Kontor verschwunden.«

Orm verstand sofort, was damit gemeint war.

»Du hast Schmauch dabei?«, fragte er weitaus begehrlicher, als es eigentlich klingen sollte.

»Genug für euch alle!«

Einer plötzlichen Eingebung folgend schüttelte Orm den Kopf. »Nein, nur für mich«, verlangte er entschlossen. »Es soll dein Schaden nicht sein.«

Der mit mehreren Lederbeuteln behängte Grenzläufer legte seine Stirn in Falten, stimmte aber nach einigem Zögern zu. Immerhin. Wenigstens dieser Mensch zollte Orms Stellung noch Respekt.

Sein Tag war also nicht völlig verloren …

Unsere SF-Lieblingsbücher,
bevor es FISCHER Tor gab

1. WILLIAM GIBSON, ›NEUROMANCER‹
Durchgeknallter Thriller, in dem Konzerne die Welt beherrschen und ein einsamer Held sich in den Cyberspace (eine Wortschöpfung Gibsons) begibt; hat – obwohl auf einer mechanischen Schreibmaschine geschrieben – unsere Vorstellung von Computern und virtueller Realität revolutioniert.

2. ISAAC ASIMOV, ›DIE FOUNDATION-TRILOGIE‹
Asimovs Hauptwerk, in dem der Psychohistoriker (yeah!) Hari Seldon ein dunkles Zeitalter voraussieht und eine galaktische Enzyklopädie begründet, dank der alles Wissen überdauern soll. Maßgeblich von dem monumentalen Geschichtswerk ›Verfall und Untergang des römischen Imperiums‹ von Edward Gibbon beeinflusst.

3. FRANK HERBERT, ›DER WÜSTENPLANET‹ (›DUNE‹)
Der junge Paul Atreides erlebt, wie sein Vater ermordet wird, und schlägt sich in der Wüste auf die Seite der unterdrückten Fremen. Mithilfe einer Art Droge (dem ›Gewürz‹) steigert er seine hellseherischen Fähigkeiten und wird zum Messias des Wüstenvolkes. Frühes Lieblingsbuch der Ökobewegung; allerdings sollte man von sämtlichen Fortsetzungen die Finger lassen.

4. GEORGE ORWELL, ›1984‹
1948 verfasstes dystopisches Meisterwerk. In Ozeanien herrscht eine allmächtige, allgegenwärtige Partei – »der große Bruder sieht alles«. Winston Smith arbeitet im Wahrheitsministerium, wo Dokumente gefälscht und Geschichtsklitterung betrieben wird. Doch er hasst die Partei und träumt von einem revolutionärem Umbruch …

5. DOUGLAS ADAMS, ›PER ANHALTER DURCH DIE GALAXIS‹ (›THE HITCHHIKER'S GUIDE TO THE GALAXY‹)
Eher zufällig aus einem genialen Hörspiel entstandener satirischer SF-Roman, der seinen Autor weltberühmt gemacht hat. Die Erde wird zerstört, um Platz für eine galaktische Hyperraum-Expressroute zu machen. Der Durchschnitts-Engländer Arthur Dent entkommt mit knapper Not und erlebt im Weltraum die wildesten Abenteuer. Unfassbar komisch!

6. H.G. WELLS, ›DER KRIEG DER WELTEN‹ (›THE WAR OF THE WORLDS‹)

Fiese Marsianer landen im Vereinigten Königreich und machen in dreibeinigen Kampfmaschinen (mit Hitzestrahlwaffen!) Jagd auf die fast wehrlosen Engländer. Schließlich erliegen sie harmlosen Bakterien, gegen die die Menschheit längst immun ist. Unsterblicher Klassiker, der die Folie für zahllose weitere Invasionsromane bildet.

7. ERNEST CLINE, ›READY PLAYER ONE‹

Im Jahr 2044 ist die Welt heftigst auf den Hund gekommen, weshalb die Menschen den Großteil ihrer Zeit in einer virtuellen Utopie namens OASIS verbringen. Der junge Wade Watts, mäßiger Schüler, aber genialischer Computerfreak, macht sich auf die Suche nach einem geheimnisvollen Schatz, der in OASIS versteckt sein soll. Und lernt dabei, dass man der Realität nicht trauen kann, sei sie nun virtuell oder »echt« …

8. FRANK SCHÄTZING, ›DER SCHWARM‹

Die Menschheit sieht sich in aller Welt Angriffen aus dem Meer ausgesetzt, ob durch Haie, Quallenschwärme oder ungewöhnlich aggressive Wale. Will eine unbekannte Intelligenz aus den Tiefen des Meeres die Menschen auslöschen? Äußerst gründlich recherchierter, äußerst erfolgreicher Science-Fiction-Thriller, der seinen Autor auf einen Schlag zum Star machte.

9. ALDOUS HUXLEY, ›SCHÖNE NEUE WELT‹ (›BRAVE NEW WORLD‹)

Mittels Manipulation und Indoktrinierung werden die Menschen in ein Kastensystem gepresst; allen Kasten gemeinsam ist die Konditionierung auf eine permanente Befriedigung durch Konsum, Sex und die Droge Soma, die das kritische Denken betäubt. Neben ›1984‹ die zweite große und äußerst einflussreiche Dystopie des 20. Jahrhunderts. Pflichtlektüre!

10. URSULA K. LE GUIN, ›FREIE GEISTER‹ (›THE DISPOSSESSED‹)

Der einzige Ort auf Anarres, der durch einen Zaun von seiner Umgebung abgetrennt wird, ist der Raumhafen. Für die Bewohner des Mondes ist ihre Heimat der einzige Ort im ganzen Sonnensystem, wo sie wirklich frei sind – frei von Unterdrückung, aber auch frei von dem Zwang, künstlich erzeugte Bedürfnisse befriedigen zu müssen. Gesellschaftskritisches Meisterwerk von der Grand Dame der angloamerikanischen Science Fiction.

Becky

Chambers

Becky Chambers ist als Kind einer Astrobiologin und eines Luft- und Raumfahrttechnikers aufgewachsen — was nicht folgenlos bleiben konnte: Schon früh entdeckte sie ihre Liebe zur Science Fiction, die sie auch als Bloggerin und Kolumnenautorin auslebt, unter anderem für das Popkultur-Magazin *The Mary Sue*.

Die Zeit, um ihren Roman ›Der lange Weg zu einem kleinen zornigen Planeten‹ (›The Long Way to a Small Angry Planet‹) zu verfassen, finanzierte sie durch eine Kickstarter-Kampagne. Der zunächst selbst veröffentlichte Roman wurde als bestes Debüt für den »Kitschies Award« nominiert und schließlich vom britischen Verlag Hodder & Stoughton entdeckt und ins Programm genommen.

Einblicke in das Skizzenbuch der Autorin.

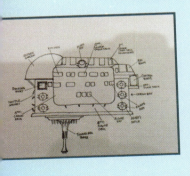

DER LANGE WEG ZU EINEM KLEINEN ZORNIGEN PLANETEN

Willkommen an Bord der Wayfarer!

Als die junge Rosemary Harper auf der Wayfarer anheuert, wird sie von äußerst gemischten Gefühlen heimgesucht – der ramponierte Raumkreuzer hat schon bessere Zeiten gesehen, und der Job scheint reine Routine: Wurmlöcher durchs All zu bohren, um Verbindungswege zwischen weit entfernten Galaxien anzulegen, ist auf den ersten Blick alles andere als glamourös.

Die Crewmitglieder, mit denen sie nun auf engstem Raum zusammenlebt, gehören den unterschiedlichsten galaktischen Spezies an. Da gibt es die Pilotin Sissix, ein freundliches und polyamoröses Reptil, den Mechaniker Jenks, der in die KI des Schiffes verliebt ist, und den weisen und gütigen Dr. Chef, der einer aussterbenden Spezies angehört.

Doch dann nimmt Kapitän Ashby den Auftrag an, einen Raumtunnel zu einem weit entfernten Planeten anzulegen, auf dem die kriegerische Rasse der Toremi lebt. Für Rosemary verwandelt sich die Flucht vor der eigenen Vergangenheit in das größte Abenteuer ihres Lebens.

BECKY CHAMBERS

DER LANGE WEG ZU EINEM KLEINEN ZORNIGEN PLANETEN

ROMAN

LESEPROBE

Becky Chambers
Der lange Weg zu einem kleinen zornigen Planeten

Tag 128, GG-Standard 306
Transit

Als sie in der Kapsel die Augen aufschlug, erinnerte sie sich an dreierlei. Erstens, sie reiste gerade durchs All. Zweitens, sie würde bald eine neue Stelle antreten, bei der sie es nicht vermasseln durfte. Drittens, sie hatte einen Regierungsangestellten bestochen, damit er ihr eine neue Identität verschaffte. Alles keine Katastrophe, aber ein freudiges Erwachen sah anders aus.

Eigentlich hätte sie gar nicht wach sein dürfen, noch mindestens einen weiteren Tag lang nicht, aber das hatte man eben davon, wenn man einen Billigflug buchte. Billigflüge bedeuteten billige Kapseln, die mit billigem Brennstoff flogen, und billige Medikamente für die Narkose. Seit dem Start hatte sie mehrmals beinahe das Bewusstsein wiedererlangt, war aber jedes Mal nach kurzer Verwirrung wieder weggedämmert. In der Kapsel war es dunkel, und es gab keinerlei Navigationsdisplays. Sie hätte unmöglich sagen können, wie viel Zeit bei jedem Erwachen verstrichen oder wie weit oder ob sie überhaupt schon gereist war. Bei dem Gedanken wurde ihr beklommen und übel.

Ihr Sehvermögen kehrte so weit zurück, dass sie das Fenster erkennen konnte. Die Sichtklappen waren heruntergelassen und schlossen jede Lichtquelle aus. Es gab ohnehin keine, wie sie sehr wohl wusste. Sie befand sich im freien Raum. Keine geschäftigen Planeten, keine Flugbahnen, keine funkelnden Orbiter. Nichts als Leere, grauenhafte Leere, in der es nur sie und hin und wieder ein paar Felsbrocken gab.

Das Triebwerk heulte auf, als es zu einem weiteren Sprung durch den Zwischenraum ansetzte. Das Narkosemittel fing wieder an zu wirken, zog sie zurück in einen unruhigen Schlaf. Beim Eindösen dachte sie noch einmal an den Job, die Lügen, an das selbstgefällige Gesicht des Beamten, als sie die Credits auf sein Bankkonto geschaufelt hatte. Ob es wohl genug

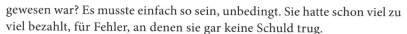

gewesen war? Es musste einfach so sein, unbedingt. Sie hatte schon viel zu viel bezahlt, für Fehler, an denen sie gar keine Schuld trug. Die Augen fielen ihr zu, als die Narkose sie übermannte und die Kapsel – hoffentlich – ihren Flug fortsetzte.

Tag 129, GG-Standard 306
Eine Beschwerde

Das Leben im Weltall war alles andere als leise. Damit rechneten Planetarier nie. Wer unten groß geworden war, brauchte einige Zeit, um sich an das Klicken und Summen auf einem Schiff zu gewöhnen, an die allgegenwärtige Geräuschkulisse, die mit dem Leben in einer Maschine einherging. Doch für Ashby waren diese Geräusche so normal wie sein eigener Herzschlag. Das Seufzen des Luftfilters über seinem Bett sagte ihm, wann es Zeit zum Aufwachen war. Wenn die äußere Hülle von Felsbrocken getroffen wurde, verriet ihm das vertraute Prasseln, welche davon so klein waren, dass man sie ohne weiteres ignorieren konnte, und welche Probleme machen würden. Am statischen Rauschen des Ansibles konnte er erkennen, in welcher Entfernung sich sein Gesprächspartner befand. Das waren die Geräusche, mit denen man als Spacer lebte und die einem die eigene Losgelöstheit und Verletzlichkeit ins Gedächtnis riefen. Sie erinnerten einen daran, wie zerbrechlich das Leben war. Doch die Geräusche bedeuteten auch Sicherheit. Fehlten sie, dann gab es womöglich keinen Luftaustausch mehr, die Triebwerke standen still oder das Gravitationsnetz hielt einen nicht länger am Boden. Stille gehörte zu der Leere da draußen. Stille war gleichbedeutend mit Tod.

Manche der Geräusche stammten gar nicht vom Schiff, sondern von seinen Bewohnern. Auf den endlosen Gängen der Wohnschiffe konnte man das ferne Echo von Gesprächen und Schritten auf den Stahlfußböden hören, oder das schwache Gepolter eines Technikers, der irgendwo durch die Wand kletterte, um einen unsichtbaren Schaltkreislauf zu reparieren. Ashbys Schiff, die *Wayfarer*, war ziemlich geräumig, doch im Vergleich mit dem Wohnschiff seiner Kindheit war es winzig. Als er die *Wayfarer* gekauft und die Crew angeheuert hatte, hatte er sich sogar erst an die engen Quartiere dort gewöhnen müssen. Aber

> Sie erinnerten einen daran, wie zerbrechlich das Leben war.

inzwischen empfand er die ständigen Geräusche der Leute, die um ihn herum arbeiteten, lachten und sich abmühten, als tröstlich. Das Weltall war eine einsame Angelegenheit, und angesichts der sternenbesprenkelten Leere da draußen überkam selbst den abgebrühtesten Spacer zuweilen ein Gefühl von Ehrfurcht und Demut.

Der Lärm war Ashby willkommen. Wenn man in dieser Branche arbeitete, dann tat es gut, nicht allein zu sein. Wurmlöcher zu erschaffen war kein sonderlich glamouröser Beruf. Die Inter-Space-Verbindungen, die die ganze Galaktische Gemeinschaft durchzogen, wurden von allen als normal und selbstverständlich wahrgenommen. Ashby bezweifelte, dass der Durchschnittsbürger mehr Gedanken auf das Tunneln verschwendete als auf eine Hose oder eine warme Mahlzeit. Doch es war Ashbys Job, über Tunnel nachzudenken, und zwar gründlich. Und wenn man das allzu lange tat, wenn man sich vorstellte, wie das eigene Schiff wieder und wieder in den Raum hinein- und hinausglitt, wie eine Nähnadel durch Stoff ... nun, bei solchen Gedanken war man froh über ein bisschen Ablenkung.

> Wenn man in dieser Branche arbeitete, dann tat es gut, nicht allein zu sein.

Er saß gerade in seinem Büro, las einen Newsfeed und trank dazu eine Tasse Mek, als ein bestimmtes Geräusch ihn zusammenzucken ließ. Schritte. Corbins Schritte. Corbins *aufgebracht* klingende Schritte, genau vor seiner Tür. Ashby seufzte, schluckte seinen aufkeimenden Ärger hinunter und verwandelte sich in den Captain. Er setzte eine neutrale Miene auf und spitzte die Ohren. Für ein Gespräch mit Corbin bedurfte es erhöhter Aufmerksamkeit und einer guten Portion Gelassenheit.

Artis Corbin war zweierlei: ein begabter Algaeist und ein komplettes Arschloch. In seiner ersten Eigenschaft war er für ein Langstreckenschiff wie die *Wayfarer* eine absolute Notwendigkeit. Eine Treibstoffcharge, die ins Braune umkippte, konnte den Ausschlag dafür geben, ob man im Raumhafen ankam oder hilflos durchs All trieb. Gut die Hälfte der unteren Decks war angefüllt mit Algentanks, über deren Nährstoffkonzentration und Salzgehalt jemand mit akribischer Sorgfalt wachen musste. Corbins ungeselliges Wesen war hier sogar von Vorteil. Der Mann saß am liebsten den ganzen Tag über im Algen-Frachtraum, wo er über den Anzeigen murmelte und sich in das verbiss, was er »optimale Bedingungen« nannte. Ashby erschienen die Bedingungen eigentlich immer ziemlich optimal, aber beim Thema Algen redete er Corbin lieber nicht rein. Seit Corbin sich an Bord befand, waren Ashbys Treibstoffkosten um zehn Prozent gesunken, und außerdem gab es nur wenige Algaeisten, die eine Stelle auf einem Langstreckenschiff überhaupt angenommen hätten. Schon auf einer Kurzreise konnten Algen recht heikel sein, aber die Fracht auf einer Langstrecke gesund zu erhalten, erforderte peinliche Genauigkeit und einiges an Ausdauer. Corbin konnte zwar Menschen nicht leiden, aber er liebte seine Arbeit, und er machte sie verdammt gut. In Ashbys Augen war er dadurch äußerst wertvoll. Eine äußerst wertvolle Nervensäge.

Die Tür flog auf, und Corbin stürmte herein. Wie immer stand ihm der Schweiß auf der Stirn, das ergraute Haar klebte ihm an den Schläfen. Wegen der Pilotin musste es auf der *Wayfarer* immer warm sein, aber Corbin hatte seit seinem ersten Tag keinen Hehl daraus gemacht, wie sehr ihm die Standardtemperatur auf dem Schiff missfiel. Auch noch Jahre später verweigerte sein Körper die Akklimatisierung – offenbar aus reiner Gehässigkeit.

Außerdem waren Corbins Wangen gerötet, ob das nun von seiner Laune oder von der Treppe kam. Die heute lebenden Menschen stammten größtenteils von der Exodus-Flotte ab, die sich weit von den Gefilden ihrer angestammten Sonne entfernt hatte. Viele waren wie Ashby auf den Wohnschiffen geboren worden, die den ursprünglichen Exilanten gehört hatten. Sein stark gelocktes schwarzes Haar und seine bernsteinfarbene Haut waren das Ergebnis einer Durchmischung über Generationen hinweg auf den riesigen Schiffen. Die meisten Menschen, ob sie nun im Raum oder auf den Kolonien geboren waren, teilten inzwischen diese Merkmale mit den staatenlosen Exodanern.

Corbin dagegen stammte eindeutig vom System Sol, obwohl die Leute von den Heimatplaneten sich während der letzten Generationen den Exodanern äußerlich angenähert hatten. Aus dem Schmelztiegel der menschlichen Gene tauchten immer mal wieder hellere Hauttöne auf, selbst in der Raumflotte. Aber Corbin war praktisch rosa. Seine Vorfahren waren Wissenschaftler gewesen, Pioniere, die die ersten Forschungssatelliten gebaut hatten, die um Enceladus kreisten. Schon seit Jahrhunderten wachten sie dort über die Bakterienflora in den eisigen Ozeanen. Da Sol nur ein trüber Fleck am Himmel von Saturn war, waren den Forschern ihre Pigmente mit jedem Jahrzehnt weiter abhandengekommen. Das Endergebnis war Corbin, ein rosafarbener Mann, wie geschaffen für langwierige Laborarbeit und einen Himmel ohne Sonne.

Corbin warf seinen Scribus auf Ashbys Schreibtisch. Das dünne, rechteckige Pad segelte durch den Pixel-Bildschirm und blieb scheppernd vor

Ashby liegen. Mit einer Handbewegung schloss Ashby den Bildschirm. Die in der Luft stehenden Schlagzeilen zerfielen, und die farbigen Pixel stahlen sich winzigen Insektenschwärmen gleich zurück in die Projektorboxen beiderseits des Schreibtisches. Ashby betrachtete den Scribus und sah Corbin dann mit hochgezogenen Augenbrauen an.

»Das hier«, sagte Corbin, wobei er mit seinem knochigen Zeigefinger auf den Scribus zeigte, »soll wohl ein Scherz sein.«

»Lass mich raten«, sagte Ashby. »Jenks hat sich mal wieder an deinen Aufzeichnungen zu schaffen gemacht?«

Corbin runzelte die Stirn und schüttelte den Kopf. Ashby konzentrierte sich auf den Scribus und verbiss sich nur mit Mühe das Lachen bei der Erinnerung daran, wie Jenks sich letztes Mal in Corbins Scribus gehackt und die peniblen Aufzeichnungen des Algaeisten durch dreihundertzweiundsechzig verschiedene Aufnahmen von sich selbst ersetzt hatte, nackt, wie Gott ihn schuf. Besonders gut hatte Ashby das Bild gefallen, auf dem Jenks die Flagge der galaktischen Gemeinschaft in der Hand hielt. Eine Art würdevolle Dramatik hatte darin gelegen.

Ashby nahm den Scribus und drehte ihn um, so dass der Bildschirm nach oben zeigte.

> Von: Captain Ashby Santoso (Wayfarer, GG Tunneler-Lizenz Nr. 387-97456
>
> Re: Lebenslauf Rosemary Harper (GG Verwaltungszertifikat Nr. 65-78-2)

Ashby erkannte die Datei wieder. Es war der Lebenslauf der neuen Büroassistentin, die am morgigen Tag eintreffen sollte. Wahrscheinlich lag sie gerade festgeschnallt und narkotisiert in einer Kapsel, bis ihre lange, beengte Reise zu Ende war.

»Wieso zeigst du mir das?«, fragte Ashby.

»Aha. Du hast es also tatsächlich gelesen«, sagte Corbin.

»Ja, natürlich. Ich hatte euch allen doch schon vor einer Ewigkeit gesagt, dass ihr euch die Datei ansehen sollt, um euch vor ihrer Ankunft einen Eindruck zu verschaffen.« Es war Ashby schleierhaft, worauf Corbin hinauswollte, aber das war seine übliche Masche. Erst mal meckern, die Erklärung kam dann später.

Corbins Entgegnung war absehbar, noch ehe er den Mund aufmachte: »Ich hatte keine Zeit dazu.« Für gewöhnlich ignorierte Corbin alle Aufgaben, die

nichts mit seinem Labor zu tun hatten.« Was zum Teufel hast du dir dabei gedacht, ein derart junges Mädchen an Bord zu holen?«

»Ich hatte mir gedacht«, sagte Ashby, »dass ich eine ausgebildete Verwaltungsassistentin brauche.« Nicht einmal Corbin konnte das bestreiten. In Ashbys Aufzeichnungen herrschte Chaos, und ein Tunnelerschiff benötigte zwar nicht unbedingt eine Bürokraft, um seine Lizenz zu behalten, aber das GG-Beförderungsministerium hatte ziemlich deutlich durchblicken lassen, dass Ashby sich mit seinen ständig verspäteten Berichten keine Freunde machte. Ein weiteres Crewmitglied zu bezahlen und durchzufüttern, war zwar kein Klacks, aber nach reiflicher Überlegung hatte Ashby Sissix' Drängen nachgegeben und das Ministerium gebeten, ihm eine Fachkraft zu schicken. Wenn er weiter versuchte, zwei Jobs auf einmal zu machen, würden die Geschäfte darunter leiden.

> Wir befinden uns mitten im All, kurz vor einem Blindstoß, und du nimmst ein Kind an Bord auf.

Corbin verschränkte die Arme über der Brust und rümpfte die Nase. »Hast du mit ihr geredet?«

»Wir haben vor einem Tagzehnt über Sib gechattet. Sie scheint ganz in Ordnung zu sein.«

»*Sie scheint ganz in Ordnung zu sein*«, wiederholte Corbin. »Das ist ja mal erfreulich.«

Seine nächsten Worte wählte Ashby mit mehr Bedacht. Es handelte sich hier schließlich um Corbin, den König der Wortklauberei. »Das Ministerium hat sie genehmigt. Sie ist bestens qualifiziert.«

»Dann hat da wohl jemand zu viel Smash geraucht.« Erneut stach Corbin mit dem Zeigefinger nach dem Scribus. »Sie hat keinerlei Langstreckenerfahrung. Soweit ich das sehe, hat sie nie an einem anderen Ort als auf dem Mars gelebt. Sie kommt frisch von der Universität …«

Ashby zählte an den Fingern ab. Auch er beherrschte dieses Spiel. »Sie ist für den GG-Verwaltungskram qualifiziert. Sie hat ein Praktikum bei einer planetarischen Transportfirma gemacht, wo sie die gleichen Basisqualifikationen benötigt hat wie bei uns. Sie spricht fließend Hanto, mit Gesten und allem Drum und Dran, was uns wirklich ein paar Türen öffnen könnte. Sie kann ein Empfehlungsschreiben ihres Professors für interspeziäre Beziehungen vorweisen. Und was das Wichtigste ist: Bei unserem kurzen Gespräch wirkte sie auf mich wie jemand, mit dem ich zusammenarbeiten kann.«

»Sie hat so etwas noch nie gemacht. Wir befinden uns mitten im All, kurz vor einem Blindstoß, und du nimmst ein Kind an Bord auf.«
»Sie ist kein Kind, sie ist nur jung. Und jeder fängt mal irgendwo an, Corbin. Bei dir war das bestimmt auch nicht anders.«
»Weißt du, was mein erster Job war? Ich habe im Labor meines Vaters Probenbehälter gespült. Selbst ein dressiertes Tier hätte diese Arbeit machen können. So sollte der erste Job sein, und nicht ...« Er verhaspelte sich. »Darf ich dich daran erinnern, was wir hier tun? Wir fliegen durch die Gegend und bohren Löcher durch den Raum, und zwar buchstäblich. Das ist keine ungefährliche Arbeit. Schon Kizzy und Jenks jagen mir eine Scheißangst ein, aber die haben zumindest Erfahrung. Ich kann meine Arbeit nicht machen, wenn ich ständig Angst haben muss, dass irgendein unbedarfter Neuling den falschen Knopf drückt.«

Das war das Alarmsignal, das »Ich kann unter solchen Bedingungen nicht arbeiten«-Alarmsignal, das darauf hindeutete, dass Corbin kurz davor stand auszuflippen. Es wurde Zeit, ihn wieder auf Spur zu bringen.
»Corbin, sie wird keinerlei Knöpfe drücken. Sie wird nichts Komplizierteres tun, als Berichte zu verfassen und Verwaltungskram abzuwickeln.«
»Und sie wird sich mit den Grenzwachen auseinandersetzen, und mit der planetarischen Streife und mit zahlungssäumigen Kunden. Wir haben es nicht immer nur mit netten Leuten zu tun. Nicht alle sind vertrauenswürdig. Wir brauchen jemand, der sich durchsetzen kann, der mit schnöseligen Hilfssheriffs fertig wird, die meinen, sie würden die Vorschriften besser kennen als wir. Jemand, der bei den Lebensmitteln zwischen einem echten Unbedenklichkeitsstempel und einer billigen Schmugglerfälschung unterscheiden kann. Jemand, der Ahnung von dem Leben hier draußen hat, niemanden, der frisch von der Uni kommt und sich in die Hosen macht, sobald der erste Vollstrecker der Quelin bei uns andockt.«

> Das war das Alarmsignal.

Ashby stellte seine Tasse ab. »Also *ich* brauche jemanden, der meine Aufzeichnungen in Ordnung hält. Ich brauche jemanden, der unsere Termine managt, der dafür sorgt, dass wir vor dem Passieren einer Grenze alle nötigen Impfungen und Scans haben und der bei meinen Abrechnungen durchsteigt. Es ist ein komplizierter Job, aber kein schwieriger – nicht, wenn sie so gut organisiert ist, wie es in ihrem Empfehlungsschreiben steht.«
»Das ist doch todsicher ein Standardbrief. Bestimmt hat dieser Professor für jeden hasenfüßigen Studenten, der ihn angebettelt hat, das gleiche Schreiben losgeschickt.«

Ashby zog eine Augenbraue hoch. »Sie hat an der Universität von Alexandria studiert, genau wie du.«

Corbin schnaubte höhnisch. »Ich war auf der wissenschaftlichen Fakultät. Das ist etwas anderes.«

Ashby lachte kurz auf. »Sissix hat recht, Corbin, du bist wirklich ein Snob.«

»Sissix kann von mir aus zur Hölle fahren.«

»Ja, das hast du ihr ja gestern Abend deutlich gesagt. Ich habe euch im Gang gehört.« Corbin und Sissix würden einander irgendwann noch umbringen. Sie waren noch nie gut miteinander ausgekommen, und keiner von ihnen war auch nur im Geringsten daran interessiert, einen gemeinsamen Nenner zu finden. Hier bewegte Ashby sich auf sehr dünnem Eis. Er und Sissix waren schon vor der *Wayfarer* befreundet gewesen, aber solange er Captain war, durfte er sie und Corbin als Mitglieder seiner Crew nicht unterschiedlich behandeln. Bei ihren ständigen Streitereien zu vermitteln, war eine heikle Angelegenheit. Meistens versuchte er, sich ganz herauszuhalten. »Was war es denn dieses Mal – oder will ich das lieber nicht wissen?«

Corbins Mund zuckte. »Sie hat meinen letzten Dentalbot benutzt.«

Ashby blinzelte. »Du weißt doch, dass im Frachtraum riesige Kisten voller Dentalbots stehen.«

»Aber nicht mit meinen Dentalbots. Du kaufst diese billigen Allerweltsbots, bei denen man wundes Zahnfleisch bekommt.«

»Ich benutze diese Bots jeden Tag, und meinem Zahnfleisch geht es bestens.«

»Meines ist aber empfindlich. Wenn du mir nicht glaubst, dann lass dir doch von Dr. Chef meine zahnärztlichen Unterlagen zeigen. Ich brauche meine eigenen Bots.«

Hoffentlich sah man ihm nicht an, wie weit unten auf seiner Prioritätenliste dieses Klagelied rangierte, dachte Ashby im Stillen. »Ich kann zwar verstehen, dass dich das ärgert, aber wir reden hier schließlich nur über eine Packung Dentalbots.«

Corbin war empört. »Die sind alles andere als billig! Sie hat es nur getan, um mir eins auszuwischen, da bin ich mir sicher. Wenn diese selbstsüchtige Echse nicht ...«

»He!« Ashby richtete sich auf. »So nicht. Dieses Wort will ich nicht noch einmal von dir hören.« Unter den speziesistischen Schimpfwörtern war »Echse« zwar sicher nicht das schlimmste, aber doch schlimm genug.

Corbin presste die Lippen zusammen, als wollte er weitere Bosheiten zurückhalten. »Tut mir leid.«

Ashby war aufgebracht, aber im Grunde war das der ideale Verlauf eines Gesprächs mit Corbin: Man isolierte Corbin von der Crew, ließ ihn schimpfen, wartete, bis er zu weit ging und putzte ihn dann herunter, solange er Reue zeigte. »Ich rede mit Sissix, aber du musst umgänglicher werden. Und ganz egal, wie wütend du bist, für solche Ausdrücke ist auf meinem Schiff kein Platz.«

»Ich habe nur ein bisschen die Beherrschung verloren, das ist alles.« Corbin war augenscheinlich immer noch wütend, doch selbst er war zu klug, um die Hand zu beißen, die ihn fütterte. Zwar wusste er um seinen Wert für die Crew, aber letzten Endes war es Ashby, der die Credits auf sein Bankkonto überwies. »Wertvoll« war nicht dasselbe wie »unersetzlich«.

»Mal ein bisschen unbeherrscht zu sein, ist ja gut und schön, aber du gehörst zu einer gemischten Crew, und das musst du im Kopf behalten. Besonders, wenn Neue an Bord kommen. Und was diese Sache angeht, tut es mir ja leid, dass du wegen ihr Bedenken hast, aber offen gestanden geht dich das nichts an. Rosemary wurde vom Ministerium vorgeschlagen, aber ihre Einstellung geht auf meine Kappe. Falls sie sich als Fehlentscheidung herausstellt, suchen wir uns jemand anderen. Aber bis es so weit ist, geben wir ihr erst mal alle eine Chance. Was immer deine Vorbehalte sein mögen, ich erwarte von dir, dass du ihr das Gefühl gibst, willkommen zu sein. Eigentlich …«

Langsam breitete sich ein Lächeln auf Ashbys Gesicht aus.

Corbins Miene wurde argwöhnisch. »Was?«

Ashby lehnte sich zurück und verschränkte die Finger. »Corbin, meiner Erinnerung nach wird unsere neue Assistentin morgen um etwa siebzehneinhalb hier eintreffen. Nun, um Punkt siebzehn habe ich einen Sibchat mit Yoshi, und du weißt ja, wie gern er redet. Wenn Rosemary andockt, werde ich vermutlich noch nicht fertig sein, und jemand wird sie herumführen müssen.«

»O nein.« Corbin machte ein gequältes Gesicht. »Lass Kizzy das machen. Die steht auf so was.«

»Kizzy hat mit dem Luftfilterwechsel in der Krankenstation alle Hände voll zu tun, und ich bezweifle, dass sie bis morgen fertig ist. Jenks hilft ihr, er fällt also auch raus.«

»Dann eben Sissix.«

»Mmm. Sissix muss für den morgigen Stoß noch alles Mögliche vorbereiten. Sie wird vermutlich keine Zeit haben.«Ashby grinste. »Du wirst bestimmt eine tolle Führung abliefern.«

Corbin sah seinen Arbeitgeber verdrießlich an. »Manchmal gehst du mir wirklich auf den Sack, Ashby.«

Ashby griff nach seiner Tasse und schlürfte die letzten Tropfen. »Ich wusste ja, dass ich mich auf dich verlassen kann.«

Tag 130, GG-Standard 306
Ankunft

Rosemary massierte sich den Nasenrücken, während der Automat ihren Becher füllte. Sie fühlte sich immer noch benommen von der Narkose, und die Aufputschmittel, die das ausgleichen sollten, bewirkten bis jetzt nur Herzrasen. Liebend gern hätte sie ihre Glieder gestreckt, doch solange die Kapsel noch in Bewegung war, konnte sie den Sicherheitsgurt nicht lösen, und der Platz hier erlaubte sowieso nicht mehr als aufzustehen und auszusteigen. Stöhnend lehnte sie den Kopf zurück. Seit dem Start waren beinahe drei Tage vergangen. Solartage, rief sie sich ins Gedächtnis. Keine Standardtage. An diese Unterscheidung musste sie sich gewöhnen. Längere Tage, längere Jahre. Aber es gab Dringlicheres für sie als kalendarische Feinheiten. Sie war erschöpft, hatte Hunger, ihre Glieder waren steif, und sie konnte sich nicht erinnern, dass sie in den dreiundzwanzig Jahren ihres Lebens – Solarjahre, nicht Standardjahre – jemals so dringend hatte pinkeln müssen. Laut dem unwirschen äluonischen Angestellten am Raumhafen dämpfte die Narkose den Harndrang, aber er hatte kein Wort darüber verloren, wie sie sich fühlen würde, wenn die Wirkung nachließ.

Rosemary malte sich den langen Beschwerdebrief aus, den ihre Mutter nach einer solchen Reise verfasst hätte. Unter welchen Umständen wäre ihre Mutter überhaupt in einer Kapsel geflogen? Rosemary konnte sie sich nicht einmal beim Betreten eines öffentlichen Raumhafens vorstellen. Es hatte sie ja schon überrascht, sich selbst an einem solchen Ort wiederzufinden – in dem schmuddeligen Wartebereich mit seinen flimmernden Pixel-Postern und dem schalen Geruch nach vergammelten Algen und Reinigungsflüssigkeit. Unter all den Exoskeletten und Tentakeln hatte sie sich selbst wie ein Alien gefühlt.

Die Menagerie, mit der sie zusammen vor dem Schalter Schlange stand, hatte ihr unmissverständlich klargemacht, wie weit sie sich von

Sol entfernt hatte. Auf ihrem Heimatplaneten ging es ziemlich kosmopolitisch zu, aber abgesehen von einem gelegentlichen Diplomaten oder Firmenvertreter bekam man auf dem Mars kaum nichtmenschliche Reisende zu sehen. Ein terrageformter Felsbrocken, bevölkert von einer der unbedeutendsten Arten der galaktischen Gemeinschaft, war kein besonders gefragtes Reiseziel. Professor Selim hatte sie gewarnt, dass das Studium interspeziärer Beziehungen etwas völlig anderes war, als loszuziehen und mit den Wesen tatsächlich zu reden, doch sie hatte es vorgezogen, diesen Hinweis zu ignorieren, bis sie sich unter unförmigen Bioanzügen und Füßen, die keine Schuhe benötigten, wiederfand. Sogar das Gespräch mit dem Harmagianer am Ticketschalter hatte sie nervös gemacht. Sie wusste, dass sie ausgezeichnet Hanto sprach (zumindest für einen Menschen), aber das hier war nicht mehr die geschützte Umgebung des Sprachlabors an der Universität. Niemand würde behutsam ihre Fehler korrigieren oder ihr einen Fehltritt verzeihen. Sie war jetzt auf sich allein gestellt, und wenn sie weiter Credits auf ihrem Konto und ein Bett zum Schlafen haben wollte, musste sie den Job machen, für den sie, wie sie Captain Santoso versichert hatte, qualifiziert war.

Nur nicht nervös werden.

Nicht zum ersten Mal zog sich ihr Magen zu einem kalten Klumpen zusammen. Noch nie in ihrem Leben hatte sie sich um Credits oder ein Dach über dem Kopf Gedanken gemacht. Doch da ihre Ersparnisse zur Neige gingen und sie alle Brücken hinter sich abgebrochen hatte, konnte sie sich keinen Fehler mehr erlauben. Der Preis für den Neuanfang war, dass sie niemanden mehr hatte, der ihr half.

Bitte, dachte sie. *Bitte vermassel das nicht.*

»Wir beginnen jetzt mit dem Anflug, Rosemary«, zwitscherte der Bordcomputer. »Benötigst du noch etwas, bevor ich mit dem Andocken beginne?«

»Eine Toilette und ein Sandwich, bitte«, sagte Rosemary.

»Entschuldige, Rosemary, ich hatte Schwierigkeiten, dich zu verstehen. Könntest du deinen Wunsch noch einmal wiederholen?«

»Ich habe keinen Wunsch.«

»In Ordnung, Rosemary. Ich öffne jetzt die Außenluken. Vielleicht machst du lieber die Augen zu, um sie an externe Lichtquellen zu gewöhnen.«

Gehorsam schloss Rosemary die Augen, während die Luken sich summend öffneten, doch hinter ihren Lidern blieb es dunkel. Sie machte die Augen wieder auf. Die einzige nennenswerte Lichtquelle befand sich in der Kapsel. Wie sie vermutet hatte, gab es da draußen nichts als dunkles Weltall und winzige Sterne. Sie befand sich im freien Raum.

Wie dick wohl die Außenwand der Kapsel war?

Die Kapsel vollführte einen Schwenk nach oben, und Rosemary hob schützend die Hand gegen die plötzlichen Lichtstrahlen, die aus den Fenstern des hässlichsten Schiffs fielen, das sie je gesehen hatte. Es war ein unförmiger Klotz, mit Ausnahme einer Kuppel, die wie ein verkrümmtes Rückgrat aus dem hinteren Bereich hervortrat. Das war kein Schiff für zimperliche Geschäftsreisende, nichts daran war elegant oder inspirierend. Es war größer als ein Personentransporter, aber kleiner als ein Frachtschiff. Die fehlenden Flügel kennzeichneten es als ein Schiff, das im Weltraum gebaut worden war und sich nie in eine Atmosphäre begeben würde. An der Unterseite befand sich eine gewaltige, komplizierte Maschinerie – metallisch und kantig, mit mehreren Reihen gezahnter Grate, die auf eine dünne, langgezogene Spitze zuliefen. Rosemary wusste zwar nicht viel über Raumschiffe, aber die unterschiedlichen Farben der Außenwand wirkten, als hätte man es abschnittsweise zusammengestoppelt, möglicherweise aus Teilen anderer Schiffe. Ein Patchwork-Schiff. Das einzig Vertrauenerweckende daran war die kompakte Bauweise. Dies war ein Schiff, das einiges aushielt und auch schon einiges ausgehalten hatte. Die Schiffe, in denen Rosemary bisher gereist war, waren zwar netter anzuschauen gewesen, aber es war beruhigend, dass sich zwischen ihr und all dem leeren Raum eine dicke, solide Wand befinden würde.

> Das war kein Schiff für zimperliche Geschäftsreisende, nichts daran war elegant oder inspirierend.

»*Wayfarer*, hier spricht Kapsel 36-A. Erbitte Andockerlaubnis«, sagte der Computer.

»Kapsel 36-A, hier spricht die *Wayfarer*«, antwortete eine weibliche Stimme mit exodanischem Akzent. Die Vokale waren weich, die Aussprache allzu gleichmäßig. Eine KI. »Bitte bestätigen Sie die Identität ihrer Passagierin.«

»Verstanden, *Wayfarer*. Ich übermittle jetzt die Passagierdaten.«

Eine kurze Pause entstand. »In Ordnung, Kapsel 36-A. Sie haben die Erlaubnis zum Andocken.«

Wie ein Meeressäuger, der zum Trinken zu seiner Mutter heranschwamm, schwebte die Kapsel neben die *Wayfarer*. Die rückwärtige

Luke glitt in die Andockschleuse der *Wayfarer*. Rosemary konnte hören, wie die Verriegelung einrastete. Mit einem Zischen weitete sich die Dichtung.

Die Luke öffnete sich. Stöhnend stand Rosemary auf. Ihre Muskeln fühlten sich an, als wären sie kurz vor dem Zerreißen. Sie nahm Reisetasche und Rucksack vom Gepäckständer und humpelte los. Die Schwerkraft auf der *Wayfarer* unterschied sich ein wenig von der in der Kapsel, genug, um ihren Magen ins Schlingern zu bringen, als sie die Grenze zwischen den beiden überschritt. Das Gefühl hielt nur ein paar Sekunden lang an, aber zusammen mit der Benommenheit, dem flatternden Puls und ihrer schmerzenden Blase fühlte sie sich nicht mehr nur unwohl, sondern einigermaßen elend. Hoffentlich war ihr neues Bett weich.

Sie trat in eine kleine Dekontaminationszelle, die leer war bis auf eine gelb leuchtende Platte, die an einem halbhohen Ständer hing. Die KI sprach durch eine Vox an der Wand. »Hallo! Ich bin mir zwar ziemlich sicher, dass ich weiß, wer Sie sind, aber könnten Sie bitte ihr Handgelenkspflaster über die Platte ziehen, damit ich mich vergewissern kann?«

Rosemary zog den Ärmel zurück, wodurch das Stoffarmband zum Vorschein kam, welches das kleine Dermalimplantat an der Innenseite ihres rechten Handgelenks schützte. In dem kaum daumennagelgroßen Stück Technik steckten jede Menge Daten – ihre ID, ihre Bankverbindung und ein medizinisches Interface, das mit den etwa fünfhunderttausend Immubots kommunizierte, die in ihrem Blutkreislauf unterwegs waren. Wie alle Bürger der GG hatte Rosemary ihr erstes Implantat schon als Kind bekommen (bei Menschen geschah das üblicherweise im Alter von fünf Jahren), doch ihr jetziges Implantat war erst ein paar Tagzehnte alt. Die Haut darum herum glänzte noch und war empfindlich. Das neue Implantat hatte sie fast die Hälfte ihrer Ersparnisse gekostet, was ihr wie Wucher erschienen war, aber sie war kaum in der Position gewesen, deswegen herumzustreiten.

> Würden sie sich von ihr abwenden, genau wie ihre Freunde?

Sie hielt das Handgelenk über die gelbe Platte. Das Licht pulsierte schwach, und zu den Aufputschmitteln gesellte sich ein leichter Adrenalinstoß. Was, wenn bei dem Implantat irgendetwas schiefgegangen war und doch ihre alte Datei ausgelesen wurde? Was, wenn man ihren Namen sah und eins und eins zusammenzählte? Würde das den Leuten hier draußen etwas ausmachen? Würde es eine Rolle spielen, dass sie nichts Böses getan hatte? Würden sie sich von ihr abwenden, genau wie ihre Freunde? Sie zum Mars zurückschicken, zurück zu einem Namen, den sie nicht wollte, und in einen Schlamassel, der sie gar nicht ...

Das Pad blinkte in einem freundlichen Grün. Rosemary atmete auf und schalt sich dafür, auch nur nervös gewesen zu sein. Seit dem Einsetzen hatte das neue Implantat bestens funktioniert. Auf dem Weg hierher hatte sie keinerlei Probleme gehabt, sich auszuweisen oder auf den Zwischenstopps zu bezahlen. Es war unwahrscheinlich, dass der Implantatscanner auf diesem alten Tunnelerschiff Abweichungen erfasste, die den hochmodernen Scannern auf den Raumhäfen entgangen waren. Immerhin, es war die letzte Hürde, die sie hatte meistern müssen. Jetzt galt es nur noch, gute Arbeit zu leisten.

»Da sind Sie also, Rosemary Harper«, sagte die KI. »Mein Name ist Lovelace, und ich bin das Kommunikationsinterface des Schiffes. In dieser Hinsicht ähneln sich wohl unsere Aufgaben, nicht wahr? Sie vermitteln für die Crew, ich hingegen für das Schiff.«

»Das stimmt wohl«, sagte Rosemary ein wenig unsicher. Mit empfindungsfähigen KIs hatte sie nicht viel Erfahrung. Die KIs bei ihr zu Hause waren alle nichtssagend nüchtern und funktionell. In der Universitätsbibliothek gab es eine KI namens Oracle, doch diese war eher von der akademischen Sorte. Mit einer so freundlichen KI wie Lovelace hatte Rosemary noch nie gesprochen.

»Soll ich dich Rosemary nennen?«, fragte Lovelace. »Oder hast du einen Spitznamen?«

»Rosemary ist in Ordnung.«

»Schön, Rosemary. Du kannst Lovey zu mir sagen, wenn du möchtest. Alle nennen mich so. Ein gutes Gefühl, aus der Kapsel herauszukommen, nicht wahr?«

»Du hast ja keine Ahnung.«

»Das ist wahr. Aber du weißt schließlich auch nicht, wie gut es sich anfühlt, wenn die eigenen Speicherbausteine neu kalibriert werden.«

Rosemary ließ sich das durch den Kopf gehen. »Da hast du Recht, das weiß ich nicht.«

»Rosemary, ich will ehrlich mit dir sein. Ich habe dich so lange mit diesem Geplauder aufgehalten, damit dir nicht langweilig wird, während ich dich auf Kontaminierungen scanne. Ein Mitglied unserer Crew hat besondere gesundheitliche Bedürfnisse, und ich muss einen gründlicheren Scan durchführen, als es auf einigen anderen Schiffen üblich ist. Es sollte nicht mehr lange dauern.«

Rosemary hatte nicht den Eindruck, lange gewartet zu haben, aber sie hatte keine Ahnung, was eine KI als längere Zeitspanne ansah. »Nimm dir alle Zeit, die du brauchst.«

»Ist das dein ganzes Gepäck?«

»Ja«, sagte Rosemary. Tatsächlich trug sie all ihre Besitztümer bei sich (genaugenommen alles, was sie nicht verkauft hatte). Es verblüffte sie immer noch, dass alles in zwei kleine Taschen passte. Nach dem Leben in ihrem riesigen Elternhaus, vollgestopft mit Möbeln, Nippes und Raritäten, verschaffte ihr das Wissen, nicht mehr zu brauchen, als sie tragen konnte, ein erstaunliches Gefühl der Freiheit.

»Wenn du deine Taschen in den Lastenaufzug zu deiner Rechten stellst, kann ich sie für dich zum oberen Mannschaftsdeck transportieren. Du kannst sie jederzeit abholen, wenn du auf dein Zimmer gehst.«

»Danke«, sagte Rosemary. Sie öffnete die Metalltür an der Wand, stellte ihre Taschen in das dahinterliegende Abteil und verriegelte die Tür. In der Wand rauschte es.

»Also, Rosemary, ich bin jetzt fertig mit meinem Scan. Ich sage es wirklich ungern, aber in deinem Organismus befinden sich tatsächlich ein paar Keime, die auf der schwarzen Liste stehen.«

»Was denn für Keime?«, fragte Rosemary. Voller Grauen dachte sie an die schmierigen Geländer und die klebrigen Sitze auf dem Raumhafen. Nicht mal drei Tagzehnte, nachdem sie den Mars verlassen hatte, und schon hatte sie irgendeine außerirdische Seuche eingefangen.

»Ach, nichts, was dir weiter schadet, aber es sind Keime, mit denen unser Navigator nicht fertig wird. Bevor du das Schiff wieder verlässt, wird unser Arzt deine Immubots entsprechend updaten müssen. Fürs Erste muss ich dir einen Dekontaminierungsblitz verpassen. Ist das in Ordnung?«

Lovey klang bedauernd, und das aus gutem Grund. Das einzig Positive an einem Dekontaminationsblitz war, dass er schnell vorüber war.

»Okay«, sagte Rosemary und biss die Zähne zusammen.

»Beiß die Zähne zusammen«, sagte Lovey. »Blitz in drei Sekunden … zwei … eins.«

Grelles, orangefarbenes Licht erfüllte den Raum. Rosemary spürte, wie es ihren Körper durchdrang. Stechende Kälte breitete sich in ihren Poren, ihren Zähnen und bis in ihre Wimpern aus. Einen kurzen Augenblick war sie sich jeder einzelnen Kapillare bewusst.

»Es tut mir so leid«, sagte Lovey, als der Blitz vorbei war. »Es ist mir zuwider, dass ich dir das antun muss. Du siehst aus, als wäre dir übel.«

Rosemary atmete aus, um das Gefühl der tausend kleinen Nadeln loszuwerden. »Ist ja nicht deine Schuld«, sagte sie. »Ich hab mich schon vorher nicht so besonders gefühlt.« Sie hielt inne, weil ihr klar wurde, dass sie gerade einer KI gut zuredete. Es war eine alberne Vorstellung, aber etwas in Loveys Auftreten ließ jede andere Reaktion ein wenig unhöflich erscheinen. Konnte man eine KI überhaupt kränken? Rosemary war sich nicht ganz sicher.

»Ich hoffe, es geht dir bald wieder besser. Soviel ich weiß, steht ein Abendessen für dich bereit, aber danach wirst du dich sicher ausruhen können. So, nun habe ich dich lange genug aufgehalten. Du darfst jetzt hindurchgehen. Und ich freue mich, dich als Erste an Bord willkommen heißen zu dürfen.«

Willkommen auf der Wayfarer.

Die Vox ging aus. Rosemary drückte die Hand gegen die Türfüllung. Die innere Luke öffnete sich, und dahinter erschien ein blasser Mann mit mürrischer Miene. Als Rosemary eintrat, veränderte sich sein Gesichtsausdruck. Es war das unaufrichtigste Lächeln, das sie je gesehen hatte.

»Willkommen auf der *Wayfarer*«, sagte der Mann und streckte die Hand aus. »Artis Corbin, Algaeist.«

»Freut mich, Sie kennenzulernen, Mister Corbin. Ich heiße Rosemary Harper.« Rosemary reichte ihm die Hand. Sein Händedruck war schlaff, seine Haut feucht. Sie war froh, als sie loslassen konnte.

»Corbin genügt vollkommen.« Er räusperte sich. »Möchten Sie …« Er nickte zu der gegenüberliegenden Wand hin, wo sich eine Tür mit dem menschlichen Zeichen für Toilette befand.

Rosemary lief darauf zu.

Als sie ein paar Minuten später zurückkehrte, war ihre Laune schon besser. Sie hatte zwar noch Herzflattern, ihre Benommenheit war noch nicht verschwunden, und von den Nachwirkungen des Blitzes taten ihr immer noch die Zähne weh. Doch zumindest ein Ungemach konnte sie von der Liste streichen.

»Kapseln sind die schlechteste Art zu reisen«, sagte Corbin. »Sie laufen mit gepanschtem Zeug, wissen Sie. Das wird uns noch um die Ohren fliegen. Man sollte sie wirklich besser regulieren.« Rosemary wollte sich gerade eine Antwort zurechtlegen, doch bevor sie dazu kam, sagte Corbin: »Hier entlang.« Sie folgte ihm durch den Korridor.

Von innen war die *Wayfarer* kein bisschen schöner als von außen, aber die ganz unterschiedlichen Gänge hatten einen gewissen Reiz. Kleine Fenster unterbrachen in regelmäßigen Abständen die Schiffswand. Die

Wandpaneele selbst wurden von Bolzen und Schrauben unterschiedlicher Größe zusammengehalten. Auch hier drinnen waren die Wände verschiedenfarbig – kupferbraun auf der einen Seite, stumpfes Messing auf der anderen, dazwischen zum Ausgleich hin und wieder ein helles Grau.

»Interessantes Design«, sagte Rosemary.

Corbin schnaubte verächtlich. »Wenn Sie mit ›interessant‹ meinen, dass es aussieht wie die Steppdecke meiner Oma, dann ja. Die *Wayfarer* ist ein altes Schiff. Die meisten Tunnelerschiffe sind alt. Kapitäne, die alte Schiffe wieder instand setzen, anstatt neue zu kaufen, erhalten Prämien. Ashby hat das voll ausgeschöpft. Das ursprüngliche Schiff ist ungefähr fünfunddreißig Standards alt. Es war auf Langlebigkeit hin gebaut, hatte aber nicht den Komfort für die angedachte Crew. Ashby hat es mit größeren Quartieren, zusätzlichem Laderaum, Duschen und all dem ausgestattet. Natürlich alles aus Bergungen. Um die ganze Ausstattung neu zu kaufen, fehlt ihm das Geld.«

Rosemary war erleichtert, von den verbesserten Lebensbedingungen zu hören. Sie hatte sich schon auf winzige Kojen und Sanistaub-Duschen eingestellt. »Lovey kam wohl ebenfalls nachträglich hinzu?«

»Ja. Ashby hat sie gekauft, aber sie ist vor allem Jenks' Liebling.« Ohne weitere Erklärungen ging Corbin weiter und nickte zur Wand hinüber. »In jedem Raum und an den wichtigsten Kreuzungen befinden sich Voxe. Ganz gleich, wo Sie sind, Lovey hört jeden Wunsch und leitet die Nachrichten für Sie weiter. Sie werden im ganzen Schiff übertragen, Sie sollten also aufpassen, was Sie sagen. Eine Vox ist ein Hilfsmittel, kein Spielzeug. Außerdem sind überall auf dem Schiff Feuerlöscher. Kizzy kann Ihnen einen Lageplan davon schicken. In der Andockluke, dem Mannschaftsdeck und dem Laderaum befinden sich Spinde mit Exo-Anzügen. Auf sämtlichen Decks gibt es Notausstiege. Außerdem verfügen wir über einen Shuttle, der über den Frachtraum zugänglich ist. Wenn Sie sehen, dass die Warnlampen an der Wand aufleuchten, laufen Sie zu einem Anzug, zu einer Ausstiegsluke oder zum Shuttle – je nachdem, was am nächsten liegt.« Vor ihnen gabelte sich der Korridor. Corbin deutete nach links. »Zur Krankenstation geht es da entlang. Keine Spitzentechnologie, aber gut genug, um einen am Leben zu halten, bis wir einen Hafen anlaufen.«

»Ich verstehe«, sagte Rosemary. Sie bemühte sich, nicht zu viel in die Tatsache hineinzuinterpretieren, dass Corbin ausschließlich über Dinge gesprochen hatte, die mit Notfällen oder Verletzungen zu tun hatten.

Aus einem abzweigenden Korridor vor ihnen drangen laute, fröhliche Stimmen. Etwas fiel scheppernd zu Boden. Es folgte eine kurze Aus-

einandersetzung, dann Gelächter. Corbin kniff die Augen zusammen, als bekäme er Kopfschmerzen. »Ich glaube, Sie werden gleich unsere Techniker kennenlernen«, sagte er.

Als sie um die Ecke bogen, lag dort ein Gewirr aus Kabeln und Drähten auf dem Boden verstreut. Rosemary konnte keinerlei Ordnung darin erkennen. Wie Eingeweide quollen Algenschläuche aus einer Öffnung in der Wandverkleidung. In der Wand selbst werkelten zwei Leute, ein Mann und eine Frau, beides Menschen – oder etwa doch nicht? Bei der Frau, die etwa Mitte zwanzig war, konnte kein Zweifel bestehen. Ihr schwarzes Haar war zu einem schiefen Knoten geschlungen und wurde von einem verblichenen, ausgefransten Haarband zusammengehalten. Sie trug einen völlig verdreckten orangefarbenen Overall, auf dessen Ellbogen mit großen Stichen aufgenähte, hellere Stoffflicken prangten. Auf den Ärmeln befanden sich eilig hingekritzelte Notizen wie »32-B ÜBERPRÜFEN – DRÄHTE ZU ALT?« und »VERGISS DIE LUFTFILTER NICHT, DUMMI« und »ESSEN«. Auf ihrer flachen Nase thronte ein merkwürdiges Brillengestell, an dessen Klappscharnieren pro Auge nicht weniger als ein halbes Dutzend Gläser befestigt waren. Einige waren dick und wirkten wie Vergrößerungsgläser, auf anderen flimmerten winzige digitale Anzeigen. Sie schienen handgefertigt zu sein. Die dunkle, olivfarbene Haut der Frau wirkte, als hätte sie viel Zeit mit natürlichen Sonnenbädern verbracht, doch ihre Gesichtszüge waren unverkennbar exodanisch. Vermutlich war sie auf einer außersolaren Kolonie aufgewachsen – »sonnenfern«, wie man auf dem Mars zu sagen pflegte.

Der Mann dagegen ließ sich nicht so leicht einordnen, auch wenn er im Großen und Ganzen menschlich aussah. Seine Mischlingsgesichtszüge, die Figur, Gliedmaßen und Finger waren ein vertrauter Anblick. Die kupferne Hautfarbe ähnelte der von Rosemary, auch wenn sie deutlich dunkler war als ihre. Doch obwohl sein Kopf normal aussah, war der Rest von ihm klein, so klein wie bei einem Kind. Außerdem war er stämmig, als hätten sich seine Gliedmaßen verbreitert, dabei jedoch das Längenwachstum verweigert. Er war so winzig, dass er auf die Schultern der Frau passte, und genau dort stand er gerade. Als wäre sein Äußeres nicht schon auffällig genug, hatte er seinen Körper auf vielfältige Weise verziert. Sein Kopf war an den Seiten rasiert, oben trug er einen lockigen

Schopf. Eine Reihe von Piercings zierte seine Ohren, und um seine Arme herum liefen bunte Tätowierungen. Rosemary gab sich alle Mühe, ihn nicht anzustarren. Sie kam zu dem Schluss, dass er in der Tat ein Mensch war, jedoch ein Gentwist sein musste. Eine andere Erklärung fiel ihr nicht ein. Andererseits, wieso sollte sich jemand dafür entscheiden, so klein zu bleiben?

Die Frau sah von ihrer Arbeit auf. »Oh, hurra!«, sagte sie. »Jenks, runter mit dir, wir haben Gesellschaft.«

Der kleine Mann, der sich gerade mit einem lärmenden Werkzeug an der Wand zu schaffen gemacht hatte, wandte den Kopf und schob die Schutzbrille hoch. »Aha«, sagte er und kletterte von der Frau herunter. »Die Neue ist da.«

Noch ehe Rosemary etwas sagen konnte, stand die Frau auf, streifte die Handschuhe ab und zog Rosemary in eine gewaltige Umarmung. »Willkommen zu Hause.« Sie trat zurück, auf ihrem Gesicht lag ein ansteckendes Lächeln. »Ich bin Kizzy Shao. Erste Mechtech.«

»Rosemary Harper.« Sie bemühte sich, nicht allzu verblüfft zu wirken.

»Und danke schön.«

Kizzys Lächeln wurde breiter. »Oh, dein Akzent gefällt mir. Bei euch Marsianern klingt alles immer so weich!«

> »Auf Anregung unserer Assistentin höre ich ab heute nur noch auf die volle Anrede ›Mister Jenks‹. Ende.«

»Ich bin der Comptech«, sagte der Mann und wischte sich die Hände an einem Lappen ab. »Jenks.«

»Ist das Ihr Vorname oder Ihr Nachname?«, fragte Rosemary. Jenks zuckte mit den Schultern. »Egal.« Er schüttelte ihr die Hand. Trotz seiner kleinen Hände war sein Griff fester als der von Corbin. »Schön, dich kennenzulernen.«

»Ganz meinerseits, Mister Jenks.«

»Mister Jenks! Das gefällt mir.« Er drehte den Kopf. »He, Lovey. Stell mich mal zu den anderen durch.« In der Nähe ging eine Vox an. »Alle mal herhören«, sagte Jenks wichtigtuerisch. »Auf Anregung unserer Assistentin höre ich ab heute nur noch auf die volle Anrede ›Mister Jenks‹. Ende.«

Corbin beugte sich zu Rosemary hinüber und senkte die Stimme. »Dafür sind die Voxe *nicht* da.«

»Und?«, sagte Kizzy. »Wie war die Reise?«

»Ich hab schon bessere erlebt«, antwortete Rosemary. »Aber ich bin noch heil, von daher habe ich wohl keinen Grund zum Jammern.«

»Jammere ruhig«, sagte Jenks und zog eine abgenutzte Blechbüchse aus der Tasche. »Kapseln sind eine beschissene Art, sich fortzubewegen. Und ich weiß zwar, dass sie die einzige Methode sind, einen schnell hierherzubringen, aber die Dinger sind brandgefährlich. Noch ein bisschen zittrig von den Stimulanzien?« Rosemary nickte. »Puh. Aber glaub mir, sobald du ein bisschen was im Magen hast, wirst du dich besser fühlen.«

»Warst du schon in deinem Zimmer?«, fragte Kizzy. »Die Vorhänge habe ich gemacht, aber wenn dir der Stoff nicht gefällt, sag einfach Bescheid, dann reiße ich sie herunter.«

»Ich war noch nicht dort«, sagte Rosemary. »Aber deine sonstigen Arbeiten habe ich schon bewundert. Es kann nicht so einfach gewesen sein, so ein altes Modell aufzumotzen.«

Kizzys Gesicht strahlte wie eine Glühbirne. »Nein, aber genau deswegen macht es so viel Spaß, weißt du! Das ist ein bisschen wie Knobeln – herausfinden, mit welchen Schaltkreisen die alten zusammenarbeiten, Kleinigkeiten einbauen, damit es gemütlicher wird, all die Geheimnisse des alten Systems im Kopf behalten, damit wir nicht in die Luft fliegen.« Sie seufzte zufrieden. »Es ist einfach der beste Job, den es gibt. Hast du schon das Goldfischglas gesehen?«

»Entschuldigung, das was?«

»Das Goldfischglas.« Kizzy strahlte. »Warte einfach ab. Es ist das allerallerbeste.«

Corbins kritischer Blick glitt zu dem Comptech hinüber. »Jenks, das kann nicht dein Ernst sein!«

Jenks' Blechbüchse war mit Rotschilf gefüllt. Soeben hatte er eine kleine, rundliche Pfeife damit gestopft, die er jetzt mit seinem Schweißgerät anzündete. »Was denn?«, fragte er undeutlich durch die zusammengebissenen Zähne. Er sog die Luft ein, was die gehäckselten Fasern zum Glimmen und Rauchen brachte. Ein schwacher Duft nach verbranntem Zimt und Asche stieg Rosemary in die Nase. Sie dachte an ihren Vater, der das Zeug immer bei der Arbeit paffte, und verdrängte die unwillkommene Erinnerung an ihre Familie.

Corbin hielt sich mit einer Hand Mund und Nase zu. »Wenn du deine Lunge unbedingt mit Toxinen vollpumpen willst, nur zu, aber bitte in deiner Kabine.«

»Entspann dich«, erwiderte Jenks. »Es handelt sich um diese verbesserte Sorte, die die Laru gezüchtet haben, Gott segne ihre achtklappigen Herzen. Die ganze Milde des Rotschilfs, aber ohne irgendwelches Gift. Hundertprozentig gesund. Na ja, zumindest nicht ungesund. Solltest du mal probieren, bei schlechter Laune wirkt es wahre Wunder.« Er blies eine Rauchwolke in Corbins Richtung.

Corbins Miene wurde starr, er schien aber nicht entschlossen, seinen Willen durchzusetzen. Rosemary gelangte zu dem Schluss, dass er trotz all seines Geredes über Regeln bei den Technikern nicht viel zu melden hatte. »Weiß Ashby von dem Chaos hier?«, fragte Corbin und deutete dabei auf den Boden.

»Keine Angst, du alter Miesepeter«, sagte Kizzy. »Bis zum Abendessen ist alles tipptopp aufgeräumt.«

»Abendessen gibt es in einer halben Stunde«, sagte Corbin.

Kizzy warf die Hände in die Luft und zog eine theatralische Grimasse. »O nein! Wirklich? Ich dachte, Abendessen wäre um achtzehn?«

»Wir haben jetzt siebzehn dreißig.«

»Scheiße!«, sagte Kizzy und verschwand wieder in der Wand. »Rosemary, wir unterhalten uns später, ich muss jetzt arbeiten. Jenks, Marsch, auf meine Schultern!«

»Und hopp!«, sagte Jenks, klemmte die Pfeife zwischen die Zähne und kletterte hinauf.

Wortlos marschierte Corbin weiter den Korridor entlang.

»Es war nett, euch kennenzulernen«, sagte Rosemary und eilte Corbin hinterher.

»Gleichfalls!«, rief Kizzy. »O verdammt, Jenks! Wegen dir habe ich jetzt Asche im Mund!« Man hörte jemanden spucken, gleich darauf erklang zweistimmiges Gelächter.

»Ein wahres Wunder, dass wir nicht schon alle tot sind«, sagte Corbin zu niemand Bestimmten. Während sie weiter den Gang entlanggingen, sprach er nicht mehr. Smalltalk war nicht seine Stärke, so viel hatte Rosmary inzwischen begriffen. So unbehaglich das Schweigen auch war, sie hielt es für das Beste, es nicht zu brechen.

Der Gang bog nach innen ab und führte zur anderen Seite des Schiffes. Am Scheitelpunkt der Biegung lag eine Tür. »Hier ist der Steuerraum«, sagte Corbin. »Für die Navigation und das Tunneln. Diesen Raum werden Sie wohl kaum brauchen.«

»Wäre es okay, wenn ich ihn mir trotzdem ansehe? Nur zur Orientierung?«

Corbin zögerte. »Unsere Pilotin ist wahrscheinlich gerade bei der Arbeit. Wir sollten sie nicht stö…«

Die Tür ging auf, und eine Aandriskfrau trat heraus. »Dachte ich's mir doch, dass ich eine neue Stimme gehört habe!«, sagte sie. Sie sprach mit

ziemlich starkem Akzent, aber deutlicher, als Rosemary es bei ihrer Spezies je gehört hatte. Nicht, dass sie viel Erfahrung mit Aandrisks gehabt hätte. Sie gehörten zu den drei Gründerspezies der galaktischen Gemeinschaft und waren in der ganzen Galaxie ein vertrauter Anblick. Zumindest hatte Rosemary das gehört. Die Aandrisk, die vor ihr stand, war die erste, mit der sie je ein Wort gewechselt hatte. Fieberhaft überlegte sie, was sie sonst noch über die Kultur der Aandrisk wusste. *Komplizierte Familienstrukturen. Praktisch keinerlei Vorstellung von Privatsphäre. Körperbetonte Äußerungen von Zuneigung. Promiskuitiv.* In Gedanken ohrfeigte sie sich dafür. Das war ein altbekanntes Klischee und hatte einen Beigeschmack von Ethnozentrismus. *Sie bilden keine Paare wie wir*, schalt sie sich selbst. *Das ist nicht das Gleiche.* Im Geist sah sie Professor Selim vor sich, der sie streng anblickte. »Allein schon die Tatsache, dass wir den Begriff ›kaltblütig‹ als Synonym für ›herzlos‹ verwenden, spricht Bände über unsere angeborenen Vorbehalte gegenüber Reptilien«, hörte sie ihn sagen. »Messen Sie andere Spezies nicht an unseren sozialen Normen.«

Entschlossen, ihrem Professor alle Ehre zu machen, hielt sich Rosemary bereit für das Wangenreiben, von dem sie gehört hatte, oder auch für eine weitere unerwartete Umarmung. Wie auch immer diese Person sie begrüßen wollte, sie würde sich darauf einlassen. Sie gehörte jetzt zu einer gemischten Crew, und sie würde sich angemessen verhalten, verdammt noch mal.

Doch zu Rosemarys Enttäuschung streckte die Aandrisk-Frau lediglich eine Krallenhand zu einem Händedruck aus. »Sie müssen Rosemary sein«, sagte sie herzlich. »Ich heiße Sissix.«

Rosemary legte die Finger um Sissix' schuppige Handfläche, so gut sie es vermochte. Ihre Hände passten nicht recht zusammen, doch sie taten beide ihr Bestes. In Rosemarys Augen war Sissix zu fremdartig, um sie schön zu nennen, aber doch ... bemerkenswert. Ja, das war die bessere Bezeichnung. Sie überragte Rosemary um einen ganzen Kopf. Ihr schlanker und geschmeidiger Körper war vom Kopf bis zur Schwanzspitze von moosgrünen Schuppen bedeckt, die am Bauch ein wenig heller wurden. Ihr Gesicht war flach, sie besaß weder eine nennenswerte Nase noch Lippen oder Ohren, nur Löcher zum Atmen und Hören und einen kleinen Schlitz als Mund. Ein vielfarbiger Federschopf bedeckte ihren Kopf wie eine kurze, fröhliche Mähne. Ihre Brust war so flach wie bei einem menschlichen Mann, doch der Kontrast zwischen ihrer schmalen Taille und ihren muskulösen Echsenbeinen erzeugte die Illusion weiblicher Hüften (Rosemary wusste jedoch, dass dieser Eindruck ebenfalls auf kulturelle Prägung zurückging; männliche Aandrisks waren genauso gebaut wie die weiblichen, nur kleiner). Ihre Beine waren leicht gebeugt, als würde sie zum Sprung ansetzen, und aus ihren Fingern und Zehen wuchsen dicke, plumpe Krallen. Jede davon war mit sanft geschwungenen, goldenen Linien bemalt und anscheinend gefeilt. Sie trug eine weite, tiefsitzende Hose und eine Weste, die mit einem Knopf geschlossen war. Rosemary erinnerte sich daran, dass Professor Selim gesagt hatte, Aandrisks trügen nur Kleidung, damit Angehörige anderer Spezies sich ihnen gegenüber nicht unbehaglich fühlten. Kleider, Akzent und Händedruck ließen darauf schließen, dass Sissix schon lange unter Menschen lebte.

> Zehn Minuten auf dem Schiff, und schon gab es jemanden, der sie nicht leiden konnte. Großartig.

Sissix war nicht das Einzige, was aus dem Steuerraum kam. Eine Woge heißer, trockener Luft strömte durch die Tür. Rosemary spürte die Hitzewellen, die aus dem dahinterliegenden Raum drangen. Selbst hier an der Türschwelle hatten sie etwas Erstickendes.

Corbin kniff die Augen zusammen. »Dir ist schon klar, dass sich Interfaceplatten verziehen, wenn sie zu heiß werden.«

Sissix richtete ihre gelben Augen auf den blassen Mann. »Danke, Corbin. Ich habe ja nur mein ganzes Erwachsenenleben auf Schiffen verbracht, habe also keine Ahnung, wie man die Temperatur einstellt, ohne Schaden anzurichten.«

»Meiner Meinung nach ist dieses Schiff auch so schon heiß genug.«

»Wenn jemand mit mir da drin gewesen wäre, hätte ich die Temperatur schon runtergeregelt. Mal ehrlich, wo ist das Problem?«

»Das Problem, Sissix, ist ...«

»Stopp.« Sissix hob die Hand und blickte zwischen Corbin und Rosemary hin und her. »Wieso führst *du* sie herum?«

Corbin schob das Kinn vor. »Ashby hat mich darum gebeten. Ist schon in Ordnung.« Die Worte klangen unverbindlich, doch Rosemary hörte die gleiche Unaufrichtigkeit heraus, die sie auch bei der Ankunft in seinem Gesicht gesehen hatte. Wieder zog sich ihr Magen zu einem kalten

Klumpen zusammen. Zehn Minuten auf dem Schiff, und schon gab es jemanden, der sie nicht leiden konnte. Großartig.

»Ach so«, sagte Sissix. Sie kniff die Augen zusammen, als würde sie über etwas nachdenken. »Ich mache ab hier gerne weiter mit der Führung, wenn du anderes zu tun hast.«

Corbin presste die Lippen zusammen. »Ich will ja nicht unhöflich sein, Rosemary, aber es gibt da tatsächlich ein paar Checks des Salzgehalts, die lieber früher als später starten sollten.«

»Prima!«, sagte Sissix und legte Rosemary die Hand auf die Schulter. »Dann viel Spaß mit deinen Algen!«

»Ähm, es war nett, Sie kennenzulernen«, sagte Rosemary, während Sissix sie wegführte. Corbin verschwand bereits durch den Korridor. Der ganze Wortwechsel hatte sie verwirrt, doch sie freute sich über die offenkundig nettere Gesellschaft. Sie bemühte sich, Sissix nicht anzustarren – die Art, wie ihre nackten Füße sich beim Gehen krümmten und wie ihre Federn auf- und abwippten. Alles an ihrer Art sich zu bewegen, faszinierte sie.

»Rosemary, ich möchte mich im Namen der *Wayfarer*-Crew entschuldigen«, sagte Sissix. »Wer in ein neues Zuhause kommt, hat eine bessere Begrüßung verdient als das, was Artis Corbin zu bieten hat. Bestimmt weißt du inzwischen alles über Notausgänge, aber nichts darüber, wer wir sind und was wir hier machen.«

Unwillkürlich lachte Rosemary. »Woher weißt du das?«

»Weil ich mit diesem Mann zusammenleben muss«, sagte Sissix. »Genau wie du. Aber glücklicherweise wirst du auch mit dem Rest von uns zusammenleben, und ich finde, wir sind eine ganz nette Truppe.« Neben einer Stahltreppe, die sowohl durch die Decke als auch nach unten durch den Fußboden führte, blieb sie stehen. »Hast du überhaupt schon dein Zimmer gesehen?«

»Nein.«

Sissix verdrehte die Augen. »Na komm«, sagte sie und ging die Treppe hinauf, wobei sie darauf achtete, ihren Schwanz aus Rosemary Gesicht herauszuhalten. »Wenn ich weiß, wo ich wohne, geht es mir auf einem neuen Schiff immer gleich besser.«

Becky Chambers: Der lange Weg zu einem kleinen zornigen Planeten

MIT EINEM WORT: PERFEKT!

Eine Besprechung von Michelle Herbert

Wertung: 10 von 10 – Perfekt!

Wie der Titel schon andeutet, erzählt der Roman von einer langen Reise zu einem kleinen zornigen Planeten, auf der wir Leser die Crewmitglieder des Raumschiffs *Wayfarer* begleiten. Aber es geht um so viel mehr! Es ist eine Reise in ein unglaublich detailliert ausgearbeitetes Universum voller faszinierender Ideen und liebenswerter Figuren …

Da wäre etwa Rosemary, die irgendwie geheimnisvoll wirkt, weil sie etwas zu verbergen hat und vor ihrer Vergangenheit auf dem Mars flüchtet. Oder Ashby, der Captain der *Wayfarer*. Er ist ein menschlicher Exodaner und liebenswürdiger Boss, der immer weiß, wann er ein Freund und wann eine Autoritätsperson zu sein hat. Sissix, die Pilotin, ist eine Aandrisk, eine Art Reptil mit farbenfrohen Schuppen und Federn und ganz eigenen Vorstellungen davon, wie wir leben und lieben sollen. Kizzy, die erste Technikerin des Schiffs, handelt stets impulsiv. Jenks ist der zweite Techniker und besonnener als Kizzy, dennoch bilden die beiden ein großartiges Team. Doktor Koch (dessen wirklicher Name viel zu lang ist, um ihn auszusprechen) fungiert als Schiffsarzt wie auch als Koch, daher der Name. Er ist ein Grum und dazu einer der letzten seiner Art. Lovey, die KI des Schiffs, wird vom Großteil der Crew als weiteres Besatzungsmitglied betrachtet. Corbin versorgt als Algaeist des Schiffes die Algen, die als Treibstoff dienen. Das letzte Mitglied der Crew ist Ohan. Er ist der Schiffsnavigator und unverzichtbar, wenn die *Wayfarer* Löcher durch den Raum bohrt, um Wurmlöcher zu erschaffen.

Eine wirkliche Hauptfigur gibt es nicht. Zwar wird manchen Figuren mehr Zeit und Aufmerksamkeit zuteil als anderen, aber alle haben ihren Auftritt. Jeder Protagonist, auch jede Nebenfigur, hat eine detaillierte Vorgeschichte, die genau ausgearbeitet ist. Die Crew der *Wayfarer* ist fast wie eine Familie, der man selbst angehören möchte.

Zur Politik: Die Menschheit ist als letzte Spezies in die Galaktische Gemeinschaft aufgenommen worden, nachdem sich die sogenannten Exodaner anschickten, das Sonnensystem zu verlassen. Doch auch auf dem Mars hat sich ein Teil der Menschen, die sogenannten Solaner, angesiedelt. Mit der Vielzahl unterschiedlicher Spezies, die der Galaktischen Gemeinschaft angehören, erinnert sie von fern an die UNO, und sie ist auch der Grund, weshalb die *Wayfarer* zu dem kleinen zornigen Planeten des Titels aufbricht. Die Gemeinschaft möchte eine Allianz mit einem Clan der Toremi aushandeln, einer kriegerischen Spezies, die ideologische Differenzen löst, indem der Schwächere ausgerottet wird.

Becky Chambers gelingt es, eine Fülle von Informationen in die Geschichte zu packen, ohne den Leser dabei zu überfordern oder zu langweilen. Neben den politischen Fragen, die einem vage bekannt vorkommen, werden zahllose wichtige Themen angerissen: Es geht ums Klonen, menschliche und nichtmenschliche Sexualität, künstliche Intelligenz, Guerillakrieg, Sterbehilfe, Rassismus, auch innerhalb der eigenen Spezies, und das Recht, frei über das eigene Leben zu entscheiden.

Ich gestehe: Ich habe mich nicht nur in das Buch, sondern auch in die meisten Figuren verliebt (kommt es eigentlich häufiger vor, dass man Romanfiguren *umarmen* möchte?). Es steckt so viel Wunderbares in diesem Buch, aber mein Urteil lässt sich mit einem Wort zusammenfassen: Perfekt!

Zuerst erschienen auf www.fantasybookreview.co.uk am 10.12.2015; aus dem Amerikanischen von Karin Will

Daryl

Gregory

Daryl Gregory (*1965) hat an der Illinois State University Englische Literatur und Theaterwissenschaften studiert. Neben Comics und Kurzgeschichten schreibt Gregory faszinierende Science-Fiction-, Fantasy- und Horrorromane. Er wurde vielfach ausgezeichnet und für fast alle großen Genrepreise nominiert. Für seinen Kurzroman ›We Are All Completely Fine‹ erhielt Gregory 2015 den »World Fantasy Award«.
›Afterparty‹ ist ein packender Science-Fiction-Thriller über Drogen, die menschliche Psyche, Gott und das organisierte Verbrechen.

Interview mit Daryl Gregory

Bitte verraten Sie uns etwas über sich, das noch nirgendwo veröffentlicht wurde.
Meine Sozialversicherungsnummer lautet 355-09-1678. Die Leute sagen: Daryl, so was sagt man doch nicht im Internet! Aber ich bin zu hip, um mich von »Regeln« und »gesundem Menschenverstand« einschränken zu lassen.

Stichwort Doctor Who: Wenn Sie als neuer Doctor regenerieren würden, was wäre Ihr Erkennungszeichen oder Outfit?
Ich wäre der erste völlig nackte Doktor. Niemand könnte mich aufhalten! Selbst die Daleks würden sagen: »Exterminieren! Ex... verflucht, würden Sie bitte etwas anziehen?«

Kampf auf Leben und Tod, welche Waffe wählen Sie:
a) Phaser, b) Laserschwert oder c) Zauberstab?
Ich nehme immer die Waffe, die am wenigsten durch die physikalischen Gesetze eingeschränkt ist. Also den Zauberstab, mit Laservisier.

Haben Sie ein Lieblingswort?
Ich befinde mich seit Jahren auf einem Kreuzzug für das Wort »Mehrfachkompositakritiker«. Mehrfachkomposita sind lange Wortungetüme, also ist jeder, der sie ablehnt und sich selbst als Mehrfachkompositakritiker bezeichnet, ein Heuchler. Erwischt, du aufgeblasener Bildungsbürger!

Nennen Sie Ihr Lieblingsmonster aus Literatur, Film oder Fernsehen.
Definitiv der messerschwingende psychotische Zuñi-Fetisch aus der US-Fernsehproduktion ›Trilogy of Terror‹. Wo ist der kleine Kerl nur abgeblieben? Er hat alle an die Wand gespielt, sich damit aber wohl zu sehr auf den messerschwingenden psychotischen Zuñi-Fetisch festgelegt. Jedenfalls hat man seitdem nichts mehr von ihm gehört.

Was war Ihr bestes Halloween-Kostüm?
Ich habe eine eherne Regel: Das Kostüm muss in höchstens zehn

Minuten herzustellen sein und darf nicht mehr als fünf Dollar kosten. Also tendiere ich zu Wortspielen. Einmal war ich Conan der Barbier – ich hab einfach mein Schwert in die Hand genommen (selbstverständlich besitze ich ein Schwert!) und Werbezettel verteilt: Nur heute – Rasur zum halben Preis.

Wenn Sie jemanden als Gespenst heimsuchen könnten, wer wäre es?
Ich wäre ein schreckliches Gespenst. Ich schreibe zwar gern Horrorgeschichten, aber in Wirklichkeit sind es Anti-Horrorgeschichten, weil meine Storys sich eher um Empathie als um Angst drehen. Ich glaube, das kommt daher, dass ich im Mittleren Westen aufgewachsen bin und sofort Gewissensbisse kriege, wenn ich den Leuten wirklich Angst einjage.

Als Gespenst würde ich hinter Leuten auftauchen, wenn sie in den Spiegel sehen, und Sachen flüstern wie »Du hast da etwas zwischen den Zähnen«. Wenn ich ein Poltergeist wäre, würden die Leute verstörende Geräusche aus der Küche hören und rasch dorthin rennen, und dann würde die Tür der Spülmaschine offenstehen und alles Geschirr wäre weggeräumt. Wie war die Frage? Wen ich heimsuchen würde?
    Wynona Ryder.

Quelle: *Pop Quiz at the End of the Universe with Daryl Gregory*, zuerst erschienen auf www.tor.com am 23.10.2014; aus dem Amerikanischen von Frank Böhmert

AFTERPARTY

Die gute Nachricht: Gott ist eine Droge.
Die schlechte: Wir sind auf Entzug.

Seit der Smart-Drug-Revolution kann jeder mit Chemjet und Internetverbindung seine Lieblingsdroge einfach zu Hause ausdrucken. Der Hit der Saison: Numen. Wer sich das einwirft, erlebt den ultimativen Trip – und findet seinen ganz persönlichen Gott.

Die Neurochemikerin Lyda, die an der Entwicklung von Numen beteiligt war, versucht verzweifelt, die Ausbreitung der Droge zu verhindern. Schließlich wurde sie selbst davon an den Rand des Wahnsinns getrieben …

DARYL GREGORY

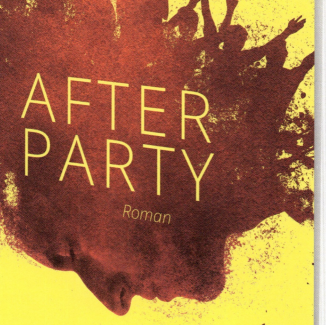

AFTER PARTY

Roman

»Ein irrer psychedelischer Trip!«
Paolo Bacigalupi

TOR

FISCHER | TOR

LESEPROBE

Daryl Gregory • **Afterparty**

Kapitel 1

»Dann wollen Sie uns verlassen, Lyda?«, fragte Todd, mein Therapeut.

»Es sind jetzt acht Monate«, sagte ich. »Wird langsam Zeit, oder?«

Dr. Gloria schüttelte den Kopf und machte eine Notiz auf ihrem Klemmbrett.

Wir saßen zu dritt in Todds Kabuff auf der NAT-Station. Drei Stühle, ein Couchtisch aus Pressspan, keine Fenster. Todd lehnte sich auf seinem Stuhl zurück und spielte mit seinem Smartpen: *schnick* und das Display öffnete sich wie ein Fächer, *schnack* und es rollte sich wieder auf. Die Datei auf dem Display verschwand immer wieder zu schnell, als dass ich etwas hätte lesen können, aber ich hatte so eine Ahnung, um was für ein Dokument es sich handelte.

Todd präsentierte sich gern als Mann aus dem Volk. Ein Weißer, der Arbeitshemden trug, die nie einen Tag körperliche Arbeit gesehen hatten, und Arbeitsstiefel, die nie mit Schlamm in Berührung gekommen waren. Dr. Gloria, die den Platz neben ihm besetzte, glaubte dagegen an die traditionelle Uniform der Ärztinnen: weißer Kittel, dunkelgrauer Bleistiftrock, frauliche Schuhe mit Absätzen, die gerade noch tragbar waren. Das analoge Klemmbrett und die Brille à la sexy Bibliothekarin waren persönlicher Stil. Ich wollte sie bei dieser Besprechung nicht dabeihaben, aber weder Todd noch ich konnten da viel machen.

»Lyda«, sagte er in wissendem Tonfall. »Hängt Ihr Wunsch, uns jetzt zu verlassen, vielleicht mit Francines Tod zusammen?«

Francine war die Kleine, die sich mit Todds Kaffeebecher umgebracht hatte. Ich setzte ein Stirnrunzeln à la *Ich kann Ihnen nicht ganz folgen* auf.

»Der Antrag auf Verlegung wurde vor zwei Wochen gestellt, einen Tag nachdem sie gestorben ist«, sagte Todd. »Ihr Tod schien Sie ganz schön mitzunehmen.«

»Ich kannte sie kaum.«

»Sie haben *Möbel* zerschlagen«, sagte er.

»Einen Plastikstuhl. Und er hatte schon einen Knacks.«

»Weich nicht aus«, sagte Dr. Gloria. »Es geht ihm um das Ausagieren von Wut.«

»Ich war wütend auf Sie alle. Ich hab gesagt, Sie müssen sie auf Antidepressiva setzen …«

»Haben wir ja«, erwiderte Todd.

»Aber zu spät, Herrgott. Himmel, ihre Symptome waren doch offensichtlich. Ich konnte es nicht fassen, dass niemand etwas unternahm. Ihre Eltern verklagen jetzt hoffentlich die Klinik, bis es richtig wehtut.«

»Wir haben sie nicht ausfindig machen können.«

»Wie praktisch. Obdachlose Waisen haben natürlich auch keine Anwälte.«

Dr. Gloria ließ ihr Klemmbrett sinken. »Alle zu beschimpfen, die hier arbeiten, wird dir kaum helfen.«

»Entschuldigung«, sagte ich. »Es ist nur … sie war noch so jung.«

»Ich weiß.« Todd klang plötzlich furchtbar erschöpft. »Ich habe versucht, mit ihr zu reden.«

So bescheuert er manchmal sein konnte, er sorgte sich um die Patienten. Und als einziger Vollzeit-Therapeut auf der Station arbeitete er praktisch allein. Die Neuroatypie-Station war ein Labor für beinharte KogWis und Neuropsychologen. Die hielten nicht viel von Gesprächstherapie oder von Gesprächstherapeuten wie Todd.

Mit zunehmender Isolation orientierte er sich zwangsläufig zu den Leuten hin, mit denen er die meiste Zeit verbrachte: Die Patienten waren, ohne dass er es merkte, seine Kohorte geworden, seine Crew. Ich wusste, dass meine Abschlüsse ihn einschüchterten. Er hegte den Verdacht, dass ich meiner Vita wegen eher zur Neuropsychologie hielt – was stimmte. Aber mein Hintergrund sorgte außerdem dafür, dass er sich insgeheim nach meiner Anerkennung sehnte. Manchmal ließ ich meinen Einfluss spielen, damit das Personal zum Wohl der Patienten handelte, aber ich war mir auch nicht zu schade dafür, ihn als Hebel zu benutzen, um hier rauszukommen.

Todd gab sich alle Mühe, wieder in den Therapeutenmodus zu finden. »Haben Francines Symptome Sie verstört?«

»Wieso?«

> Das analoge Klemmbrett und die Brille à la sexy Bibliothekarin waren persönlicher Stil.

243

»Sie ähnelten sehr Ihren eigenen. Die religiöse Natur ihrer Halluzinationen –«

»Viele Schizos haben religiöse Wahnvorstellungen.«

»Sie war nicht schizophren, jedenfalls nicht von ihrer genetischen Disposition her. Wir glauben, dass sie eine Designerdroge genommen hat.«

»Und welche?«

»Das haben wir noch nicht herausgefunden. Aber bei mir hat es geklingelt, als sie gesagt hat, dass Gott leibhaftig anwesend ist. So haben Sie auch über Ihren Engel gesprochen.«

Dr. Gloria sah mich über den Rand ihrer Brille hinweg an. Das war ihr Lieblingsthema. Ich verkniff es mir, sie anzufunkeln.

»Ich bin seit Monaten symptomfrei. Keine Engel. Keine Stimmen im Kopf. Ich hatte mir ehrlich gesagt nicht vorstellen können, dass die von Ihnen verschriebenen Antipsychotika helfen würden. Meine Halluzination ist so durchgängig gewesen, so lang anhaltend, dass …« Ich zuckte die Achseln. »Aber Sie hatten Recht, und ich lag falsch. Das gebe ich unumwunden zu.«

»Ich dachte, die wären einen Versuch wert«, sagte er. »Als Sie hier aufgetaucht sind, waren Sie in einem ziemlich schlechten Zustand. Nicht nur wegen Ihrer Verletzungen.«

»O nein«, gab ich ihm Recht. »Wegen allem. Ich war völlig am Ende.« Meine Zwangseinweisung auf die NAT war erfolgt, nachdem ich mir in einem Spätkauf meinen eigenen Drive-in-Schalter geschaffen hatte. Ich war mit 60 km/h von der Straße abgekommen und durch die Mauer gepflügt, und das um drei Uhr nachmittags. Meine Stoßstange brach einer Frau das Bein und schleuderte einen Mann beiseite, aber niemand ist gestorben. Der Ladenbesitzer erklärte einem Reporter, dass »jemand da oben« auf sie aufgepasst hätte.

Gott kriegt immer problemlos ein gutes Zeugnis.

»Ich habe das Gefühl, meine Probleme endlich in den Griff zu kriegen«, sagte ich.

Und sah auf. Diese Bemerkung hatte ich mit aller Ernsthaftigkeit geäußert, die ich aufbringen konnte. Todd schien es mir abzunehmen. Dann fragte er: »Haben Sie in letzter Zeit an Ihre Frau gedacht?«

Eine Frage mit der Raffinesse eines Brecheisens. Mein Therapeut versuchte mal wieder, mich zu knacken.

Dr. G. sagte: »Ihm ist aufgefallen, dass du deinen Ring berührst.«
Ich sah nach unten. Der Ehering bestand aus poliertem Messing und war außen sechseckig. Eine gemeinsame Freundin hatte uns ein Paar geschmiedet.
Ich legte die Hände auf die Stuhllehnen. »Ich denke jeden Tag an sie. Aber nicht zwanghaft. Sie ist meine Frau. Sie fehlt mir.«
Vielleicht fand er es seltsam, dass ich so etwas über eine Frau sagte, die versucht hatte, mich umzubringen. Doch er sprach etwas anderes an: »Interessant, dass Sie die Gegenwartsform benutzen.«
»Wo sie doch vor bald zehn Jahren gestorben ist«, fügte Dr. Gloria hinzu.
»Ich glaube nicht, dass es eine zeitliche Begrenzung für Liebe oder Trauer gibt«, sagte ich. Einen ähnlichen Spruch hatte Todd in meinem ersten Monat auf der Station mit großem Ernst von sich gegeben. Da war ich gerade in der Entgiftung gewesen, verletzlich und alle Poren offen, und hatte Todds Plattitüden aufgesaugt wie profunde Erkenntnisse. Wenn du nicht an Heroin kommst, nimm das Methadon.
»Und Ihr Kind?«, fragte er.
Ich lehnte mich zurück. Auf einmal wummerte mein Herz los. »Gehen Sie gerade irgendeine Checkliste durch?«
»Jetzt wirkst du wieder wütend«, sagte Dr. Gloria.
Und Todd: »Sie haben sie während unserer Therapiesitzungen nur ein einziges Mal erwähnt, aber Ihrer Akte zufolge …«
Schnick den Scheiß-Smartpen noch einmal an, und ich spring dir quer über den Tisch an die Gurgel.
»Ich habe kein Kind«, sagte ich.
Dr. Gloria sah mich über den Rand ihrer Brille hinweg an, die ärzteschaftliche Entsprechung verdrehter Augen.
»Nicht mehr«, fügte ich hinzu.
Todd spitzte die Lippen und signalisierte Enttäuschung. »So leid es mir tut, Lyda, ich kann das nicht einfach abhaken. Ich glaube, Sie versuchen, hier rauszukommen, damit Sie sich etwas beschaffen können, und Sie waren immer noch nicht bereit, sich einigen Schlüsselthemen Ihrer Geschichte zu –«
»Ich nehme den Chip.«
Er sah mich an. Damit hatte er nicht gerechnet.
»Laut Gerichtsurteil steht mir diese Möglichkeit offen«, sagte ich. »Sie brauchen nur zu unterschreiben. Sie wissen, dass ich eine vorbildliche Patientin gewesen bin.«

»Aber Sie sind hier so gut wie fertig. Zwei Monate noch, und Sie sind draußen. Wenn Sie per Chip rausgehen, ist einjähriges Tracking vorgeschrieben. Ohne Genehmigung dürfen Sie nicht mal die Provinz verlassen.«

»Dessen bin ich mir bewusst.«

Er sah mich lange an. »Dass die sich nicht austricksen lassen, ist Ihnen klar? Nicht wie die alten Chips. Uns werden alle zehn Sekunden Ihre Blutalkoholwerte geschickt. Bei allem, was stärker als Aspirin ist, geht eine Warnlampe an. Und jeder Gebrauch einer rezeptpflichtigen Substanz, die über das hinausgeht, was Ihnen verschrieben wurde, wird sofort an die Polizei gemeldet.«

»Jede Droge kann und wird gegen mich verwendet werden«, sagte ich. »Hab's kapiert.«

»Schön. Denn als ich den Chip das letzte Mal erwähnt habe, meinten Sie, ich könne ihn mir in den Arsch stecken.«

»*Na ja*, klein genug ist er.«

Er unterdrückte ein Lächeln. Todd mochte es, wenn man ihn verarschte. Gab ihm das Gefühl, dazuzugehören. Und als die (zumindest meiner Meinung nach) am wenigsten kranke Person auf der Etage war ich auch diejenige, mit der er am leichtesten reden konnte. Die Frage war nur, litt er so sehr unter seiner Unsicherheit, dass er mich hierbehalten wollte, einfach damit wir nicht – schluchz – auseinandergehen mussten?

Zeit, die Sache unter Dach und Fach zu bringen. Ich sah auf meine Füße und tat verlegen. »Ich weiß, dass das nach meiner Entlassung im Grunde nicht erlaubt ist, aber ...«

»Das hier ist ein geschützter Raum, in dem alles gesagt werden kann«, erklärte Todd.

Ich sah auf. »Ich würde gern mit Ihnen in Verbindung bleiben. Wenn das geht.«

»Das lässt sich sicher machen«, sagte Todd. »Vorausgesetzt, ich gebe meine Zustimmung.« Das jedoch stand längst fest.

Die NAT-Station war klein; hier lebten je nach Jahreszeit zwischen fünfundzwanzig und vierzig Leute. Neuigkeiten verbreiteten sich mit telepathischer Geschwindigkeit auf der Etage. Zwei Patienten waren sogar überzeugt, Telepathen zu *sein*, also wer weiß.

Ich packte gerade, als Ollie in meinem Zimmer erschien. Eins sechsundfünfzig, Haare vorm Gesicht. So still wie eine geschlossene Tür. Und wie alle auf der Station hatte sie ernsthaft einen an der Klatsche.

Sie starrte ins Zimmer, in meine Richtung. Versuchte das Rätsel zu knacken. Dieser Haufen Formen gehörte wahrscheinlich zu der einen Sache, diese horizontalen Formen zu einer anderen. Erstmal sortiert, ließen sich Etiketten anbringen: Bett, Wand, Reisetasche, Mensch.

Um ihr behilflich zu sein, sagte ich: »Hallo, Ollie.«

Ihr Gesicht veränderte sich – ein Anflug von Erkennen, als sie dem Arrangement roter Haare und schwarzer Kleidung das Etikett »Lyda« zuordnete –, dann wurde es wieder ausdruckslos. Sie war sauer. Ich hatte einen Fehler gemacht und ihr nicht erzählt, dass ich ging. Kein so großer Fehler, wie mit ihr zu schlafen, aber schlimm genug.

Schließlich sagte sie: »Kann ich ihn sehen?«

»Klar.« Ollie konzentrierte sich auf die Veränderungen des Bildes. Das Objekt, das in ihrem Blickfeld auf sie zugeschwungen kam, musste logischerweise mein Arm sein. Von da aus fand sie mein Handgelenk und fuhr mit einem Finger meinen Unterarm entlang. Taktile Informationen ließen sich besser verarbeiten als visuelle. Sie zog das Pflaster halb ab und drückte auf den kleinen rosa Knubbel. Sie ging mit meinem Körper genauso unbefangen um wie mit ihrem eigenen.

»Du willst nach dem Dealer dieses toten Mädchens suchen.«

»Total klein«, sagte sie.

»Mein neues tragbares Gewissen«, sagte ich. »Als ob ich noch ein zweites brauchen würde.«

Ihre Finger ruhten auf meiner Haut, dann glitten sie weg. »Du willst nach dem Dealer dieses toten Mädchens suchen.«

Ich versuchte nicht, es abzustreiten. Selbst auf Medikamenten war Ollie der klügste Mensch, dem ich je begegnet war, nach Mikala jedenfalls.

Sie schloss die Augen, blendete die visuelle Ablenkung aus. Es ließ sie wie ein kleines Mädchen aussehen. Sie meinte mal, ihre Filipina-Mutter wäre eins fünfzig groß und ihr weißer Vater aus Minnesota über eins achtzig, und sie würde immer noch darauf warten, dass diese Norwegergene endlich durchschlugen.

»Du kannst gar nicht wissen, ob es dieselbe Droge ist, die dich erwischt hat«, sagte sie, ohne die Augen zu öffnen. »Da draußen gibt es Tausende von Tintenmischern. Irgendjemand hat nur zufällig was mit denselben Symptomen zusammengerührt.«

Die Herrlichkeiten der D.I.Y.-Smartdrug-Revolution. Jeder Highschool-Schüler mit einem Chemjet und einer Internetverbindung konnte sich

Rezepte runterladen und in kleinem Umfang Drogen drucken. Die kreativen Typen pfuschten gern an den Rezepten rum und probierten sie an ihren Freunden aus. Ständig schluckten Leute irgendwelches Papier, ohne zu wissen, was sie sich da in den Mund schoben. Die Hälfte der Patienten auf der NAT-Station waren keine Süchtigen, sondern Betatester.

»Stimmt«, sagte ich ausdruckslos. »Ist wahrscheinlich gar nicht dieselbe Droge.«

Sie öffnete die Augen. Und durchschaute mich komplett. »Ich kann dir helfen.«

Gewissheit lag in ihrer Stimme. Ollie hatte mal Sachen für die US-Regierung gemacht. Und die Regierung Sachen mit Ollie.

»Ich glaube kaum, dass die dich hier rausspazieren lassen.« Ollie war nicht freiwillig hier. Man hatte sie wie mich wegen einer Straftat schuldig gesprochen und dann hierher verlegt, weil die Ärzte fanden, dass sie ein interessanter Fall war. »Bleib lieber hier«, sagte ich. »Und werde erst mal gesund.«

Werde erst mal gesund. Das war ein NAT-Witz.

Sie sagte: »Ich kann hier innerhalb von zwei –«

»Schwester«, warnte ich leise. Das war so Usus unter den Patienten auf der Station. Wie Kinder, die auf der Straße spielen, einander »Auto« zurufen.

»Sekunden draußen sein«, schloss Ollie.

Dr. Gloria und eine Schwester der Tagschicht kamen ins Zimmer. »Fertig?«, fragte die Schwester mich.

Dr. G. sah Ollie an, dann wieder mich, ein wissendes Lächeln auf den Lippen. »Also, falls ihr so weit seid.«

Ich nahm meine Tasche. »Ich muss los«, sagte ich zu Ollie. Auf dem Weg nach draußen berührte ich sie an der Schulter. Das bin ich, sagte die Berührung ihr. Das bin ich, die sich gerade von dir entfernt.

»Sie ist in dich verliebt, das ist dir hoffentlich klar«, sagte Dr. G.

»Krankenhausschwärmerei«, antwortete ich.

Wir standen vor der Klinik auf dem Gehweg und warteten unter einem grauen Himmel, aus dem Sonnenlicht rieselte, auf mein Taxi. Schmutziger Schnee säumte den Rinnstein, gewürzt mit Enteisungsgranulat. Hinter uns passierten Angestellte und Besucher die Drehtür wie Ionen eine Membran.

Ich schloss den Plastikbeutel, der meine Medikamente enthielt, und stopfte die Hände in die Taschen meiner dünnen Jacke. Bei meiner Einlieferung war Frühherbst gewesen, und meine Sachen für draußen hatten sich während der Aufbewahrung nicht angepasst. Trotzdem wollte ich nicht wieder reingehen, nicht einmal zum Aufwärmen. Ich war eine freie Frau – bis auf den Plastikspitzel an meiner Vene, der jedes Aroma in meinem Blut an den Äther meldete.

Dr. G. war mir nach draußen gefolgt. »Du tätest besser daran, bei ihr zu bleiben und drinnen deine Strafe abzusitzen. Weniger Versuchungen. Du warst doch so weit clean.«

»Edo stellt NME 110 her.«

»Das weißt du nicht.«

»Francine hat ständig nur über ›das Numen‹ geredet. Scheiße, das kann kein Zufall sein. Edo hat sein Versprechen gebrochen.«

»Er hat es nie gegeben«, sagte sie.

»Tja, bloß habe ich *ihm* was versprochen.«

»Hör dir nur mal selber zu. Du bist stinksauer. Ist dir schon mal die Idee gekommen, dass du überreagierst, was Francines Tod betrifft? Du hast eine Schwäche für Mädchen, die nicht wissen, wohin.«

»Schwachsinn.«

»Lyda ...«

»Ich bin verantwortlich für die Droge, die sie umgebracht hat.«

»Selbst wenn es sich bei der Substanz um 110 handelt, was ich bezweifle, bedeutet es noch lange nicht, dass Edo Vik dahintersteckt.«

»Dann werde ich wohl herausfinden müssen, *wer* sie herstellt.«

Ein Auto hielt am Straßenrand, ein klappriger Nissan-Hybrid. Der Sprit musste ein Vermögen kosten. Der Fahrer sprang heraus und kam mir mit ausgebreiteten Armen entgegen. »Lyda!«

Bobby war ein fast schon attraktiver Weißer, dreiundzwanzig Jahre alt, mit drahtigen schwarzen Haaren und Mandelaugen, also war vielleicht auch was Asiatisches mit dabei. Ein ehemaliger Stationskumpel und völlig durchgeknallt. Aber gut drauf. Wichtiger war jedoch, dass er in Toronto lebte und ein Auto besaß.

Ich ließ mich von ihm umarmen. Der Preis fürs Abholen.

»Du siehst voll fit aus.« Er hatte eine kleine Schatztruhe aus Plastik um den Hals hängen, an einem Lederband, so ein Stück Aquariumszubehör, das er immer bei sich trug.

»Wohin soll's denn gehen?«, fragte er mich.

»Bring mich zu meinem Dealer.«

Er blinzelte verblüfft. »Ähm, sicher?«
»Entspann dich. Ich will bloß mit ihm reden.«
»Du kommst gerade erst aus der Klinik. Möchtest du nicht nach Hause?«
»Ich hab kein Zuhause. Die Wohnung ist längst Geschichte.«
»Na, dann vielleicht ein Hotel?«
»Bobby, mir wird hier draußen langsam kalt.«

Er machte mir die Beifahrertür auf, dann wuselte er rüber auf die andere Seite.

Dr. Gloria sagte: »Ich kann dich nicht beschützen, wenn du mir nicht zuhörst.«

»Dann bleib halt hier.«

»Ach, so leicht wirst du mich nicht los.« Zack, falteten sich an ihrem Rücken die Flügel auf, und die Welt verschwand in gleißendem himmlischem Licht. Ich kniff die Augen zu und sah weg.

»Siehe, ich werde immer bei dir sein«, sagte sie. Ich öffnete ein Auge. Sie pulsierte wie eine Migräne-Aura, verschleuderte Megawatt an Heiligenschein. Dann schlugen ihre Flügel, und sie hob ab.

Kapitel 2

Wir fuhren auf der 401 nach Toronto, während Dr. Gloria vorausflog: unser Leitstern. Bobby konnte sie natürlich nicht sehen. Die Ärztin war *meine* dauerhafte Halluzination, eine stehende Welle, die mein Temporallappen hervorbrachte und die von diversen anderen Mitgliedern meines mentalen Parlaments unterstützt wurde. Meine übernatürliche Begleiterin war ein Fake, aber im Gegensatz zu Francine wusste ich das.

Wir verließen den Highway und fuhren runter Richtung See. Ich kurbelte die Scheibe nach unten, und kalter Wind erfüllte den Wagen.

»Was hast du vor?«, fragte Bobby.

Ich warf den Beutel raus, der meine Medikamentenfläschchen enthielt.

»Ballast abwerfen«, sagte ich.

»Was?«

»Augen auf die Straße, Junge.« Als wir auf den Campus der Universität einbogen, verlangsamte er. Es war Mittwoch, Beginn des Collegewochenendes, also klapperte mein alter Dealer Brandy wahrscheinlich gerade die Verbindungshäuser ab. Wir rollten an viktorianischen Bauten vorbei, in denen Licht brannte und Bässe wummerten. Draußen standen Collegejungs in Shorts knöcheltief im Schnee. Mädels in Mikrokleidern wackelten auf Highheels über die vereisten Gehwege. Bobby fuhr langsam, eine Hand an der Schatztruhe und die andere am Steuer, während ich nach Brandys Fahrzeug Ausschau hielt, einem verbeulten Lieferwagen von VW. Zweimal musste Bobby in die Eisen steigen, weil betrunkene Jugendliche auf die Straße taumelten.

»Herrgott noch mal, fahr rechts ran«, sagte ich.
»Wieso bist du denn sauer?«
»Du passt nicht auf. Du spielst an dir rum.«
Er ließ die Schatztruhe los. »Tu ich gar nicht.«

In seiner ersten Woche auf der NAT-Station hatte Bobby mir schüchtern erklärt, dass er früher *hier oben* gewohnt hätte – Fingerspitze zwischen die Augen –, aber jetzt *hier drin* leben würde – die Plastiktruhe. Die meisten von uns haben die Illusion, dass unser Bewusstsein hinter unseren Augen sitzt wie eine kleine Frau am Steuerpult – sehr praktisch, wenn es einen Körper oder ein Auto zu lenken gilt. Bobby jedoch glaubte, in einem Aquariumsspielzeug zu leben. Wer zum Teufel konnte sagen, was das mit seinen Reflexen anstellte?

Ich stieg aus. Ein, zwei Meter entfernt sank Dr. Gloria in einem Nimbus der Rechtschaffenheit herab. Sie faltete die Flügel zusammen, rückte ihre Brille zurecht. »Wie naheliegend«, sagte sie. »Wenn du einen Drogendealer suchst, fahr zum nächsten College.«

»Gehört zur höheren Bildung«, sagte ich. Wir standen vor einer Reihe heruntergekommener Verbindungshäuser, die in den alkoholgetrübten Augen der Jugend vermutlich glamouröser aussahen. Ich ging zu einer Gruppe Jungen, die alle rote Plastikbecher hielten.

> Die Ärztin war *meine* dauerhafte Halluzination, eine stehende Welle, die mein Temporallappen hervorbrachte.

»Ich suche jemanden namens Brandy«, sagte ich.

Sie ignorierten mich. Ich verpasste dem Nächstbesten eins gegen die Schulter, und er zuckte von mir weg, so dass pissgelbes Bier in den Schnee schwappte. Die anderen Jungen brachen in Gelächter aus.

Ich zeigte auf den vordersten. »Wo ist Brandy?«
»Sind Sie ihre Mutter?«
»Ist ein Kerl«, sagte ich. »Brandy. Handelt mit besonderen Sachen.«
»Bist du ein Bulle, oder was?«, krähte einer. Ein anderer griff es auf und schrie wie ein Papagei. »Bulle! Bulle!«

»Ja, sehr gut. Ihr habt meine Tarnung durchschaut. Also wo steckt er, verdammt?«

Der Bursche, den ich geboxt hatte, sagte: »Sigma Tau vielleicht.«

»Jau! Die GFD-Party!«

Die meisten zeigten in dieselbe Richtung.

»Danke, Jungs.«

Ich winkte Bobby zu mir, und wir gingen zu dritt die Straße runter und lasen die riesigen griechischen Buchstaben vorn an den Gebäuden. In jedem Haus war die Hölle los, Partys bis auf den Gehweg. Duftspuren von Marihuana ätzten die kalte Luft.

Ein Junge stürmte aus der Tür des Sigma-Tau-Hauses, warf die Hände hoch und brüllte einen Kampfschrei. Er war dürr und bis auf ein paar Flipflops nackt, mit einem breiten Grinsen und einer Erektion wie eine Wandfackel. Als er die Stufen runtersprang, jagten ihm ein halbes Dutzend nackter Jungen grölend nach und verschwappten Bier aus roten Bechern. Sie liefen direkt auf uns zu, die Ständer voran, wie eine Herde Nashörner.

Die Partyszene hatte alle diese Bugs in Features verwandelt.

»O Himmel«, sagte Bobby. Die Stampede teilte sich vor uns. Der vordere Junge lief zur Ecke, sein Hintern knallweiß, die Verbindungsbrüder ihm nach.

»GFD«, wiederholte Dr. Gloria, die jetzt begriff. »Gay for a Day.«

»Vielleicht sollten wir später wiederkommen«, sagte Bobby nervös.

Ich marschierte die Stufen rauf. Die Party war Ausrasten pur. Es waren nur Jungs da, viele nackt, andere in Boxershorts und weißen Slips und Saunakilts. Ich fragte nach Brandy und folgte einer Reihe Nicken und Vielleichts durchs Haus. Die Türen standen offen, jeder Raum war Teil der Party. In manchen hatten die Brüder Matratzen auf den Boden geworfen und Tischchen mit Kondomen und Gleitmittel aufgestellt. Die Bierfässer waren mit Regenbogenstickern verziert. Auf einem Kickertisch lag, alle viere von sich gestreckt, eine männliche Aufblaspuppe in Bondagemontur aus Vinyl. Niemand bekam Schwulenkitsch so hin wie junge Heten. Und sie hatten ihren Spaß. In einem Planschbecken für Kinder wand sich ein Haufen weißer, dick mit Crisco eingeschmierter, glänzender Leiber. Ich trat über zwei Jungs hinweg, die es auf der Treppe trieben, wobei der untere Mühe hatte, seine Bierdose nicht fallen zu lassen.

»Pass auf, wo du hintrittst«, sagte Dr. G.

252 Leseprobe Daryl Gregory

Im Keller spielten ein Dutzend halb oder noch weniger bekleideter Typen Bierpong und brüllten über Musik hinweg, die einen halben Beat hinter dem Bass herhinkte, der von oben wummerte. Ich erspähte unseren Mann; er saß auf der Couch. Er war der einzige männliche Anwesende über fünfundzwanzig und als Einziger noch vollständig bekleidet. Pummelig, grinsend wie ein Baptistenprediger, mit grauen Haarbüscheln, die aus dem Kragen seines Sportshirts wucherten.

Er hatte die Couch zu seinem Büro gemacht. Ein zotteliger Junge in Radhosen mit Herzprint hielt ihm eine HashCash-Karte hin, und Brandy tippte sie mit seinem Smartpen an – verschlüsselter anonymer Zahlungsverkehr in Echtzeit. Er bedeutete dem Jungen, ihm eine Handfläche hinzuhalten, dann zählte er ihm vier blaugrüne Kapseln darauf ab.

»Wie geht's, Brandy?«, sagte ich.

Er sah auf und lächelte breit. »Lyda Rose! *My home-again rose!*«

Ich hatte Angst, dass er gleich anfangen würde zu singen. Meine Mutter stand auf Musicals und hatte mich nach einem Song in *The Music Man* benannt. Es war nicht das Schlimmste, was ich von ihr mitbekommen hatte – das war der Sack voller genetischer Prädispositionen –, aber es nervte mich am meisten.

»Ich dachte, du hast die Stadt verlassen!«, sagte Brandy.

»Jetzt bin ich wieder da.«

»Am falschen Abend für dich!« Ich konnte seinen Akzent nie richtig einordnen. Irgendwas Osteuropäisches. »Keine Action von diesen Jungs.«

»Schon klar. Darf ich?«

»Ich glaube kaum, dass sie dir viel bringen.« Er lachte, dann gab er mir eine der Kapseln.

Ich rollte sie zwischen zwei Fingern. Blau mit grünem Streifen, ein undeutliches *50 mg* an der Seite. Das Medikament hatte diverse Straßennamen – Flip, Velveeta, Vertical –, aber sein Markenname lautete Aroveta. Ein Produkt von Landon-Rousse, das bei Unterkühlung angewandt wurde und massiv die Produktion von Vasopressin anregte, einem fleißigen kleinen Peptidhormon, das bei der Gefäßverengung mitmischte (daher die Anzeige bei Unterkühlung), aber auch bei der Nierenfunktion, circadianen Rhythmen sowie der sexuellen Anziehung. Aroveta hatte ein paar Nebenwirkungen, darunter Wassereinlagerung und nächtliche Schlafstörungen. Ach, und wenn man einen Schwanz hatte, kamen einem andere Schwänze plötzlich deutlich attraktiver vor. Nichts, was Fischer, die aus der kalten See gezogen wurden, sonderlich zu schätzen wussten.

Die Partyszene hatte alle diese Bugs in Features verwandelt. Lange aufbleiben, keine Austrocknung, mit den Kumpels vögeln ... was sollte daran schlecht sein?

Flip konnte einen nicht schwul werden lassen – dafür bildete sich die sexuelle Orientierung zu früh heraus –, aber die Droge ließ die Brüder für eine Nacht der ungezügelten Männerliebe frönen, mit einer chemischen dritten Partei, der man am Morgen danach die Schuld geben konnte. Das war nicht ich, Alter! Das lag am Flip!

»Die Farben sind falsch«, sagte Dr. G.

Sie hatte Recht. Die Hülle war zu dick und nicht durchsichtig, und das Blau hatte den falschen Ton. Die Kapseln kamen definitiv nicht aus einer Fabrik von Landon-Rousse. Wahrscheinlich das Produkt einer Kleinanlage bei irgendjemandem im Keller.

Ich sagte zu Brandy: »Wissen die Jungs hier, dass das Fälschungen sind?«

Dabei hob ich nicht die Stimme, und vielleicht hatte er über der Musik nicht den gesamten Satz gehört. Aber eindeutig das entscheidende Wort.

»He!«, sagte er wütend. »Schluss mit dem Bullshit!«

Bobby gefiel das gar nicht. »Sie ist nicht verrückt! Sie hat mir das Leben gerettet, vor einem Werwolf!«

Brandy zog die Augenbrauen hoch. »Ernsthaft?«

»Werhyäne, genau genommen«, merkte ich an.

»Auch nicht schlecht«, sagte Brandy.

»Ich suche etwas«, erklärte ich. »Hast du einen Moment Zeit?«

»Amphetamine? Oxy? Ich glaube, ich habe alle deine Lieblingskomponenten.«

»Etwas ganz Spezifisches. Können wir irgendwo reden, wo es nicht so viel ...«

»Genitalien gibt?«, warf Dr. G. ein.

»... Ablenkung gibt?«, fragte ich.

Brandy hatte seinen Lieferwagen um die Ecke geparkt. Ich sagte Bobby, dass ich bei Brandy mitfahren würde, was vielleicht ein Fehler war. Das Wageninnere roch genau nach dem, was es war: ein mobiles Drogenlabor. Ich stieg vorne ein und schob den Vorhang beiseite, der die Ladefläche abtrennte. Stahlregale auf beiden Seiten bogen sich unter dem Gewicht der Chemjet-Drucker und Autobatterien. Auf dem Boden lagen Alu-Grundstoffpackungen verstreut. Die C-Packs waren für jemanden mit den richtigen Papieren eigentlich legal (und Brandy hatte sämtliche richtigen Papiere), aber wenn einer dieser silbrigen Behälter aufging, würde die Luft verdammt giftig werden.

»Herrgott, Brandy. Du bist ein wandelnder Krebscluster.«

Wir fuhren zu einem Diner in der Bloor Street. Brandy kannte die Kellnerin, die uns einen Tisch ganz hinten gab. Ich sorgte dafür, dass Bobby neben dem Dealer saß, weil Dr. Gloria sich zu uns setzen wollte. Keine Ahnung, warum.

»Ich suche nach was Designtem«, sagte ich. »Dürfte neu sein.«

Er öffnete die Hände: Ja?

»Manche nennen es Numen. Je davon gehört?«

»Nee. Läuft es noch unter was anderem?«

Ich bezweifelte, dass jemand die Substanz bei ihrem Geburtsnamen NME-110 nannte. »Keine Ahnung. Vielleicht Logos. Das Zeug lässt dich Gott sehen.«

»So wie LSD?«

»Nein, anders. Es läuft über den Temporallappen und sorgt dafür –«

»Weil LSD kann ich dir auf dem Parkplatz drucken«, sagte Brandy.

»Bitte halt einfach die Klappe und hör zu«, sagte ich. Bobby verzog das Gesicht. Mit Konflikten kam er nicht gut klar.

Brandy lachte glucksend und hob in gespielter Kapitulation die Hände. Die Kellnerin kam mit Wassergläsern und einem Teller Pommes mit Soße, den sie ihm hinstellte. Er dankte ihr überschwänglich.

Dr. G. war pikiert. »Sie ist weggegangen, ohne eine Bestellung aufzunehmen.«

»Die Droge gibt einem das Gefühl, mit einer höheren Macht in Verbindung zu stehen«, sagte ich zu Brandy. »Das übernatürliche Wesen ist mit einem im selben Raum. Ins Blickfeld integriert, man kann es sehen. Manchmal spricht es mit einem.«

»Es ist sehr überzeugend«, warf Dr. G. ein.

»Und es nervt total«, sagte ich. »Die Droge lässt einen an die höhere Macht *glauben*. Abhängig von der Dosis hält der Effekt Stunden oder auch Tage an. Und bei einer Überdosis …«

Geht es nicht mehr weg. Dann muss man für den Rest seines Lebens tagtäglich enorme Energie darauf verwenden, sich daran zu erinnern, dass es sich um ein Trugbild handelt.

Die Droge lässt einen an die höhere Macht glauben.

»Tja, dann wird es anstrengend«, sagte ich. »Hast du so was schon mal gesehen?«

»Nee.« Brandy mampfte. Er tat nicht mal so, als würde er nachdenken. Bobby schielte nach den Fritten.

»Ein obdachloses Mädchen hatte damit zu tun, Francine Selwig«, sagte ich. »So eine hübsche Kleine mit bunten Strähnen. Ihre Freunde kriegten es von jemandem, der eine Kirche betreibt.«

»Hat dieser Prediger einen Namen?«, fragte Brandy.

»Den weiß ich auch nicht.«

»Du verschwendest meine Zeit, Dr. Lyda.« Er schob sich ein paar soßengetränkte Fritten mehr in den Mund, redete diesmal aber weiter. Leider. »Geile Collegejungs warten auf mein Produkt.«

> Dass ich die Nacht in Bobbys Wohnung verbringen würde, begeisterte ihn ein bisschen zu sehr.

»Du meinst, auf dein Placebo.«

»Meine Kunden sind zufrieden. Hast du nicht gesehen, wie sehr?« Er hob den Unterarm und machte eine Faust. »Grrr.«

»Wie stark hast du es verschnitten?«

»Das kränkt mich.« Er sah alles andere als gekränkt aus. »Na schön, vielleicht fünfundzwanzig Prozent sind Traubenzucker. Aber das spielt keine Rolle, weil ich ihnen was Besseres als Aroveta gebe. Ich mische eine Geheimzutat bei.« Seine Augenbrauen hoben sich. »Sildenafil.«

Jeder ein Kocher, dachte ich. »Dürfte funktionieren.«

Bobby sah Brandy an und dann wieder mich. »Moment, *was* dürfte funktionieren?«

»Viagra besteht aus Sildenafil«, sagte ich.

»Oh.«

»Diese Jungs sind einfach gut drauf.« Brandy wischte sich den Mund mit einer Serviette ab, holte seinen Smartpen raus und wackelte damit zu mir hin. »Wenn es darum geht, sich die Hörner abzustoßen, frisst der Teufel Fliegen.«

»Ich glaube nicht, dass er weiß, wie man Metaphern benutzt«, sagte Dr. G.

Brandy griff den Pen mit beiden Händen, brach ihn mittendurch und warf die Überreste auf seinen Teller. Es war eine geübte Bewegung wie das Ausdrücken einer Zigarette. Drogendealer hatten offensichtlich einen ordentlichen Verschleiß an Handys.

Er stand auf, um zu gehen, und ich hob eine Hand.

»Folgendes will ich kaufen«, sagte ich. »Erzähl es deinen Lieferanten. Deinen anderen Kunden.«

»Du willst nicht mit meinen Lieferanten reden, Doc.«

256 Leseprobe Daryl Gregory

»Sag ihnen, sie sollen Bobby anrufen. Ich hab noch kein Handy. Ich zahle jedem gutes Geld, der mir sagen kann, wo es Numen gibt.«
»Ach, das *gute* Geld?«, fragte Brandy. »Nicht das böse?« Er zog einen neuen Smartpen aus einem Sechserpack-Blister.
»Braves, rechtschaffenes Geld. Geht sonntags in die Kirche.«
Er grinste. »Du siehst aus wie eine Frau, die mal wusste, was Geld ist, aber dann hat es sie für eine andere verlassen.«
»Womit wir wieder bei Metaphern wären«, ätzte Dr. G.
»Ich hör mich mal um«, sagte Brandy. »Aber willst du nicht vielleicht doch noch schnell einen deiner alten Favoriten ausgedruckt haben?«
Ich dachte an den kleinen Klecks Plastik innen an meinem Unterarm.
»Später vielleicht.«

Meine Wohnung hatte ich längst aufgegeben und sämtliche Besitztümer einlagern lassen. Mir fehlte die Kraft, in Erfahrung zu bringen, ob der Container wegen ausbleibender Zahlungen geleert und meine Sachen versteigert worden waren. Dass ich die Nacht deshalb in Bobbys Wohnung verbringen würde, begeisterte ihn ein bisschen zu sehr. Ohne sexuelle Hintergedanken; er stand einfach auf Übernachtungsgäste.

Er winkte mit seinem Schlüsselanhänger zur Tür hin, aber sie wollte nicht aufgehen. Er drehte am Schloss, winkte wieder mit dem Anhänger. Endlich bekam er es hin.

»Keine Kissenschlachten«, sagte ich.

»Ha!« Ein Bellen wie ein Tourette-Ausbruch, unmittelbar aus seinem Körper und ohne Beteiligung des Bewusstseins in der Schatztruhe.

Seine Zweizimmerwohnung lag über einem türkischen Imbiss, und der aufsteigende Geruch von gebratenen Zwiebeln hatte sich in den Teppich gebrannt und lag wie Farbe auf sämtlichen Oberflächen. Die Möbel sahen aus wie bei diversen Garagen-Flohmärkten erstanden: eine braun-orange Couch, ein blauer, schiefer Drehstuhl mit einer kaputten Fußstrebe, ein weißer Korbtisch aus einer Garten-Garnitur. Die Küche war gerade groß genug, dass sich eine Person darin umdrehen konnte. Ohne Herd, nur mit Kochplatte und einer Mikrowelle unter dem Hängeschrank.

Hier also wohnte Bobby. Wir hatten zusammen drei Monate auf der Station verbracht, und in dieser Zeit hatte ich erfahren, wovor er am meisten Angst hatte, was für ein Mensch er gerne wäre und was er mir gegenüber empfand. Ich war, in Ermangelung eines besseren Worts, seine Vertraute. Aber ich wusste nicht, welchen Job er jetzt hatte, falls er überhaupt arbeiten ging, oder wer seine Freunde waren, wo seine Eltern lebten oder was er gern auf seiner Pizza hatte. So war das eben mit Beziehungen unter der Käseglocke. Gefängnis, Militär, Krankenhaus, Reality-Show – lauter Taschenuniversen mit eigener Physik. Bobby und ich waren enge Freunde, die einander kaum kannten.

Er lächelte verlegen und deutete zur Schlafzimmertür. »Da drin wohnt mein Mitbewohner. Er kommt nie raus. Also fast nie. Ich schlafe auf der Couch.« Er fügte rasch hinzu: »Aber nicht heute! Die ist für dich. Ich schlafe auf dem Fußboden.«

Dr. G. sagte: »Das können wir nicht zulassen.«

Ich dachte: Klar können wir das. Ich bin zweiundvierzig. Er ist Anfang zwanzig und hat einen gesunden Rücken. »Ich brauche noch sauberes Bettzeug«, sagte ich.

Er sah nach oben und nach rechts. Versuchte sich vorzustellen, wo in dieser Winzwohnung wohl unentdeckte saubere Bettwäsche sein mochte. »Bin gleich wieder da.« Er wandte sich zur Wohnungstür um.

»Warte, kann ich deinen Pen leihen? Ich muss ein paar Nachrichten schreiben.«

Er fischte ihn aus seiner Hosentasche. »Zieh an diesem Ding hier an der Seite, dann erscheint das Display.«

»Ich bin mit eurer fortgeschrittenen Technologie vertraut.«

»Klar, stimmt.« Er zeigte auf mich. »Frühstück! Was soll ich fürs Frühstück kaufen?«

»Nur Kaffee.«

Bobby schloss hinter sich ab – versuchte mich zu beschützen. Ich ging zur Schlafzimmertür und lauschte nach dem einsiedlerischen Mitbewohner, doch es war nur ein Brummen zu hören, das von einem Deckenventilator stammen mochte.

Trotzdem ging ich auf die andere Seite des Zimmers, bevor ich das Display des Pens öffnete. »Nachricht an Rovil Gupta«, sagte ich. Ein Strom von Gesichtern und Kontaktdaten rollte das Display hinunter. Dutzende von Rovils, angefangen mit denen, die mir geografisch am nächsten waren. Obwohl unser letztes Treffen zehn Jahre her war, erkannte ich den, nach dem ich suchte, sofort. Er arbeitete für Landon-Rousse, und sein Titel lautete jetzt Stellvertretender Leiter der Verkaufsabteilung – eine Beförderung, seit ich das letzte Mal nachgesehen hatte. Schön für dich, Kleiner.

Ich tippte das Icon seines Gesichts an und sagte: »Ich bin's, Lyda.« Die Worte erschienen unter Rovils Gesicht: *Ich bin's, Lyda.* »Ich dachte, wir sollten reden.« Für eine Nachricht gab es zu viel zu sagen. Hi, ich bin jetzt zum dritten Mal aus der Klapse raus, auf elektrochemischer Bewährung, ach ja, und Edo stellt unser altes Produkt her.

»Ruf bald zurück«, sagte ich. »Es geht um ... spirituelle Angelegenheiten.« Ich legte auf.

Möglich, dass die Nachricht gar nicht durchkam. Diese Handynummer stand nicht in seinen Kontakten, also blieb sie vielleicht im Spamfilter hängen.

Der Pen klingelte. Das Display war noch aufgefächert, und nun lächelte Rovils Gesicht mich an – im Livestream, kein Icon.

Mist. Ich hatte ihm geschrieben, aber doch nicht damit gerechnet, das Gespräch *jetzt gleich* zu führen. Wer ruft denn einfach gleich zurück?

Ich setzte eine freundliche Miene auf und ging ran. »Wie geht's, Kleiner?«

»Ich fasse es nicht! Lyda!«

Immer noch ganz der Enthusiast. Rovil war unser erster und einziger Angestellter bei Little Sprout gewesen, unser ausdrücklich so genannter Boy, obwohl wir ihn nicht mehr so nannten, seit ein Besucher meinte, dass es rassistisch klang. Er kam damals frisch von der Schule, wurde aber im Nu Mikalas rechte Hand. Der Chemiezauberlehrling.

»Dir scheint es ja ganz gut zu gehen«, sagte ich. »Stellvertretender Leiter, was?« Landon-Rousse war eines der vier großen Pharmaunternehmen, Stammhaus in Belgien, aber Filialen weltweit.

Er machte ein verlegenes Gesicht. »Hier sind alle stellvertretende Leiter. Du kannst dir die Bürokratie nicht vorstellen.«

Wir hatten seit dem Grönland-Gipfel vor zehn Jahren nicht mehr miteinander gesprochen. Dieses Meeting hatte nicht gut geendet. Ich hatte Edo und Rovil gesagt, dass sie sich verpissen sollten und ich nie wieder von ihnen hören wollte. Rovil, ganz das brave Kind, hielt sich daran. Selbst Edo hatte schließlich aufgegeben – bevor er komplett verschwand.

In den vergangenen Jahren, meist wenn ich betrunken war und sentimental wurde, hatte ich im Netz nach meinen Freunden von Little Sprout gesucht. Gils Status war immer derselbe – weiterhin eingekerkert. Und sämtliche Neuigkeiten zu Edo Anderssen Vik waren entweder a) offizielles PR-Blabla seiner Firma oder b) Spekulationen darüber, wieso er aus dem Licht der Öffentlichkeit verschwunden war. Rovil dagegen schien wirklich ein Leben zu führen. Ich war heilfroh, als er seinen Master machte, freudig überrascht, als er bei Landon-Rousse anfing, und später jedes Mal erfreut, wenn er in eine wichtigere Position wechselte. Ich fragte mich, ob es ihm gelungen war, seine verrückte Seite zu verbergen, oder ob er so gut war, dass sie ihn trotzdem behielten. Vielleicht hatte Ganesha, der Entferner der Hindernisse, ihm den Weg freigeräumt.

Der Smalltalk kam ruckelnd zum Stehen. Rovil fragte sich bestimmt, wieso ich ihn nach zehn Jahren Funkstille anrief, aber er war zu höflich, um es anzusprechen. Wusste er von meinen Entzügen, den Autounfällen, den Zeiten in der Psychiatrie?

Ich sagte mit gespielter Beiläufigkeit: »Und, mal von den anderen gehört? Edo, Gil …?«

Er blinzelte. »Gilbert, nein, natürlich nicht!« Armer Rovil, geht schon auf rohen Eiern, wenn er in meiner Gegenwart den Namen ausspricht.

»Wie man hört, darf er Besuch kriegen«, sagte ich.

Rovils Augen wurden groß. »Du denkst doch nicht ernsthaft daran …?«

»Nein, nein. Es ist Edo, auf den's mir ankommt.«

»Oha. Das dürfte schwierig werden.«

»Ich hab versucht, ihn unter einer alten Privatnummer zu erreichen, aber die ist tot. Jede Adresse, die ich online von ihm gefunden habe, ist geschäftlich, und da bleibt man entweder in einer Mailbox hängen oder an der Rezeption. Ich habe Nachrichten hinterlassen, aber er ruft nicht zurück.«

»Kommt mir bekannt vor. Ich melde mich alle paar Jahre mal, aber er reagiert nicht.« Rovil grinste. »Wie einige andere Leute, die ich kenne.«

Wow, Klein-Rovil machte sich über mich lustig. »Ich hatte ein paar Probleme. Aber Edo … was ist aus ihm geworden?«

»Den hat seit Jahren niemand mehr zu Gesicht bekommen. Ich weiß nicht mal, in welchem Land er sich aufhält. Er ist ein, wie heißt das noch? Kein Einsiedler …«

»Ein Sonderling. Lässt sich die Fingernägel wachsen, bewahrt seinen Urin in Einmachgläsern auf, solche Sachen.«

»Woher hast du denn *die* Geschichten?«, fragte Rovil schockiert. Die Anspielung entging ihm völlig.

»War nur Quatsch. Ich muss dich um einen Gefallen bitten.«

Er überlegte und sagte dann mit absolutem Ernst: »Wenn ich kann, gerne.«

»Besorg mir Edos Privatnummer.«

»Wie ich schon sagte, niemand weiß –«

»Er muss doch Anwälte haben, Personal, was auch immer. Sorge dafür, dass ihn eine Nachricht erreicht. Er kann dich gut leiden, Rovil. Er wird sich bei dir melden. Sag ihm, es ist wichtig.«

»Was ist denn? Was ist passiert?«

Mein Bauchgefühl riet mir, ihn so lange wie möglich außen vor zu lassen. Rovil war bei Little Sprout der Jüngste gewesen und nicht mal Mitinhaber. Er hätte gar nicht in das, was bei der Party passiert war, mit hineingezogen werden dürfen. Aber er war dort gewesen, und es hatte ihn genauso erwischt wie uns andere. Der kleine Christenjunge war mit einem Hindugott im Kopf aufgewacht. Wir gehörten einem sehr exklusiven Club an.

Ich fragte: »Ist das eine Geschäftsnummer?«

Jemand stellt Numen her.

Er begriff den Sinn der Frage. »Es ist mein Privathandy.«

Was nicht bedeutete, dass niemand mithörte. Möglicherweise überwachte Landon-Rousse die private Kommunikation seines Führungspersonals. Dabei hatten sich schon etliche Unternehmen erwischen lassen. Aber wenn Rovil keine Bedenken hatte, dann wollte ich das Risiko eingehen.

»Ich bin jemandem begegnet, der Gott gesehen hat«, sagte ich.

Ursula K.

Le Guin

Ursula K. Le Guin (*1929) ist die Grand Dame der angloamerikanischen Science Fiction. Sie wurde mit zahlreichen Literatur- und Genrepreisen ausgezeichnet, zuletzt mit dem »National Book Award« für ihr Lebenswerk. Zu den Autoren, die sie beeinflusst hat, zählen Salman Rushdie und David Mitchell ebenso wie Neil Gaiman und Ian M. Banks.
›Freie Geister‹ gilt als eine der bedeutendsten Utopien des 20. Jahrhunderts.

BÜCHER SIND NICHT BLOSS WAREN
Rede anlässlich der Verleihung des National Book Award

Am 19. November 2014 nahm Ursula K. Le Guin im Rahmen der Verleihung der »National Book Awards« die »Medal for Distinguished Contribution to American Letter« entgegen. Und hielt daraufhin eine kurze Dankesrede, die zeigt, dass sie nicht nur eine große Schriftstellerin ist, sondern auch eine bedeutende Persönlichkeit.

Denen, die mich mit dieser schönen Auszeichnung ehren, meinen Dank, von Herzen. Meine Familie, meine Agenten, meine Lektoren wissen: Dass ich hier stehe, ist ebenso sehr ihr Werk wie meines, und diese schöne Auszeichnung gebührt ihnen genauso wie mir. Und ich nehme sie mit Freuden an, auch im Namen all meiner

Wir werden Schriftsteller brauchen, die sich an Freiheit erinnern können.

Kolleginnen und Kollegen, die so lange Zeit von der Literatur ausgeschlossen worden sind – der Autoren von Fantasy und Science Fiction, von Phantastik allgemein, die seit fünfzig Jahren zuschauen, wie die schönen Auszeichnungen an die sogenannten Realisten gehen.

Auf uns kommen harte Zeiten zu, in denen wir uns nach den Stimmen von Schriftstellern sehnen werden, die fähig sind, Alternativen zu unserer heutigen Lebensweise zu sehen; denen es gelingt, über unsere angstgeplagte, der Technologie verschriebenen Gesellschaft hinauszuschauen, um andere Lebensformen in den Blick zu nehmen und echte Ursachen für Hoffnung zu ersinnen. Wir werden Schriftsteller brauchen, die sich an Freiheit erinnern können – Dichter, Visionärinnen –, Realisten einer größeren, weiteren Realität.

Im Augenblick brauchen wir Schriftsteller, die zwischen der Herstellung einer Handelsware und der Ausübung einer Kunst zu unterscheiden verstehen. Geschriebenes so herzurichten, dass es Verkaufsstrategien zur Maximierung von Unternehmensgewinnen und Werbeeinnahmen entspricht, ist nicht dasselbe wie das verantwortungsvolle Verlegen oder Schreiben von Büchern. Trotzdem erlebe ich, dass man Vertriebsabteilungen die Kontrolle über Inhalte einräumt. Ich erlebe, wie mein eigener Verlag, in einer absurden Panik aus Ignoranz und Gier, öffentlichen Bibliotheken für ein E-Book sechs- bis siebenmal so viel abverlangt wie Privatkunden. Wir haben jüngst erlebt, wie ein Marktriese versucht hat, einen Verlag für mangelnde Folgsamkeit zu bestrafen, und wie Autoren durch eine Unternehmensfatwa bedroht wurden. Und ich sehe, dass viele von uns, die wir Bücher schreiben und verlegen, diese Dinge akzeptieren – und zulassen, dass Profitmacher uns vermarkten wie Deos und uns vorschreiben, was wir verlegen, was wir schreiben sollen.

Bücher sind nicht bloß Waren; Gewinnstreben steht oft im Konflikt mit den Zielen der Kunst. Wir leben im Kapitalismus; seine Macht erscheint unentrinnbar – doch das galt auch für das Gottesgnadentum der Könige. Jede Form menschlicher Macht kann von Menschen verschmäht und verändert werden. Widerstand und Veränderung nehmen ihren Anfang häufig in der Kunst. Sehr häufig in unserer, der Wortkunst.

Ich habe eine lange Karriere als

> Jede Form menschlicher Macht kann von Menschen verschmäht und verändert werden.

Schriftstellerin hinter mir und eine gute, in guter Gesellschaft. Hier, an ihrem Ende, möchte ich nicht zuschauen, wie die amerikanische Literatur den Fluss hinunter verkauft wird, in die Sklaverei. Wir, die vom Schreiben und Verlegen leben, wollen unseren gerechten Anteil an den Erlösen und sollten ihn verlangen; aber die schöne Auszeichnung, mit der wir dann geehrt werden, heißt nicht Profit. Sondern Freiheit.

Aus dem Amerikanischen von Karen Nölle

FREIE GEISTER

Du bist nicht, was du hast, sondern was du gibst.

Der einzige Ort auf Anarres, der durch eine Mauer von seiner Umgebung abgetrennt wird, ist der Raumhafen. Von hier aus werden die Edelmetalle, die in den Minen des Planeten abgebaut werden, einmal im Jahr zum Nachbarplaneten Urras geflogen.

Für die Herrschenden von Urras ist Anarres nicht mehr als eine abhängige Bergbaukolonie, die es möglichst effektiv auszubeuten gilt. Für die Bewohner von Anarres ist ihre Heimat jedoch der einzige Ort im ganzen Sonnensystem, wo sie wirklich frei sind – frei von Unterdrückung, aber auch frei von dem Zwang, künstlich erzeugte Bedürfnisse befriedigen zu müssen.

Als sich auch auf Anarres erste Herrschaftsstrukturen zu bilden beginnen, begibt sich der Physiker Shevek auf eine riskante Reise nach Urras. Er möchte in Dialog mit dortigen Wissenschaftlern treten und gerät dabei zwischen alle Fronten.

URSULA K. LE GUIN

FREIE GEISTER

ROMAN

Der Klassiker neu übersetzt von Karen Nölle

FISCHER | TOR

ISBN 978-3-596-03535-9

ANARRES

URRAS

LESEPROBE

Ursula K. Le Guin • **Freie Geister**

Eins

Es gab eine Mauer. Sie wirkte nicht wichtig. Sie bestand aus unbehauenem Stein und grobem Mörtel. Erwachsene konnten ohne weiteres über sie hinwegsehen, und selbst Kinder konnten hinüberklettern. Wo sie die Straße kreuzte, hatte sie kein Tor, sondern verkümmerte zu bloßer Geometrie, einem Strich, einer vorgestellten Grenze. Aber die Vorstellung war real. Sie war wichtig. Seit sieben Generationen hatte es nichts Wichtigeres auf der Welt gegeben als diese Mauer.

Wie alle Mauern war sie zwiespältig, zweischneidig. Was innen war und was außen, hing davon ab, auf welcher Seite man sich befand.

Von einer Seite betrachtet, umschloss die Mauer ein karges, sechzig Morgen großes Feld mit dem Namen Anarres-Hafen. Auf dem Feld standen zwei große Brückenkräne, eine Raketenrampe, drei Lagerhäuser, eine Lastwagengarage und ein Schlafhaus. Das Schlafhaus wirkte solide, schmutzig und traurig; es hatte keinen Garten, nirgends Kinder; es war offensichtlich weder zum Wohnen noch für einen längeren Aufenthalt gedacht. Tatsächlich war es eine Quarantänestation. Die Mauer sperrte nicht nur das Landungsfeld ein, sondern auch die Schiffe, die aus dem Weltraum herabkamen, und die Männer, die mit den Schiffen kamen, und die Welten, aus denen sie kamen, und den Rest des Universums. Sie umschloss das Universum und ließ Anarres draußen, frei.

Von der anderen Seite betrachtet, umgrenzte die Mauer Anarres: Der ganze Planet lag hinter ihr, ein großes Gefangenenlager, abgeschnitten von anderen Welten und anderen Menschen, in Quarantäne.

Auf der Straße liefen ein paar Menschen in Richtung Landungsfeld oder standen bereits an der Stelle herum, wo die Straße die Mauer schnitt.

Aus der nahegelegenen Stadt Abbenay kamen häufig Leute, weil sie ein Raumschiff oder schlicht die Mauer sehen wollten. Schließlich war es die einzige Grenzmauer auf ihrer Welt. Nirgendwo sonst gab es ein Schild mit der Aufschrift *Zutritt verboten*. Vor allem Jugendliche fühlten sich von der Mauer angezogen. Sie traten dicht heran; sie setzten sich obendrauf. Manchmal war am Lagerhaus ein Trupp zu sehen, der Kisten aus Kettenfahrzeugen entlud. Manchmal stand sogar ein Frachtschiff auf der Rampe. Frachtschiffe landeten nur achtmal im Jahr, unangekündigt, so dass nur die im Hafen arbeitenden Syndiks Bescheid wussten, und wenn die Zuschauer das Glück hatten, eins zu sehen, waren sie ganz aufgeregt – im ersten Moment. Doch dann saßen sie da, und es stand da, ein plumper schwarzer Turm inmitten einer Masse beweglicher Kräne, weit hinten auf dem Feld. Und dann kam eine Frau von einer der Lagerhauskolonnen zu ihnen und sagte: »Wir machen jetzt dicht für heute, Brüder.« Sie trug das Schutzarmband, ein Anblick, der beinahe so selten war wie ein Raumschiff. Das war immerhin etwas. Und ihr Ton war zwar sanft, aber entschieden. Sie war der Vormann dieser Kolonne, und wenn man sie provozierte, rief das ihre Syndiks auf den Plan. Außerdem gab es nichts zu sehen. Die Fremdlinge, die Außerweltler, blieben in ihrem Schiff verborgen. Ein Trauerspiel.

Auch für die Schutzkolonne war es ein langweiliges Spiel. Manchmal wünschte sich der Vormann, es würde einfach mal jemand versuchen, die Mauer zu überwinden, ein transplanetarisches Besatzungsmitglied, das fliehen wollte, oder ein Jugendlicher aus Abbenay, der sich einzuschleichen versuchte, um das Frachtschiff näher anzusehen. Aber das geschah nicht. Es geschah nie etwas. Als dann doch etwas geschah, traf es sie unvorbereitet.

> Seit sieben Generationen hatte es nichts Wichtigeres auf der Welt gegeben als diese Mauer.

Der Kapitän des Frachtschiffs *Respekt* fragte sie: »Geht die Meute auf mein Schiff los?«

Der Vormann sah sich um. Am Tor lungerte tatsächlich eine Menschenmenge herum, hundert Personen oder mehr. Sie standen da, einfach so, wie die Leute während der Hungersnot an den Naturalienbahnhöfen damals. Der Vormann erschrak.

»Nein. Sie – äh – protestieren«, sagte sie in ihrem langsamen, lückenhaften Jotisch. »Gegen den – Dings. Den Passagier?«

»Du meinst, sie haben was gegen diesen Kanaken, den wir mitnehmen sollen? Werden sie versuchen, ihn aufzuhalten – oder uns?«

Das Wort »Kanake«, unübersetzbar in die Sprache des Vormanns, war für sie nichts weiter als ein fremder Begriff für ihr Volk, aber der Klang

hatte ihr noch nie gefallen, ebenso wenig wie der Ton des Kapitäns oder der Kapitän selbst. »Könnt ihr auf euch aufpassen?«, fragte sie knapp.
»Teufel, ja. Sorgt ihr einfach dafür, dass der Rest der Fracht entladen wird. Schnell. Und bringt den Kanaken an Bord. Wir lassen uns nicht von einer Meute komischer Kauze auf der Nase rumtanzen.« Er klopfte auf das Ding, das er am Gürtel trug, und sah die unbewaffnete Frau herablassend an.
Sie streifte den phallischen Gegenstand, von dem sie wusste, dass es eine Waffe war, mit einem kalten Blick. »Das Schiff wird um vierzehn Uhr beladen sein«, sagte sie. »Die Besatzung soll sicher an Bord bleiben. Start um vierzehn Uhr vierzig. Wenn ihr Hilfe braucht, sprecht bei der Bodenkontrolle auf Band.« Und sie schritt davon, bevor der Kapitän sich aufspielen konnte. Ihr Zorn machte sie forscher gegenüber ihrer Kolonne und der Menge. »Macht die Straße frei!«, befahl sie, als sie sich der Mauer näherte. »Hier kommen Laster durch, nachher tut sich jemand weh. Geht zur Seite!«
Die Männer und Frauen in der Menge diskutierten mit ihr und miteinander. Sie wechselten immer wieder die Straßenseite, und einige betraten das Flugfeld. Aber die Straße machten sie mehr oder weniger frei.

> Einige der Leute waren gekommen, um einen Verräter zu töten.

Wenn der Vormann keine Erfahrung darin besaß, eine Menschenmasse zu lenken, so besaßen sie keine Erfahrung darin, eine zu bilden. Sie waren Glieder einer Gemeinschaft und nicht Elemente eines Kollektivs und wurden daher nicht vom Massengefühl geleitet; unter ihnen gab es ebenso viele Emotionen wie Personen. Und da sie von Befehlen nicht erwarteten, dass sie willkürlich waren, hatten sie keine Übung darin, sich ihnen zu widersetzen. Ihre Unerfahrenheit rettete dem Passagier das Leben.
Einige der Leute waren gekommen, um einen Verräter zu töten. Andere, um seine Ausreise zu verhindern oder ihn zu beschimpfen oder schlicht um ihn zu sehen; und diese vielen anderen versperrten den Attentätern den Weg. Eine Schusswaffe trug keiner von ihnen bei sich, aber ein paar hatten Messer. Ein Angriff war für sie etwas Physisches; sie wollten den Verräter mit den eigenen Händen packen. Sie rechneten damit, dass er mit einem Fahrzeug kommen würde, gut bewacht. Während sie noch versuchten, einen Güterlaster zu inspizieren, und sich mit dem empörten Fahrer stritten, kam der Mann, den sie suchten, zu Fuß die Straße hinauf, allein. Als sie ihn erkannten, war er schon halb über das Feld und

von fünf Schutz-Syndiks abgeschirmt. Die Leute, die ihm ans Leben wollten, nahmen die Verfolgung auf – zu spät – und warfen mit Steinen – nicht ganz zu spät. Sie erwischten ihr Opfer in dem Moment, als es das Schiff erreichte, noch knapp am Arm, aber ein Mitglied der Schutzkolonne wurde von einem kiloschweren Feuerstein am Kopf getroffen und war auf der Stelle tot.

Am Schiff wurden die Luken geschlossen. Die Schutzkolonne kehrte um, den toten Kamerad auf den Armen; sie unternahmen nichts, um die Anführer der Menge aufzuhalten, die auf das Schiff zurasten. Nur der Vormann, bleich vor Zorn und Entsetzen, beschimpfte die Leute laut, als sie vorbeirannten, und sie wichen ihr in einem weiten Bogen aus. Als sie das Schiff erreichten, verstreuten sich die vorderen und bleiben unentschlossen stehen. Die Stille des Schiffes, die abrupten Bewegungen der riesigen skelettartigen Kräne, die seltsam verbrannte Erde, das Fehlen jeglicher menschlichen Dimension verwirrte sie. Ein Dampf- oder Gasstoß aus einem Klotz, der mit dem Schiff verbunden war, ließ einige zusammenfahren; sie blickten beunruhigt zu den Triebwerken auf, gigantischen schwarzen Röhren über ihren Köpfen. In der Ferne, weit über dem Feld, heulte eine Warnsirene. Ein Erster kehrte um und trat den Rückzug zum Tor an, dann ein Zweiter. Keiner hielt sie auf. Nach zehn Minuten war das Feld geräumt, die Menge auf der Straße in Richtung Abbenay versprengt. Alles sah wieder aus, als wäre nichts passiert.

Im Innern der *Respekt* herrschte Hochbetrieb. Da die Bodenkontrolle den Start vorverlegt hatte, mussten sämtliche Checks mit doppelter Geschwindigkeit durchgepeitscht werden. Der Kapitän hatte befohlen, den Passagier im Mannschaftsraum festzuschnallen und mit dem Arzt zusammen dort einzuschließen, damit sie aus dem Weg waren. In dem Raum gab es einen Sichtschirm, sie konnten beim Start zusehen, wenn sie wollten.

Der Passagier schaute zu. Er sah das Feld und die Mauer um das Feld und weit außerhalb der Mauer die fernen Hänge der Ne-Theras-Kette, gesprenkelt mit Holumsträuchern und spärlichem silbrigem Monddorn.

Das alles rauschte blendend hell über den Sichtschirm. Der Passagier spürte, wie sein Kopf ins Polster der Rückenlehne gepresst wurde. Es war wie beim Zahnarzt, der Kopf nach hinten gedrückt, der Kiefer gewaltsam aufgerissen. Er bekam keine Luft, ihm wurde übel, in seinem Unterleib rumorte die Angst. Sein gesamter Körper schrie den ungeheuren Kräften, die auf ihn einwirkten, entgegen: Jetzt nicht, noch nicht, wartet!

Die Augen waren seine Rettung, was sie unwillkürlich aufnahmen und meldeten, erlöste ihn vom Autismus der Angst. Denn jetzt bot der Sichtschirm einen seltsamen Anblick, eine große, fahle Felsebene. Es war die Wüste, von den Bergen über dem Großtal aus betrachtet. Wie war er wieder ins Großtal gekommen? Er versuchte sich zu sagen, dass er sich in einem Luftschiff befand. Nein, einem Raumschiff. Am Rand der Ebene blitzte helles Licht wie über Wasser, Licht über einem fernen Meer. In diesen Wüsten gab es kein Wasser. Was also sah er da? Die Felsebene war nicht mehr platt, sondern hohl, eine riesige Schale voller Sonnenlicht. Während er sie staunend betrachtete, wurde sie flacher, und das Licht strömte hinaus. Auf einmal schoss ein Strich quer hinüber, abstrakt, geometrisch, ein perfekter Kreisschnitt. Hinter dem Bogen lag Schwärze. Die Schwärze verkehrte das ganze Bild ins Negative. Der feste, felsige Teil war nicht mehr konkav und von Licht erfüllt, sondern konvex. Er reflektierte das Licht, warf es zurück. Was Shevek sah, war weder eine Ebene noch eine Schale, sondern eine Kugel, ein Ball aus weißem Fels, der in Schwärze stürzte, in Schwärze versank. Es war seine Welt.

»Das verstehe ich nicht«, sagte er laut.

Jemand antwortete ihm. Er brauchte einen Augenblick, um zu begreifen, dass der Mensch, der neben seinem Sessel stand, mit ihm sprach, ihm antwortete, weil er nicht mehr wusste, was eine Antwort war. Nur eines nahm er deutlich wahr: die eigene vollständige Isolation. Die Welt war unter ihm versunken, und er war ganz und gar allein.

Er hatte immer befürchtet, dass es so kommen würde, mehr als er jemals den Tod gefürchtet hatte. Sterben heißt, sein Ich zu verlieren und sich mit den anderen zu vereinigen. Er hatte sein Ich behalten und die anderen verloren.

Nach einer Weile gelang es ihm aufzublicken und den Mann neben sich anzuschauen. Es war natürlich ein Fremder. Von nun an würde es nur noch Fremde geben. Er sprach eine fremde Sprache: Jotisch. Die Worte ergaben einen Sinn. Sämtliche Einzelheiten ergaben einen Sinn, bloß das Ganze nicht. Der Mann sagte etwas über die Gurte, die ihn an den Sessel fesselten. Er legte Hand an. Der Sessel richtete sich mit einem Ruck auf, und weil ihm so schwindelig war, fiel Shevek beinahe hinaus. Der Mann fragte immer wieder, ob jemand verletzt worden sei. Von wem redete er? »Ist er sicher, dass er nicht verletzt ist?« Im Jotischen war die höfliche Form der Anrede die dritte Person, er oder sie. Der Mann meinte ihn. Er wusste nicht, wieso er verletzt sein sollte; der Mann sagte immer wieder etwas über Steine, die geworfen worden seien. Aber der Stein wird niemals treffen, dachte er. Er schaute wieder auf den Sichtschirm, nach dem Stein, dem weißen Stein, der durch die Finsternis stürzte, aber der Sichtschirm war leer.

»Mir geht es gut«, sagte er schließlich aufs Geratewohl. Das beruhigte den Mann nicht. »Bitte kommen Sie mit mir. Ich bin Arzt.«

»Es geht mir gut.«

»Bitte kommen Sie mit, Dr. Shevek!«

»Sie sind ein Doktor«, sagte Shevek nach einer Pause. »Ich nicht. Ich heiße Shevek.«

Der Arzt, ein kleiner, hellhäutiger, glatzköpfiger Mann, verzog ängstlich das Gesicht. »Sie sollten in Ihrer Kabine sein, wegen der Ansteckungsgefahr, und zwei Wochen lang mit niemandem außer mir Kontakt haben. Ich habe mich nicht für nichts und wieder nichts einer zwei Wochen währenden Desinfektion unterzogen. Gott verfluche den Kapitän! Bitte kommen Sie mit, mein Herr. Man wird mich zur Verantwortung ziehen ...«

Shevek erkannte, dass der kleine Mann beunruhigt war. Er empfand weder Bedauern noch Mitgefühl; doch selbst hier, in seiner absoluten Einsamkeit, behielt das einzige Gesetz, nach dem er sich je gerichtet hatte, seine Gültigkeit. »Gut«, sagte er und stand auf.

Ihm war noch immer schwindelig, und seine rechte Schulter schmerzte. Er wusste, dass sich das Schiff bewegte, aber es war keinerlei Bewegung zu spüren; nur eine Stille war da, eine schreckliche, absolute Stille draußen hinter den Wänden. Der Arzt führte ihn durch totenstille Metallkorridore zu einem Zimmer.

Es war ein sehr kleines Zimmer, mit Nähten in den kahlen Wänden. Es stieß Shevek ab, weil es ihn an einen Ort erinnerte, an den er sich nicht erinnern wollte. Er blieb an der Tür stehen. Aber der Arzt bat und drängte, und so trat er schließlich ein.

Noch immer duselig und benommen, setzte er sich auf das in die Wand eingelassene Bett und beobachtete teilnahmslos den Arzt. Eigentlich hätte er neugierig sein müssen, dachte er; dieser Mann war der erste Urrasier, den er je gesehen hatte. Aber er war zu müde. Wenn er sich ausstreckte, würde er sofort einschlafen.

Er hatte die ganze vorige Nacht gebraucht, um seine Papiere zu ordnen. Vor drei Tagen hatte er Takver und die Kinder nach Frieden-und-Fülle verabschiedet, und von da an war er unablässig beschäftigt gewesen. Im Funkturm hatte er letzte Neuigkeiten mit Leuten auf Urras ausgetauscht, und mit

Bedap und den anderen hatte er Pläne und Eventualitäten erörtert. Während dieser gehetzten Tage, und überhaupt seit Takvers Abreise, hatte er sich nicht mehr wie ein Handelnder gefühlt, sondern nur noch wie ein ausführendes Organ. Er war in den Händen anderer gewesen. Sein eigener Wille hatte nicht agiert. Dazu hatte keine Notwendigkeit bestanden. Sein Wille war es, der einst alles in Gang gesetzt und ihn zu diesem Moment geführt hatte, mitsamt den Wänden, die ihn jetzt umgaben. Wann? Vor Jahren. Vor fünf Jahren in Chakar in den Bergen, als er in der Stille der Nacht zu Takver gesagt hatte: »Ich werde nach Abbenay gehen und Mauern abbauen.« Oder eigentlich noch früher; lange davor, im Staub, in den Jahren von Hunger und Not, als er sich geschworen hatte, nie wieder anders zu handeln als nach der eigenen freien Entscheidung. Dass er sich an diesen Schwur gehalten hatte, hatte ihn hierher geführt, in diesen Moment ohne Zeit, an diesen Ort ohne Welt, in diese kleine Kammer, dieses Gefängnis.

Der Arzt hatte seine verletzte Schulter untersucht. (Der Bluterguss war Shevek ein Rätsel; er war zu angespannt und zu gehetzt gewesen, um mitzubekommen, was auf dem Landungsfeld vor sich ging, und hatte den Stein, der ihn traf, nicht gespürt.) Jetzt wandte der Doktor sich ihm mit einer Injektionsnadel zu.

»Das will ich nicht«, sagte Shevek. Er sprach Jotisch langsam und, wie er von den Gesprächen über Funk wusste, mit schlechter Betonung, aber grammatikalisch einigermaßen korrekt; das Verstehen fiel ihm schwerer als das Sprechen.

»Das ist eine Impfung gegen Masern«, sagte der Arzt, von Berufs wegen taub.

»Nein«, sagte Shevek.

Der Arzt biss sich einen Moment auf die Unterlippe. Dann sagte er: »Wissen Sie, was Masern sind, mein Herr?«

»Nein.«

»Eine Krankheit. Ansteckend. Bei Erwachsenen oft schwer. Auf Anarres ist sie unbekannt; sie wurde durch prophylaktische Maßnahmen ferngehalten, als der Planet besiedelt wurde. Auf Urras ist sie weit verbreitet. Sie könnten daran sterben. Sie haben keine Abwehrkräfte. Sind Sie Rechtshänder, mein Herr?«

Shevek schüttelte automatisch den Kopf. Mit der Geschicklichkeit eines Taschenspielers stieß der Arzt ihm die Nadel in den rechten Arm. Shevek fügte sich schweigend dieser und auch den folgenden Injektionen. Er hatte kein Recht auf Misstrauen oder Widerspruch. Er hatte sich diesen Menschen ausgeliefert; er hatte sein Geburtsrecht auf Selbstbestimmung abgegeben. Es galt nicht mehr, es war zusammen mit seiner Welt von ihm abgefallen, der Welt des Großen Versprechens, dem nackten Fels.

Der Arzt sagte wieder etwas, doch er hörte nicht zu.

Stunden-, vielleicht tagelang lebte er in einem leeren Raum, einem öden, elenden Vakuum ohne Vergangenheit und Zukunft. Die Wände beengten ihn. Außerhalb von ihnen herrschte die Stille. Arme und Gesäß schmerzten ihm von den Spritzen; er hatte Fieber, das sich nie zum Delirium steigerte, aber ihn in einen Schwebezustand zwischen Denken und Träumen versetzte, ein Niemandsland. Die Zeit verging nicht. Es gab keine Zeit. Er war die Zeit: er allein. Er war der Fluss, der Pfeil, der Stein. Aber er bewegte sich nicht fort. Der geworfene Stein verharrte noch auf halbem Weg. Es gab weder Tag noch Nacht. Dann und wann schaltete der Arzt das Licht aus oder an. In die Wand am Bett war eine Uhr eingebaut; ihr Zeiger bewegte sich von einer der zwanzig Ziffern auf der Scheibe zur nächsten, ohne jede Bedeutung.

> Mit der Geschicklichkeit eines Taschenspielers stieß der Arzt ihm die Nadel in den rechten Arm.

Er erwachte nach einem langen, tiefen Schlaf, und da er mit dem Gesicht zur Uhr lag, betrachtete er sie schläfrig. Der Zeiger stand ein Stück hinter der 15, so dass es, wenn das Zifferblatt von Mitternacht aus gelesen wurde wie die 24-Stunden-Uhr auf Anarres, Nachmittag sein musste. Doch wie konnte es im All zwischen zwei Welten Nachmittag sein? Nun, das Schiff lief bestimmt nach einer eigenen Zeitrechnung. Dass er diese Überlegungen anstellte, erfüllte ihn mit kolossalem Mut. Er setzte sich auf, ohne dass ihm schwindelig wurde. Er stand auf und prüfte seinen Gleichgewichtssinn: befriedigend, trotz des Gefühls, dass seine Fußsohlen nicht ganz fest auf dem Boden standen. Wahrscheinlich war das Gravitationsfeld des Schiffes ziemlich schwach. Das Gefühl behagte ihm nicht; was er brauchte, waren Stabilität, Solidität, verlässliche Tatsachen. Auf der Suche danach begann er methodisch, die kleine Kammer zu inspizieren.

Die leeren Wände bargen lauter Überraschungen, man musste nur die Tafel berühren, damit sie sich zeigten: Waschbecken, Klostuhl, Spiegel, Schreibtisch, Stuhl, Schrank, Regale. Mit dem Waschbecken waren einige vollkommen rätselhafte elektrische Geräte verbunden, und das Wasserventil schloss sich nicht automatisch, wenn man den Hahn losließ, sondern lief weiter, bis man ihn zudrehte – ein Zeichen, wie Shevek meinte, entweder von großem Vertrauen in die menschliche Natur oder von großen Mengen heißen Wassers.

Da er Letzteres vermutete, wusch er sich von Kopf bis Fuß und trocknete sich, weil er kein Handtuch fand, mit einem der rätselhaften Geräte ab, einem, das einen angenehm kitzeligen Strom warmer Luft ausstieß. Als er seine eigenen Sachen nicht fand, zog er wieder das über, was er beim Aufwachen angehabt hatte: eine weite Hose mit Taillenband und einen formlosen Kittel, beide leuchtend gelb mit kleinen blauen Punkten. Er betrachtete sich im Spiegel. Die Wirkung war bedauerlich. Kleidete man sich auf Urras so? Er suchte vergeblich nach einem Kamm, behalf sich, indem er sein Haar hinten zu einem Zopf flocht, und schickte sich so hergerichtet an, die Kammer zu verlassen. Es ging nicht. Die Tür war abgeschlossen.

Sheveks anfängliche Ungläubigkeit verwandelte sich in Zorn, einen Zorn – einen blindwütigen Willen zur Gewalt –, wie er ihn noch nie in seinem Leben verspürt hatte. Er riss an dem starren Türgriff, schlug mit den Händen auf das glatte Metall der Tür ein, wandte sich ab und drückte die Ruftaste, die der Arzt ihm gezeigt hatte, damit er sie im Notfall betätige. Nichts passierte. Auf der Sprechanlage befanden sich eine Reihe weiterer kleiner, verschiedenfarbiger Knöpfe mit Ziffern. Er drückte mit der Hand auf alle zugleich. Der Lautsprecher in der Wand begann zu stammeln: »Wer zum Teufel ja kommt sofort Ende klar was von zweiundzwanzig ...«

Shevek übertönte sie alle: »Tür auf!«

Die Tür glitt auf, der Arzt schaute herein. Beim Anblick seines kahlen, besorgten, gelblichen Gesichts verging Sheveks Zorn und zog sich in eine innere Finsternis zurück. Er sagte: »Die Tür war abgeschlossen.«

»Verzeihen Sie, Dr. Shevek, eine Vorsichtsmaßnahme – Ansteckung – die anderen müssen ferngehalten werden ...«

»Ausschließen, einschließen, ein- und dasselbe«, sagte Shevek und blickte mit hellen, abweisenden Augen auf den Arzt hinunter.

»Sicherheit ...«

»Sicherheit? Muss man mich in einer Kiste halten?«

»Der Offizierssalon«, schlug der Arzt hastig, besänftigend vor. »Haben Sie Hunger, mein Herr? Vielleicht mögen Sie sich anziehen und wir gehen in den Salon.«

Shevek sah sich an, wie der Arzt gekleidet war: enge blaue Hose in Stiefel gesteckt, die ebenfalls so glatt und fein aussahen wie Stoff; ein violetter Kittel, der vorne offen und mit silbernen Posamentverschlüssen geknöpft war, und darunter, nur am Hals und an den Handgelenken zu sehen, ein blendend weißes Strickhemd.

»Ich bin nicht angezogen?«, fragte Shevek schließlich.

»Oh, der Pyjama reicht absolut. Keine Formalitäten in einem Frachtschiff!«

»Pyjama?«

»Was Sie da anhaben. Schlafkleidung.«

»Kleidung, die man zum Schlafen trägt?«

»Ja.«

Shevek blinzelte. Er sagte nichts. Er fragte: »Wo sind die Sachen, die ich anhatte?«

»Ihre Kleidung? Ich habe sie reinigen – desinfizieren – lassen. Ich hoffe, das ist Ihnen recht, mein Herr ...« Er schaute in ein Wandfach, das Shevek nicht entdeckt hatte, und holte ein in blassgrünes Papier eingeschlagenes Paket hervor. Er wickelte Sheveks alten Anzug aus, der sehr sauber und um einiges kleiner wirkte als zuvor, zerknüllte das Papier, aktivierte ein weiteres Fach, warf das Papier in das aufgehende Behältnis und lächelte unsicher. »Da, bitte sehr, Dr. Shevek.«

»Was wird mit dem Papier?«

»Dem Papier?«

»Dem grünen Papier.«

»Oh, das habe ich in den Müll geworfen.«

»Den Müll?«

»Abfall. Es wird verbrannt.«

»Sie verbrennen Papier?«

»Vielleicht wird es auch bloß ins All abgeworfen, ich weiß es nicht. Ich bin kein Weltraumarzt, Dr. Shevek. Man hat mich aufgrund meiner Erfahrung mit anderen Besuchern von anderen Welten, den Botschaftern von Terra und Hain, mit der Ehre betraut, Sie medizinisch zu betreuen. Ich bin der Leiter der Dekontaminierungs- und Habituierungsverfahren für sämtliche Besucher von fremden Welten, die in A-Jo landen. Wobei Sie natürlich streng genommen nicht von einer fremden Welt kommen.« Er sah Shevek schüchtern an, der nicht allem folgen konnte, was er sagte, aber doch den besorgten, zaghaften, wohlmeinenden Geist hinter den Worten spürte.

»Nein«, stimmte Shevek zu. »Ich könnte dieselbe Ahnin haben wie Sie, vor zweihundert Jahren auf Urras.« Er war dabei, seine alten Sachen anzuziehen, und als er sich das Hemd über den Kopf zog, sah er, wie der Arzt die blaugelbe »Schlafkleidung« in den »Müll«-Behälter stopfte. Shevek hielt inne, den Kragen noch über der Nase. Er zog das Hemd ganz herunter und öffnete den Behälter. Er war leer.

»Die Sachen werden verbrannt?«

»Ach, das ist ein billiger Pyjama, Standardausrüstung – einmal tragen und wegwerfen, das ist billiger als waschen.«

»Das ist billiger«, wiederholte Shevek nachdenklich. Er sagte die Worte so, wie ein Paläontologe ein Fossil anschaut – das Fossil, durch das sich eine ganze Bodenschicht datieren lässt.

»Ich fürchte, Ihr Gepäck ist bei dem Sturm aufs Schiff verlorengegangen. Hoffentlich war nichts Wichtiges dabei.«

»Ich hatte nichts mit«, sagte Shevek. Obwohl sein Anzug fast weiß gebleicht und ein wenig eingelaufen war, passte er noch, und der vertraute, grobe Holumfaserstoff lag angenehm auf seiner Haut. Er fühlte sich wieder wie er selbst. Er setzte sich aufs Bett und blickte den Arzt an. »Sehen Sie«, sagte er, »ich weiß, dass Sie sich Sachen nicht nehmen, so wie wir es tun. In Ihrer Welt, auf Urras, muss man Dinge kaufen. Ich komme in Ihre Welt, ich habe kein Geld, ich kann nichts kaufen, deswegen müsste ich etwas dabeihaben. Aber wie viel kann ich mitbringen? Kleidung, ja, ich könnte zwei Anzüge mitbringen. Aber Nahrung? Wie kann ich genug Nahrung mitbringen? Ich kann sie nicht mitbringen, ich kann sie nicht kaufen. Wenn ich am Leben bleiben soll, müssen Sie mir etwas geben. Ich bin Anarrese, ich zwinge die Urrasier, sich wie Anarresen zu verhalten: zu geben statt zu verkaufen. Wenn Sie mögen. Natürlich ist es nicht nötig, mich am Leben zu erhalten! Ich bin der Bettelmann, verstehen Sie.«

> Schließlich sind Sie ein weltberühmter, ein galaktisch berühmter Wissenschaftler!

»O nein, keineswegs, mein Herr, nein, nein. Sie sind ein hochverehrter Gast. Bitte beurteilen Sie uns nicht nach der Besatzung dieses Raumschiffs, das sind ganz ungebildete, ignorante Männer – Sie ahnen nicht, was für einen Empfang man Ihnen auf Urras bereiten wird. Schließlich sind Sie ein weltberühmter, ein galaktisch berühmter Wissenschaftler! Und unser erster Gast vom Anarres! Ich versichere Ihnen, es wird alles vollkommen anders werden, wenn wir auf dem Feld in Peier landen.«

»Daran habe ich nicht den geringsten Zweifel«, sagte Shevek.

Normalerweise dauerte es viereinhalb Tage, die Strecke zwischen Urras und seinem Mond zurückzulegen, doch diesmal wurde die Rückreise um fünf Tage Habituierungszeit für den Passagier verlängert. Shevek und Dr. Kimoe verbrachten sie mit Impfungen und Gesprächen. Der Kapitän der

Respekt verbrachte sie damit, das Schiff auf der Umlaufbahn um Urras zu halten und zu fluchen. Wenn es sich nicht vermeiden ließ, mit Shevek zu sprechen, war er unsicher und respektlos. Der Arzt mit seiner stetigen Bereitschaft, alles zu erklären, hatte eine Analyse parat: »Er ist es gewohnt, alle Außerweltler als minderwertig zu betrachten, als nicht ganz vollwertige Menschen.«

»Die Erschaffung von Pseudogattungen, hat Odo das genannt. Ja. Ich hätte erwartet, dass man auf Urras vielleicht nicht mehr so denken würde, wo Sie dort so viele Sprachen und Nationen haben und sogar Besucher aus anderen Sonnensystemen.«

»Nur ganz wenige, weil interstellare Reisen so kostspielig und langwierig sind. Vielleicht wird das nicht immer so sein«, sagte Dr. Kimoe, offenbar mit der Absicht, Shevek zu schmeicheln oder ihn aus der Reserve zu locken, was Shevek jedoch ignorierte.

»Der Zweite Offizier«, sagte er, »scheint vor mir Angst zu haben.«

»Ach, bei ihm ist das religiöse Borniertheit. Er ist ein strenggläubiger Epiphanier. Betet jeden Abend die Primen. Ein ganz Vernagelter.«

»Und deswegen bin ich für ihn – was?«

»Ein gefährlicher Atheist.«

»Ein Atheist! Weshalb?«

»Nun ja, weil Sie Odonier sind, vom Anarres. Auf Anarres gibt es keine Religion.«

»Keine Religion? Sind wir aus Stein, auf Anarres?«

»Ich meine damit, keine offizielle Religion – mit Kirchen, Glaubensrichtungen ...« Kimoe wurde schnell nervös. Er besaß die forsche Selbstsicherheit eines Arztes, doch Shevek warf ihn ständig aus der Bahn. Nach zwei, drei Fragen von ihm gerieten all seine Erklärungen ins Schwimmen. Beiden Männern galten einige Verhältnisse als selbstverständlich, die der jeweils andere nicht einmal wahrzunehmen vermochte. Den Urrasiern war zum Beispiel dieses seltsame Phänomen der Überlegenheit wichtig, die relative Höhe; in ihren Schriften benutzten sie häufig das Wort »höher« gleichbedeutend mit »besser«, wo ein Anarrese »zentraler« wählen würde. Aber was hatte »höher« mit der Beziehung zu Fremden zu tun? Das war ein Rätsel unter Hunderten.

»Aha«, sagte Shevek jetzt, da sich mal wieder ein Rätsel klärte. »Für Sie gibt es keine Religion außerhalb der Kirchen, ebenso wie es für Sie keine Moral jenseits der Gesetze gibt. Wissen Sie, das hatte ich aus all den Urrasischen Büchern, die ich gelesen habe, nie verstanden.«

»Nun, heutzutage würde jeder aufgeklärte Mensch eingestehen ...«

»Es sind die Worte, die es erschweren«, sagte Shevek, seiner Erkenntnis weiter nachgehend. »Auf Pravic ist das Wort Religion selten. Nein, wie sagen Sie – rar. Es wird nicht häufig verwendet. Wobei es natürlich für eine der Kategorien steht: den Vierten Modus. Nur wenige Menschen lernen es, alle Modi zu praktizieren. Aber die Modi sind aus den natürlichen Geistesanlagen hergeleitet; Sie können doch nicht im Ernst meinen, dass wir nicht über eine Anlage zur Religion verfügten? Dass wir physikalisch denken könnten, aber von der tiefsten Verbindung, die der Mensch mit dem Kosmos hat, abgeschnitten wären?«

»O nein, keineswegs …«

»Das würde uns in der Tat zu einer Pseudogattung machen!«

»Gebildete Männer würden das gewiss verstehen. Diese Offiziere sind ungebildet.«

»Aber heißt das, nur Bornierte dürfen in den Kosmos hinaus?«

So verliefen all ihre Gespräche, erschöpfend für den Arzt und unbefriedigend für Shevek, aber dennoch äußerst interessant für beide. Für Shevek waren sie die einzige Möglichkeit, die neue Welt, die ihn erwartete, zu erkunden. Das Schiff und Kimoes Denkweise waren sein Mikrokosmos. Es gab keine Bücher an Bord der *Respekt*, die Offiziere mieden Shevek, und die Besatzung wurde strikt von ihm ferngehalten. Und obwohl der Arzt intelligent und ganz gewiss guten Willens war, herrschte in seinem Kopf ein Mischmasch geistiger Konstrukte, das noch verwirrender war als die vielen Geräte, Instrumente und Annehmlichkeiten, mit denen das Schiff ausgestattet war. Letztere fand Shevek unterhaltsam; alles war so großzügig, stilvoll und raffiniert; doch die Möblierung von Kimoes Intellekt behagte ihm weniger. Kimoes Gedankengänge schienen sich niemals geradeaus bewegen zu können; sie mussten dies umgehen und jenes meiden und endeten schließlich abrupt vor einer Wand. Sein gesamtes Denken war von Mauern umstellt, und er schien sie überhaupt nicht zu bemerken, obwohl er sich ständig hinter ihnen versteckte. Dass sie durchbrochen wurden, erlebte Shevek während ihrer tagelangen Gespräche zwischen den Welten nur ein einziges Mal.

Er hatte gefragt, warum es an Bord des Schiffes keine Frauen gebe, und Kimoe hatte erklärt, ein Raumfrachter sei für Frauen kein geeigneter Arbeitsplatz. Dank seiner Geschichtsstudien und seiner Kenntnis von Odos Schriften vermochte Shevek, diese unsinnige Antwort einzuordnen, und sagte nichts weiter. Doch der Arzt stellte eine Gegenfrage, eine Frage über Anarres. »Ist es wahr, Dr. Shevek, dass Frauen in Ihrer Gesellschaft ganz genauso behandelt werden wie Männer?«

»Das wäre eine Vergeudung guter Anlagen«, sagte Shevek mit einem Lachen, gefolgt von einem zweiten, als ihm die ganze Lächerlichkeit dieser Vorstellung aufging.

Der Arzt zögerte, offenbar weil eines der Hindernisse in seinem Kopf nur mit Mühe zu umgehen war, dann wurde er verlegen und sagte: »O nein, das war nicht sexuell gemeint – offensichtlich haben Sie – nein ... das, worauf ich hinauswollte, war die Frage ihres gesellschaftlichen Status.«

»Status ist dasselbe wie Klasse?«

Kimoe bemühte sich, das Wort Status zu erklären, scheiterte und kehrte zu seinem ursprünglichen Thema zurück. »Gibt es wirklich keinen Unterschied zwischen Männerarbeit und Frauenarbeit?«

»Nein, das wäre eine sehr mechanische Basis für die Aufteilung von Arbeit, meinen Sie nicht? Ein Mensch wählt seine Arbeit nach Interesse, Begabung, Kraft – was hat das Geschlecht damit zu tun?«

»Männer sind stärker«, stellte der Arzt mit professioneller Autorität fest.

»Ja, oft, und auch größer, aber was hat das zu sagen, wenn wir Maschinen haben? Und selbst wenn wir keine Maschinen haben, wenn wir mit der Schaufel graben oder Lasten auf dem Rücken tragen müssen, arbeiten die Männer – die großen – vielleicht schneller, aber die Frauen arbeiten länger ... Ich habe mir oft gewünscht, so zäh zu sein wie eine Frau.«

Status ist dasselbe wie Klasse?

Kimoe starrte ihn an, zu bestürzt, um die Form zu wahren. »Aber der Verlust alles ... alles Femininen, alles Zarten ... und der Verlust maskuliner Selbstachtung ... Sie wollen doch gewiss nicht behaupten, dass Frauen Ihnen auf Ihrem Arbeitsgebiet ebenbürtig wären? In der Physik, in der Mathematik, in allem, was den Intellekt betrifft? Sie wollen doch nicht behaupten, dass sie sich unablässig auf ihr Niveau herabbegeben?«

Shevek saß in dem bequemen, gepolsterten Sessel und schaute sich im Offizierssalon um. Auf dem Sichtschirm hing das leuchtende Halbrund von Urras still vor dem schwarzen All wie ein blaugrüner Opal. An diesen wunderschönen Anblick und den Salon hatte sich Shevek während der letzten Tage gewöhnt, doch nun erschienen ihm die bunten Farben, die geschwungenen Sessel, die versteckte Beleuchtung, die Spieltische und Televisionsschirme, der weiche Teppichboden auf einmal alle wieder genauso fremd wie beim ersten Mal, als er sie gesehen hatte.

»Ich denke nicht, dass ich dazu neige, einfach etwas zu behaupten, Kimoe«, sagte er.

»Selbstverständlich habe ich schon hochintelligente Frauen gekannt, Frauen, die genauso denken konnten wie ein Mann«, sagte der Arzt hastig und merkte, dass er dabei fast schrie – dass er, wie Shevek es empfand, mit den Händen gegen die verschlossene Tür trommelte und schrie ...
Shevek wechselte das Thema, aber er dachte weiter über die Sache nach. Diese Frage von Über- und Unterlegenheit spielte im gesellschaftlichen Leben der Urrasier offenbar eine zentrale Rolle. Wenn Kimoe, um sich selbst zu achten, die Hälfte der Menschheit als unterlegen betrachten musste, wie schafften es dann die Frauen, sich selbst zu achten – waren in ihren Augen die Männer unterlegen? Und wie wirkte sich das alles auf ihr Sexualleben aus? Aus Odos Schriften war ihm bekannt, dass vor 200 Jahren die beiden wesentlichen urrasischen Sexualinstitutionen die »Ehe«, eine durch gesetzliche und ökonomische Sanktionen legitimierte Zwangspartnerschaft, und die »Prostitution« gewesen waren, wobei ihm Letztere lediglich als ein diffuserer Begriff erschien, der für Kopulation im Modus der Ökonomie stand. Odo hatte beides verurteilt, und doch war auch Odo »verheiratet« gewesen. Außerdem konnten sich die Institutionen im Laufe von 200 Jahren stark verändert haben. Wenn er auf Urras und unter Urrasiern leben wollte, sollte er versuchen, mehr darüber zu erfahren.

Wie seltsam, dass sogar der Sex, seit so vielen Jahren ein Quell von so viel Trost, Lust und Freude, über Nacht zu einem unbekannten Terrain werden konnte, auf dem er sich vorsichtig bewegen und seiner Unwissenheit gewahr sein musste; aber genau so war es. Das sagte ihm nicht nur Kimoes merkwürdiger Ausbruch von Spott und Zorn, sondern auch ein früherer, nebulöser Eindruck, der ihm durch diese Szene deutlich wurde. Während seiner ersten Zeit an Bord des Schiffes, in jenen langen, von Fieber und Verzweiflung geprägten Stunden, hatte ihn eine äußerst schlichte Empfindung mal wohlig abgelenkt, mal geärgert: die Weichheit des Bettes. Das Bett war bloß eine Koje, aber die Matratze fügte sich seinem Gewicht mit zärtlicher Schmiegsamkeit. Sie fügte sich ihm, fügte sich so aufdringlich, dass er sich dessen noch beim Einschlafen stets bewusst war. Die dadurch ausgelöste Irritation wie auch das Wohlgefühl waren eindeutig erotischer Natur. Und dann gab es noch das Heißluft-Abtrocknungsgerät: mit absolut ähnlicher Wirkung. Einem Kribbeln. Auch die Formen der Möbel im Offizierssalon, die glatten, künstlich geschwungenen Linien, die dem widerspenstigen Holz und harten Stahl aufgezwungen waren, die blanken, empfindlichen Oberflächen und Gewebe: Waren nicht auch sie ganz klar erotisch angehaucht? Er kannte sich gut genug, um zu wissen, dass ein paar Tage ohne Takver, selbst bei großer Anspannung, ihn kaum so aus der Bahn werfen konnten, dass er in jeder Tischplatte eine Frau ahnte. Es sei denn, die Frau war wirklich vorhanden. Lebten urrasische Schreiner alle im Zölibat?

Er gab auf; er würde es bald genug erfahren, auf Urras.

Unmittelbar bevor sie sich zur Landung anschnallten, kam der Arzt in seine Kabine, um den Fortgang der verschiedenen Impfungen zu kontrollieren, deren letzte, eine Immunisierung gegen die Pest, bei Shevek Übelkeit und Schwäche ausgelöst hatte. Kimoe gab ihm eine weitere Tablette. »Die wird Sie für die Landung fit machen«, sagte er. Shevek schluckte sie ungerührt. Der Arzt kramte in seinem Verbandskasten und begann plötzlich sehr schnell zu sprechen: »Dr. Shevek, ich denke, es wird mir nicht gestattet sein, Sie weiter zu betreuen, oder vielleicht doch, aber für den Fall, dass nicht, wollte ich Ihnen sagen, dass es, dass ich, dass es für mich eine besondere Ehre war. Nicht weil – sondern weil ich zu respektieren – zu schätzen gelernt habe, dass einfach als Mensch, Ihre Güte, Ihre echte Güte ...«

Weil Shevek wegen seiner Kopfschmerzen keine passendere Reaktion einfiel, griff er nach Kimoes Hand und sagte: »Dann wollen wir uns wiedersehen, Bruder!« Kimoe schüttelte ihm fahrig die Hand, nach urrasischer Art, und eilte hinaus. Als er fort war, ging Shevek auf, dass er Pravic mit ihm gesprochen, ihn in einer Sprache Bruder – *Ammar* – genannt hatte, die er nicht verstand.

Der Lautsprecher in der Wand stieß Befehle aus. Im Bett gefangen, hörte Shevek benebelt und unbeteiligt zu. Durch den Eintritt verdichtete sich der Nebel; Shevek verspürte wenig außer der innigen Hoffnung, sich nicht übergeben zu müssen. Ihm war nicht klar, dass sie gelandet waren, bis Kimoe erneut zu ihm hereinstürzte und ihn eilig in den Offizierssalon geleitete. Der Sichtschirm, auf dem Urras so lange wolkenverhüllt und leuchtend gehangen hatte, war leer. Der Raum war voller Menschen. Wo waren sie alle hergekommen? Überrascht und erfreut stellte er fest, dass er stehen, gehen und Hände schütteln konnte. Darauf konzentrierte er sich und ließ den Sinn beiseite. Stimmen, Lächeln, Hände, Worte, Namen. Immer wieder sein eigener Name: Dr. Shevek, Dr. Shevek ... Jetzt liefen er und all die Fremden um ihn herum eine überdachte Rampe hinunter, alle Stimmen sehr laut, die Worte hallten von den Wänden wider. Dann wurde das Stimmengewirr leiser. Eine seltsame Luft berührte sein Gesicht.

> Eine seltsame Luft berührte sein Gesicht.

Shevek blickte auf, so dass er beim Schritt von der Rampe auf den ebenen Boden stolperte und beinahe stürzte. Er dachte an den Tod, in dieser Kluft zwischen dem Ansatz zu einem Schritt und seiner Vollendung, und am Ende stand er auf einer neuen Erde.

Um ihn herum herrschte Abend, weit und grau. Fernab am anderen Ende eines nebligen Felds brannten blaue Lichter, im Dunst verschwommen. Die Luft an seinem Gesicht und an seinen Händen, in seiner Nase, im Hals und in der Lunge war kühl, feucht, mild und von Düften gesättigt. Sie war nicht fremd. Es war die Luft der Welt, aus der sein Volk gekommen war, es war die Luft der Heimat.

Als er gestolpert war, hatte jemand seinen Arm genommen. Lichter blitzten ihn an. Fotografen filmten die Szene für die Nachrichten: Der erste Mann vom Mond: eine hochgewachsene, schmächtige Gestalt umgeben von Würdenträgern und Professoren und Sicherheitspersonal, das feine, zottelige Haupt hoch erhoben (so dass die Fotografen sämtliche Details einfangen konnten), als versuchte er über die Scheinwerfer hinweg in den Himmel zu schauen, den weiten dunstigen Himmel, der die Sterne verbarg, den Mond, alle anderen Welten. Journalisten versuchten, sich durch die Abriegelung der Polizisten zu zwängen: »Werden Sie eine Stellungnahme abgeben, Dr. Shevek, in diesem historischen Moment?« Sie wurden sofort zurückgedrängt. Die Männer um ihn herum trieben ihn vorwärts. Er wurde zu der wartenden Limousine geleitet, dank seiner Größe und der Länge seiner Haare und des seltsamen Ausdrucks von Leid und Wiedererkennen bis zuletzt ungemein fotogen.

Die Türme der Stadt ragten bis in den Nebel hinauf, gigantische Leitern aus verschwommenem Licht. Hoch oben fuhren Züge vorbei, helle, kreischende Striche. Die Straßen mit den dahinsausenden Autos und Trambahnen waren von massivem Gemäuer aus Stein und Glas gesäumt. Stein, Stahl, Glas, elektrisches Licht. Nirgends Gesichter.

»Dies ist Nio Esseia, Dr. Shevek. Aber man hat entschieden, dass es besser wäre, Sie zunächst von den städtischen Massen fernzuhalten. Wir fahren direkt weiter zur Universität.«

In dem dunklen, weich gepolsterten Inneren des Wagens saßen außer ihm fünf Männer. Sie zeigten ihm Sehenswürdigkeiten, aber er konnte in dem Nebel nicht erkennen, welches von den großen, undeutlich vorüberhuschenden Gebäuden das Oberste Gericht und welches das Nationalmuseum, welches der Regierungssitz und welches der Senat war. Sie überquerten einen Fluss oder einen Meeresarm; hinter ihnen auf dem dunklen Wasser zitterten die Millionen nebelverschleierten Lichter von Nio Esseia. Die Straße wurde dunkler, der Nebel dichter, der Fahrer verlangsamte das Tempo. Das Licht der Scheinwerfer traf auf das vor ihnen liegende Grau wie auf eine Wand, die stetig vor ihnen zurückwich. Shevek saß ein wenig vorgebeugt und schaute hinaus. Sein Blick war so ungerichtet wie seine Gedanken, doch nach außen wirkte er reserviert und ernst, und die anderen Männer unterhielten sich leise, um sein Schweigen nicht zu stören.

> Die Straße wurde dunkler, der Nebel dichter, der Fahrer verlangsamte das Tempo.

Was war das für eine dichtere Dunkelheit, die sich längs der Straße endlos hinzog? Waren das Bäume? Konnte es sein, dass sie, seitdem sie die Stadt verlassen hatten, zwischen Bäumen fuhren? Ihm fiel das Jotische Wort ein: »Wald«. Sie würden nicht unversehens in die Wüste gelangen. Die Bäume setzten sich fort und fort, auf dem nächsten Berghang und dem nächsten und dem nächsten; in der angenehmen Kühle des Nebels standen sie, endlos, ein Wald, der die ganze Welt bedeckte, ein stilles, strebendes Zusammenspiel lebendiger Wesen, eine dunkle, nächtliche Bewegung von Laub. Und während Shevek noch staunend dasaß und die Limousine das neblige Flusstal verließ und in klarere Luft gelangte, blickte ihm aus der Dunkelheit unter dem Blattwerk am Straßenrand mit einem Mal ein Gesicht entgegen.

Es hatte keine Ähnlichkeit mit einem menschlichen Gesicht. Es war so lang wie sein Arm und gespenstisch weiß. Aus dem, was offenbar Nüstern waren, dampften Atemstöße, und da war unverkennbar ein Auge. Schauerlich. Ein großes, dunkles Auge. Traurig – vielleicht zynisch? – blitzte es im Scheinwerferlicht auf und verschwand.

»Was war das?«

»Ein Esel, oder?«

»Ein Tier?«

»Ja, ein Tier. Mein Gott, das stimmt ja! Sie haben keine großen Tiere auf Anarres, nicht wahr?«

»Esel sind mit Pferden verwandt«, sagte ein anderer Mann mit einer festen, älteren Stimme. »Das war ein Pferd. Esel werden nicht so groß.« Sie wollten mit ihm ins Gespräch kommen, doch Shevek hörte schon nicht mehr zu. Er dachte an Takver. Er fragte sich, was dieser tiefe, nüchterne, dunkle Blick aus dem Dunkel Takver bedeutet hätte. Sie hatte immer um die Gemeinschaft alles Lebendigen gewusst und sich an ihrer

Verwandtschaft mit den Fischen in den Aquarien ihrer Labore erfreut und nach Möglichkeiten gesucht, Daseinsformen jenseits menschlicher Grenzen zu erforschen. Takver hätte den Blick aus der Dunkelheit unter den Bäumen zu erwidern gewusst.

»Vor uns liegt Jeu Eun. Dort werden Sie von zahlreichen Leuten erwartet, Dr. Shevek; der Präsident und einige Minister und der Kanzler natürlich, lauter hohe Tiere. Aber wenn Sie müde sind, werden wir die Höflichkeiten so rasch wie möglich hinter uns bringen.«

Die Höflichkeiten erstreckten sich über mehrere Stunden. Hinterher fehlte ihm jede klare Erinnerung daran. Er wurde aus dem kleinen dunklen Gehäuse des Autos in ein riesiges helles, ebenfalls geschlossenes Gehäuse voller Menschen geleitet – Hunderte von Menschen unter einer goldenen Decke, von der Kristalllüster hingen. Er wurde sämtlichen Menschen vorgestellt. Sie waren alle kleiner als er und kahl. Die wenigen anwesenden Frauen waren selbst auf dem Kopf kahl; nach einer Weile ging ihm auf, dass sie sich offenbar die Haare vollständig abrasierten, sowohl die sehr feine, weiche, kurze Körperbehaarung seiner Rasse als auch das Haupthaar. Zum Ausgleich jedoch trugen sie fabelhafte Kleidung, wunderschön geschnitten und in herrlichen Farben; die Frauen in bodenlangen Abendroben, die Brüste entblößt, die Taillen, Hälse und Häupter mit Geschmeide und Spitze und Tüll geschmückt; die Männer in Hosen und Jacken oder Kitteln in Rot, Blau, Violett, Gold und Grün, mit geschlitzten Ärmeln, aus denen lange Rüschen quollen, oder in langen Roben, karmesinrot oder dunkelgrün oder schwarz, die am Knie aufgingen, so dass man die weißen, mit silbernen Strumpfbändern gehaltenen Strümpfe sah. Hinterher hatte er keinerlei Erinnerung mehr an das, was gesagt worden war, am wenigsten von ihm selbst. Sehr spät am Abend fand er sich in einer kleinen Gruppe von Männern wieder, die im warmen Regen durch einen großen Park oder über einen Platz liefen. Unter seinen Füßen spürte er das Federn lebender Grashalme; er kannte es von Spaziergängen im Dreieckspark von Abbenay. Die lebhafte Erinnerung und die kühle, ganzkörperliche Berührung durch den Nachtwind machten ihn wach. Seine Seele kam aus dem Versteck.

> Er sprach langsam, versonnen.

Seine Begleiter führten ihn in ein Gebäude und ein Zimmer, das, wie sie ihm erklärten, »seines« sei.

Es war groß, etwa zehn Meter lang und offenbar ein Gemeinschaftsraum, da es weder Unterteilungen noch Schlafpodeste enthielt; die drei noch anwesenden Männer mussten seine Zimmergenossen sein. Es war ein sehr schöner Gemeinschaftsraum, dessen eine Wand aus einer Reihe von Fenstern bestand, getrennt jeweils durch eine schlanke Säule, die sich baumähnlich erhob und oben einen Doppelbogen bildete. Der Fußboden war mit karmesinrotem Teppich ausgelegt, und am Ende des Raums brannte in einer offenen Herdstelle ein Feuer. Shevek ging durch den Raum und stellte sich vor die Flammen. Er hatte noch nie erlebt, dass man Holz zum Heizen verbrannte, aber ihn wunderte nichts mehr. Er streckte die Hände der angenehmen Wärme entgegen und nahm auf einem Sitz aus blankem Marmor an der Feuerstelle Platz.

Der jüngste von den Männern, die mit ihm gekommen waren, setzte sich auf der anderen Seite der Feuerstelle zu ihm. Die anderen beiden unterhielten sich noch. Sie redeten über Physik, aber Shevek gab sich keine Mühe, ihrem Gespräch zu folgen. Der junge Mann sprach leise. »Ich frage mich, wie Sie sich wohl fühlen mögen, Dr. Shevek.«

Shevek reckte die Beine und beugte sich vor, um die Wärme des Feuers im Gesicht zu spüren. »Ich fühle mich schwer.«

»Schwer?«

»Vielleicht aufgrund der Schwerkraft. Oder ich bin müde.«

Er sah sein Gegenüber an, doch im Schein der Flammen war sein Gesicht nicht klar zu erkennen, sondern nur das Funkeln einer goldenen Kette und das tiefe Edelsteinrot seiner Robe.

»Ich weiß Ihren Namen nicht.«

»Saio Pae.«

»Ah, Pae, ja, ich kenne Ihre Artikel über Paradoxie.«

Er sprach langsam, versonnen.

»Es muss hier eine Bar geben. Professorenzimmer haben immer einen Getränkeschrank. Möchten Sie etwas trinken?«

»Wasser, ja.«

Der junge Mann kehrte mit einem Glas Wasser zurück, und die anderen beiden gesellten sich an der Feuerstelle zu ihnen. Shevek trank das Wasser mit großem Durst aus und betrachtete hinterher das Glas in seiner Hand, ein zerbrechliches, elegant geformtes Stück, dass den Feuerschein in seinem Goldrand spiegelte. Um sich spürte er die drei Männer, die Haltung, in der sie um ihn herum standen und saßen, beschützend, ehrerbietig, besitzergreifend.

Er blickte zu ihnen auf, in ein Gesicht nach dem anderen. Alle sahen ihn erwartungsvoll an. »Nun, da haben Sie mich«, sagte er. Er lächelte. »Da haben Sie Ihren Anarchisten. Was werden Sie mit ihm anstellen?«

Glossar

Was Sie schon immer über Fantasy und Science Fiction wissen wollten, aber bisher nicht zu fragen wagten: Hier finden Sie die wichtigsten Begriffe verständlich erklärt.

Alternative Realität – ein in der SF gebräuchliches Szenario, das eine Welt geschildert, in der zu irgendeinem Zeitpunkt die geschichtliche Entwicklung von unserer Realität abgewichen ist, wodurch sich auch die folgenden Ereignisse anders entwickelt haben; bekannte Beispiele sind u. a. ›Das Orakel vom Berge‹ von Philip K. Dick, ›Vaterland‹ von Robert Harris oder ›Mirage‹ von Matt Ruff.

Ander(s)welt – ursprünglich die Bezeichnung für die auf einer anderen Existenzebene gelegene und für Menschen normalerweise nicht zugängliche Geisterwelt der keltischen Mythologie; inzwischen die Bezeichnung für alle deutlich von unserer Welt getrennten Fantasy-Welten, in denen Magie und Fabelwesen existieren. High Fantasy spielt so gut wie ausschließlich in Ander(s)-welten.

Animal Fantasy – eine Spielart der Fantasy, in der Tiere die Protagonisten sind, die im Gegensatz zur normalen Tiergeschichte nicht nur miteinander kommunizieren können, sondern auch eine eigene Mythologie besitzen; das bekannteste Werk dürfte ›Unten am Fluss‹ von Richard Adams sein.

Con – Abkürzung für »Convention«, zumeist an Wochenenden stattfindende Treffen von AutorInnen und Fans mit Podiumsdiskussionen und Lesungen. In den USA finden derartige Cons viel Interesse; die Spannbreite reicht dabei von kleinen, fast schon familiären Veranstaltungen bis hin zum Worldcon mit mehreren Tausend Besuchern. In Deutschland hat eine derartige Szene nie wirklich Fuß gefasst, stattdessen streitet das deutsche SF-Fandom lieber darüber, ob es »die« oder »der« Con heißt.

Cyberpunk – eine Spielart der SF, die bereits lange vor der Verbreitung des Internets virtuelle Welten präsentiert hat, in die die Protagonisten sich nicht nur einloggen, sondern die sie regelrecht betreten konnten; der Roman, in dem dieser Cyberspace erfunden wurde (und der immer noch repräsentativ für den Cyberpunk ist), war William Gibsons ›Neuromancer‹.

Dungeons & Dragons – das erste, 1974 in den USA auf den Markt gekommene Pen & Paper-Rollenspiel, das eine Flut von ähnlichen Spielen (in Deutschland etwa ›Das schwarze Auge‹) nach sich gezogen hat. Pen & Paper-Rollenspiele waren jahrelang eine feste Größe auf dem Spielemarkt und haben auch Spuren auf dem Buchmarkt hinterlassen, wo Romane nach Rollenspielen (›Drachenlanze‹, ›Forgotten Realms‹ etc.) vor allem in den 90er Jahren großes Interesse bei Lesern weckten. Außerdem kommen viele der heute schreibenden AutorInnen aus der Rollenspielerszene und haben ihre Romanwelten teilweise ursprünglich als Spielwelten entwickelt.

Dynastische Fantasy – ein in Deutschland eher selten benutzter Begriff für eine Spielart der High Fantasy, in der es nicht – wie in vielen Romanen in der Tradition Tolkiens – darum geht, einen »Dunklen Herrscher« zu besiegen oder sich auf eine gefährliche Queste zu begeben, sondern in deren Mittelpunkt Erbfolgestreitigkeiten oder Machtkämpfe in den Reichen der Anderwelt stehen.

Dystopie ⇨ **Utopie**

Funny Fantasy ⇨ **Humoristische Fantasy**

Geek ⇨ **Nerd**

Golden Age – als Golden Age der (amerikanischen) SF gilt die Zeit zwischen 1938 und 1946, in der John W. Campbell als Herausgeber des damals wichtigsten SF-Magazins ›Astounding‹ die Karriere von Autoren wie Isaac Asimov oder Robert A. Heinlein (und vielen anderen) entscheidend in Gang gebracht hat. Auch die spätere New-Wave-Bewegung ist eng mit einem SF-Magazin verbunden, und zwar mit dem von Michael Moorcock ab 1967 in England herausgegebenen ›New Worlds‹, in dem er britischen und amerikanischen Autoren, die sich psychologischen oder gesellschaftlichen Themen widmen wollten, eine Plattform für inhaltliche und stilistische Experimente geboten hat.

Grimdark Fantasy (auch Gritty Fantasy) – eine relativ neue Spielart der Fantasy, in der es die für klassische High Fantasy typische Trennung zwischen Gut und Böse nicht mehr gibt, sondern in der moralisch fragwürdige Figuren in düster und bedrohlich gezeichneten Welten agieren. Autoren, die die Grimdark Fantasy besonders weit vorangetrieben haben, sind beispielsweise Joe Abercrombie, R. Scott Bakker und Mark Lawrence.

Harte Science Fiction/Hard SF – eine Spielart der SF, deren Geschichten nicht unseren derzeitigen naturwissenschaftlichen Erkenntnissen zuwiderlaufen. Hard SF sollte natürliche und keine übernatürlichen oder metaphysischen Erklärungen für die Geschehnisse liefern und legt Wert auf die Beschreibung technisch-wissenschaftlicher Zusammenhänge.

High Fantasy – Spielart der Fantasy, die in einer Anderwelt angesiedelt ist, in der Magie grundsätzlich möglich ist und Fabelwesen wie Drachen und Elfen existieren. Typisch für einen Großteil der High Fantasy ist eine eindeutige Gut-Böse-Dichotomie und eine Welt, die durch einen »Dunklen Herrscher« bedroht wird; hinzu kommen Motive wie die Queste oder die Gruppe tapferer Gefährten, die letztlich über das Böse triumphieren.

Hugo Award – nach Hugo Gernsback benannter, seit 1953 von den Besuchern der jährlich stattfindenden SF-Worldcon vergebener, bedeutender Genrepreis; weitere wichtige Preise des englischen Sprachraums sind der von den Science Fiction and Fantasy Writers of America (SFWA) verliehene »Nebula Award«, der »Locus Award«, der von einer jährlich wechselnden Jury verliehene »World Fantasy Award«, der »John W. Campbell Award« und der »Philip K. Dick Award« in den USA. Außerdem gibt es den »BSFA Award«, den »August Derleth Award« und den »Arthur C. Clarke Award« in Großbritannien.

Humoristische Fantasy – eine Spielart der Fantasy, in der zumeist die typischen Elemente und Motive der Fantasy parodiert werden und/oder Wortspiele zum Einsatz kommen. Der bekannteste Vertreter der Humoristischen Fantasy dürfte Terry Pratchett gewesen sein, dessen ›Scheibenwelt‹-Romane allerdings weit mehr bieten als Parodien des Genres.

K.I. – Abkürzung für »Künstliche Intelligenz« (im englischen Sprachraum »AI«); Künstliche Intelligenzen spielten in der SF schon immer eine wichtige Rolle, sei es in Form autonom agierender Roboter (für die Isaac Asimov seine berühmten Robotergesetze entworfen hat) oder irgendwo im Cyberspace zu verortender, rein virtueller Wesenheiten; K. I.s können Freunde und Helfer der Menschen sein, sie können sich jedoch auch gegen ihre Schöpfer wenden (wie z. B. in der ›Terminator‹-Filmreihe).

Kurd Laßwitz Preis — seit 1980 von den deutschsprachigen SF-Schaffenden in mehreren literarischen Kategorien verliehener Preis; zu den mehrfach ausgezeichneten Preisträgern zählen u. a. Wolfgang Jeschke und Andreas Eschbach. Zusammen mit dem von der Phantastischen Akademie verliehenen »Seraph« der wichtigste deutsche Genrepreis.

Lovecraft, H. P. (1890–1937) — US-amerikanischer Autor, der zusammen mit Edgar Allan Poe maßgeblich die moderne Horrorliteratur prägte. Seinen (posthumen) Ruhm verdankt er dem von ihm geschaffenen Cthulhu-Mythos, einer Reihe von Geschichten, die sich um kosmische Entitäten, die sogenannten »Großen Alten«, drehen, die seit Jahrmillionen verborgen auf der Erde leben.

Martin, George R. R. (*1948) — US-amerikanischer SF-, Fantasy- und Horror-Autor, dem mit dem Fantasy-Epos ›Das Lied von Eis und Feuer‹ — nicht zuletzt auch durch die Umsetzung als TV-Serie ›Game of Thrones‹ — ein Welterfolg gelungen ist. Aufgrund der entromantisierenden Darstellung einer dreckigen, pseudo-mittelalterlichen Welt und der ambivalent gezeichneten Figuren wurde sein Epos zum wichtigsten Wegbereiter der Grimdark-Welle.

Military SF — eine Spielart der SF, in der es in erster Linie um kriegerische Auseinandersetzungen und Raumschlachten zwischen Sternenreichen geht und deren Hauptfiguren Mitglieder einer regulären Armee-Einheit sind; ein wichtiger Vertreter dieser Art SF, deren Grenzen vor allem zur Space Opera fließend sind, ist David Weber mit seinen Honor-Harrington-Romanen.

Near Future SF — Spielart der SF, die auf der Basis der Extrapolation heutiger Gegebenheiten Zukünfte entwirft, die für uns noch vorstellbar (und theoretisch nicht allzu weit entfernt) sind; in der heutzutage beliebten Dystopie spiegeln sich die Befindlichkeiten der Gegenwart zumeist deutlicher als in den anderen Ausprägungen des Genres.

Nerd/Geek – Nerd war ursprünglich die abwertend gemeinte Bezeichnung für den hochintelligenten, aber sozial isolierten Computerfreak, an dem jegliche Modebewegungen vorbeigegangen sind. Seit der Ausweitung des Begriffs auf Comic- und SF-Fans verwendet man ihn eher augenzwinkernd, ähnlich wie auch den Begriff »Geek«. Heutzutage gilt es sogar als schick, sich als Nerd zu bezeichnen: Man hat eben spezielle Interessen (etwa für phantastische Literatur, Rollenspiele, Games oder Comics) und steht dazu.

New Wave ⇨ **Golden Age**

Paranormal Romance – Spielart der Fantasy, in der der »Mr. Right«, mit dem die (fast immer weibliche) Hauptfigur nach mehr oder weniger dramatischen Komplikationen endlich zusammenkommt, ein Vampir, Werwolf oder ein anderes übernatürliches Wesen ist. Der romantische Aspekt der Geschichte ist immer mindestens ebenso wichtig wie die abenteuerlichen Elemente der Handlung.

Planetary Romance/Planetenabenteuer – eine Spielart der SF, die nicht wie die Space Opera in den Weiten des Weltalls, sondern auf einem fremden Planeten mit entsprechend fremdartiger Fauna und Flora und möglicherweise auch intelligenten Lebewesen spielt.

Postapokalypse – die Welt nach der großen (atomaren, ökologischen ...) Katastrophe ist ein beliebtes Szenario für Geschichten mit Fantasy- oder SF-Feeling; ein Klassiker der postapokalyptischen SF ist z. B. Walter M. Millers ›Lobgesang auf Leibowitz‹, ein aktuelleres Beispiel wären die ›Mad Max‹-Filme oder Cormac McCarthys ›Die Straße‹.

Sense of Wonder – die eigentlich nicht übersetzbare (und daher auch nie übersetzte) Bezeichnung für das Gefühl, das »gute« SF beim Leser hervorrufen soll. Gemeint ist eine Art kindliches Staunen angesichts kosmischer oder technischer Großartigkeiten.

Space Opera – eine Spielart der SF, in der die Faszination der unendlichen Weiten des Weltraums, Raumschiffe und Galaktische Imperien eine wichtige Rolle spielen; die Handlung kann sich dabei um Konflikte zwischen mehr oder weniger gigantischen Weltraumreichen drehen, sie kann sich aber auch der Begegnung mit dem Unbekannten oder einfach nur langen Weltraumreisen widmen. Wichtige Space-Opera-

Autoren sind z. B. Peter F. Hamilton, Alastair Reynolds oder der 2013 verstorbene Iain M. Banks.

Steampunk – ursprünglich eine von dem amerikanischen SF-Autor K. W. Jeter erdachte, nicht ganz ernst gemeinte Bezeichnung für Geschichten, die in einer alternativen Realität im London des 19. Jahrhunderts spielen; mittlerweile ist Steampunk vor allem in den USA nicht nur eine sehr präsente Spielart der SF oder Fantasy geworden, sondern auch ein Lebensstil. Steampunk-Afficionados erkennt man häufig an ihrem Retro-Kleidungsstil oder an Accessoires wie Fliegerbrillen.

Sword & Sorcery – in den 1930er Jahren in den amerikanischen Pulps (billig produzierten Magazinen mit Kurz- und Fortsetzungsgeschichten) entstandene Spielart der Fantasy, deren Helden im Gegensatz zu den reinen Lichtfiguren der High Fantasy zumeist Söldner oder Glücksritter sind; der bekannteste Sword & Sorcery-Held dürfte der von Robert E. Howard geschaffene Barbar Conan sein. Viele Elemente der S&S finden sich heutzutage in der Grimdark Fantasy wieder.

Tierfantasy ⇨ **Animal Fantasy**

Tolkien, J. R. R. (1892–1973) – in Südafrika geborener britischer Schriftsteller und Philologe, der zeitweise einen Lehrstuhl an der Universität von Oxford innehatte und als Vater der modernen Fantasy gilt. Sein im Original 1954/55, hierzulande 1969/70 als Trilogie erschienener Roman ›Der Herr der Ringe‹ ist nicht nur eines der erfolgreichsten Bücher des 20. Jahrhunderts, sondern übte auch einen enormen Einfluss auf die inhaltliche und sprachliche Ausformung des Genres aus.

Urban Fantasy – ursprünglich eine Spielart der Fantasy, in der die »Magie der Stadt« eine wichtige Rolle spielte; mittlerweile versteht man unter Urban Fantasy fast ausschließlich Geschichten, in denen sich die (häufig selbst magisch begabten) Protagonisten in einem zeitgenössischen urbanen Setting mit Vampiren, Werwölfen und ähnlichen übernatürlichen Wesen herumschlagen müssen. Beispiele wären die Peter-Grant-Serie von Ben Aaronovitch oder die Harry-Dresden-Serie von Jim Butcher. Bei einem Großteil der derzeit erscheinenden Urban Fantasy handelt es sich allerdings eigentlich um Paranormal Romances.

Utopie/Dystopie – Utopien im Sinne des von Thomas Morus zu Beginn der Neuzeit verfassten philosophischen Dialogs, der unter dem Titel ›Utopia‹ eine ideale Gesellschaft schildert, hat es in der SF nur selten gegeben – vermutlich, weil sich das Konfliktpotenzial, das zur Entwicklung einer spannenden Handlung notwendig ist, in einem »idealen Staat« nur schwer finden lässt. Dystopien hat es in der SF jede Menge gegeben, darunter neben den Klassikern von Aldous Huxley (›Schöne neue Welt‹) und George Orwells ›1984‹ so erschreckend hellsichtige wie John Brunners ›Schafe blicken auf‹. Bei vielen aktuellen Jugendbuch-Dystopien handelt es sich um Entwicklungs- oder Liebesgeschichten vor einem dystopischen Hintergrund.

Völkerroman – eine fast ausschließlich im deutschen Sprachraum sehr erfolgreiche Spielart der Fantasy, in deren Mittelpunkt anfangs die aus Tolkiens ›Der Herr der Ringe‹ bekannten Völker standen (›Die Orks‹, ›Die Zwerge‹, ›Die Elfen‹ etc.); im Laufe der Zeit wurde das Segment mit allen möglichen phantastischen »Völkern« (›Die Oger‹, ›Die Vampire‹ etc.) aufgefüllt.

Zeitreisen – gern genutztes Motiv in der SF, bei dem die Reise entweder in die Zukunft (z. B. ›Die Zeitmaschine‹ von H. G. Wells) oder die Vergangenheit gehen kann; im letztgenannten Fall spielt die Problematik von Zeitparadoxa – was passiert, wenn sich der bekannte Geschichtsablauf durch Eingriffe in der Vergangenheit ändert? – häufig eine wichtige Rolle.

Gerd Rottenecker

UNSERE TITEL IM ÜBERBLICK

Katherine Addison
Der Winterkaiser
Roman
Aus dem Amerikanischen von
Petra Huber
544 Seiten
€ [D] 14,99 / € [A] 15,50
ISBN 978-3-596-**03618**-9
Klappenbroschur
Auch als E-Book erhältlich
Erscheint am 13. Oktober 2016

Becky Chambers
Der lange Weg zu einem kleinen zornigen Planeten
Roman
Aus dem Amerikanischen von
Karin Will
Ca. 500 Seiten
€ [D] 9,99 / € [A] 10,60
ISBN 978-3-596-**03568**-7
Auch als E-Book erhältlich
Erscheint am 27. Oktober 2016

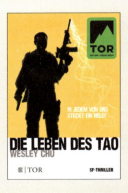

Wesley Chu
Die Leben des Tao
SF-Thriller
Aus dem Amerikanischen von
Simone Heller
416 Seiten
€ [D] 9,99 / € [A] 10,60
ISBN 978-3-596-**03487**-1
Auch als E-Book erhältlich
Erscheint am 13. Oktober 2016

Wesley Chu
Die Tode des Tao
SF-Thriller
Aus dem Amerikanischen von
Susanne Gerold & Simone Heller
Ca. 400 Seiten
€ [D] 9,99 / € [A] 10,60
ISBN 978-3-596-**03488**-8
Auch als E-Book erhältlich
Erscheint am 24. November 2016

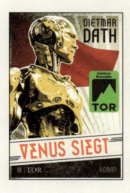

Dietmar Dath
Venus siegt
Roman
Ca. 450 Seiten
€ [D] 9,99 / € [A] 10,60
ISBN 978-3-596-**29658**-3
Auch als E-Book erhältlich
Lizenz: Hablizel
Erscheint am 13. Oktober 2016

Bernd Frenz
Der Groll der Zwerge
Die Völkerkriege 1
416 Seiten
€ [D] 9,99 / € [A] 10,60
ISBN 978-3-596-**03617**-2
Auch als E-Book erhältlich
Erscheint am 26. Januar 2017

Daryl Gregory
Afterparty
Roman
Aus dem Amerikanischen von
Frank Böhmert
Ca. 352 Seiten
€ [D] 9,99 / € [A] 10,60
ISBN 978-3-596-**03453**-6
Auch als E-Book erhältlich
Erscheint am 26. Januar 2017

Charlie Human
Apocalypse Now Now –
Schatten über Cape Town
Roman
Aus dem Englischen von
Clara Drechsler & Harald Hellmann
Ca. 352 Seiten
€ [D] 9,99 / € [A] 10,60
ISBN 978-3-596-**03498**-7
Auch als E-Book erhältlich
Erscheint am 24. November 2016

Guy Gavriel Kay
Im Schatten des Himmels
Roman
Aus dem Amerikanischen von Ulrike
Brauns & Birgit Maria Pfaffinger
Ca. 700 Seiten
€ [D] 16,99 / € [A] 17,60
ISBN 978-3-596-**03570**-0
Klappenbroschur
Auch als E-Book erhältlich
Erscheint am 27. Oktober 2016

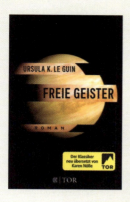

Ursula K. Le Guin
Freie Geister
Roman
Aus dem Amerikanischen von
Karen Nölle
Ca. 400 Seiten
€ [D] 14,99 / € [A] 15,50
ISBN 978-3-596-**03535**-9
Klappenbroschur
Auch als E-Book erhältlich
Erscheint am 26. Januar 2017

Kai Meyer
Die Krone der Sterne
Roman
Ca. 400 Seiten
€ [D] 14,99 / € [A] 15,50
ISBN 978-3-596-**03585**-0
Klappenbroschur
Auch als E-Book erhältlich
Erscheint am 26. Januar 2017

Adrian J Walker
Am Ende aller Zeiten
Roman
Aus dem Englischen von
Nadine Püschel & Gesine Schröder
432 Seiten
€ [D] 14,99 / € [A] 15,50
ISBN 978-3-596-**03704**-9
Klappenbroschur
Auch als E-Book erhältlich
Erscheint am 25. August 2016

Bildnachweise
S. 7: Porträt Hannes Riffel, Foto: © Milena Schlösser
S. 8: Flatiron Building, Foto: © AlecCutter/unsplash
S. 10: Das Team, Foto: © Milena Schlösser
S. 12–13: Hintergrund FISCHER Tor – Die Leitgedanken unserer Programmarbeit: © thinkstock
S. 14–15: Hintergrund Was Sie schon immer über Fantasy und Science Fiction wissen wollten: © thinkstock
S. 16–17: Hintergrund Tor-Online.de: © thinkstock
S. 18–23: Genrelandkarte, Illustration: © Markus Weber | Guter Punkt, München
S. 24, 28, 53: Porträt Adrian J Walker, Foto: © Rama Knight
S. 24–53: Dekoelemente Adrian J. Walker: © thinkstock
S. 54–81: Dekoelemente Kai Meyer: © thinkstock
S. 54–57: Hintergrund Kai Meyer: © thinkstock
S. 54: Porträt Kai Meyer, Foto: Gaby Gerster
S. 82: Porträt Guy Gavriel Kay, Foto: © Samantha Kidd
S. 83–89.: Hintergrund Guy Gavriel Kay: © thinkstock
S. 83–105: Dekoelemente Guy Gavriel Kay: © shutterstock/Marisha, Feaspb
S. 88–89: Landkarte »Kitai«, Illustration: © Markus Weber | Guter Punkt, München
S. 106–107: Hintergrund »Unsere Fantasy-Lieblingsbücher, bevor es FISCHER Tor gab«: © thinkstock
S. 108: Wesley Chu, Foto: privat
S. 109: Porträt Wesley Chu, Foto: privat
S. 108–125: Wesley Chu, Dekoelement: © thinkstock
S. 126: Porträt Katherine Addison, Foto: © Beth Gwinn
S. 127, 144–147: Hintergrund Katherine Addison, Illustration: © Jorge Jarcinto
S. 126–143: Dekoelement Katherine Addison: © thinkstock
S. 130–131: Landkarte »Ethuveraz«, Illustration: © Markus Weber | Guter Punkt, München
S. 148: Porträt Dietmar Dath, Foto: © Mareike Maage
S. 148: Hintergrund Dietmar Dath: © thinkstock
S. 148–169: Dekoelement Dietmar Dath: © thinkstock
S. 149: Figur Dietmar Dath: © shutterstock/Ociacia
S. 170: Porträt Charlie Human, Foto: © Deni Archer
S. 171–173: Hintergrund Charlie Human: © thinkstock
S. 171–189: Dekoelemente Charlie Human: © thinkstock
S. 190–191: Hintergrund Bernd Frenz: © Kris Cooper
S. 190–203: Dekoelement Bernd Frenz: © thinkstock
S. 204–205: Hintergrund »Unsere SF-Lieblingsbücher, bevor es FISCHER Tor gab«: © thinkstock
S. 206: Porträt Becky Chambers, Foto: © Bára Hlín Kristjánsdóttir
S. 206–233: Dekoelement Becky Chambers: © thinkstock
S. 207–209, 234–235: Hintergrund Becky Chambers: © shutterstock/Alessandro Colle und Denis Rozhnovsky
S. 225: Fotos: privat; Illustrationen der Wayfarer: © Berglaug Asmundardottir
S. 236: Porträt Daryl Gregory, Foto: privat
S. 236–261: Dekoelement Daryl Gregory: © thinkstock
S. 262: Porträt Ursula K. Le Guin, Foto: Marian Wood Kolisch
S. 262–289: Dekoelement Ursula K. Le Guin: © thinkstock
S. 264–269: Hintergrund Ursula K. Le Guin, Freie Geister: © shutterstock/Tristan3D
S. 268–269: Karten Anarres und Urras, © Markus Weber, Guter Punkt, München
S. 290- 297: Hintergrund Glossar: © thinkstock

Erschienen bei FISCHER Tor
Frankfurt am Main, April 2016

© 2016 S. Fischer Verlag GmbH, Hedderichstr. 114, D-60596 Frankfurt am Main
Redaktion: Andy Hahnemann, Hannes Riffel, Melanie Wylutzki
Satz: Hardy Kettlitz
Layout und Grafik: Guter Punkt, München
Druck und Bindung: GGP Media GmbH, Pößneck
Printed in Germany
ISBN 978-3-596-88310-3